国家社会科学基金项目"数字经济视角下超级平台生态系统的动态演化与反垄断规制研究"（项目编号：22BJY114）资助

风险投资对新三板企业价值的影响及溢出效应

曹文婷◎著

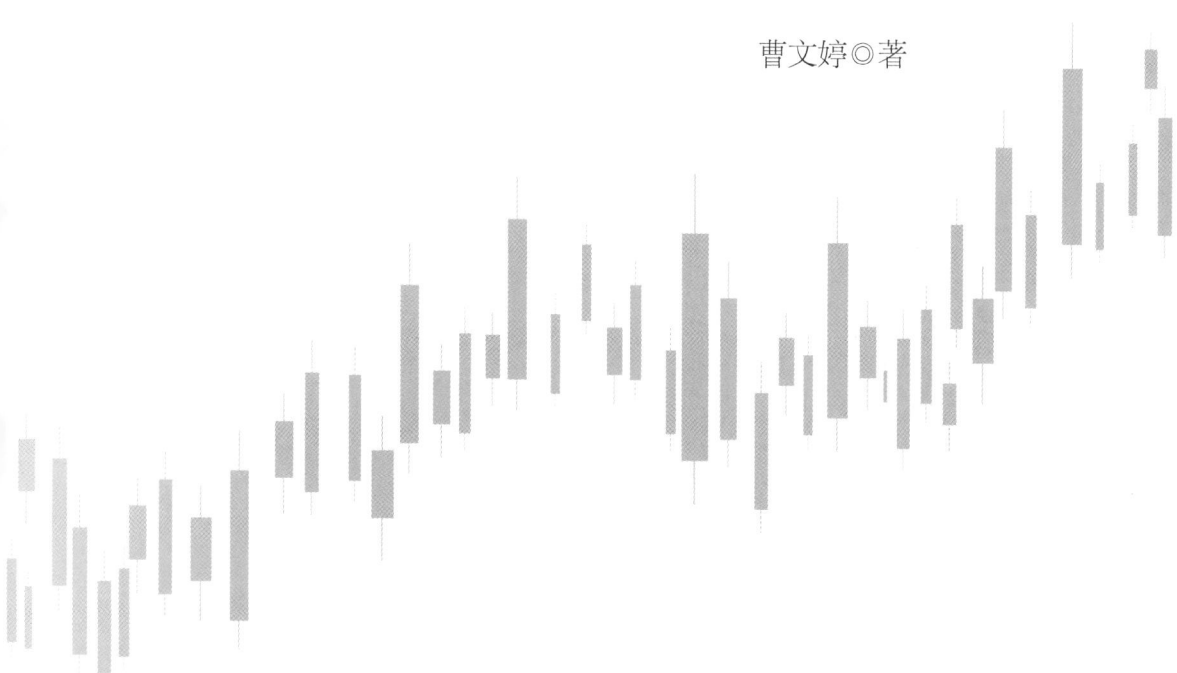

THE IMPACT AND SPILLOVER EFFECT OF VENTURE CAPITAL ON THE NEW THIRD BOARD ENTERPRISE VALUE

中国社会科学出版社

图书在版编目（CIP）数据

风险投资对新三板企业价值的影响及溢出效应 / 曹文婷著. -- 北京：中国社会科学出版社，2024.7.
ISBN 978-7-5227-4048-5

Ⅰ. F279.243

中国国家版本馆 CIP 数据核字第 2024M89S03 号

出 版 人	赵剑英	
责任编辑	谢欣露	
责任校对	周晓东	
责任印制	王　超	
出　　版	中国社会科学出版社	
社　　址	北京鼓楼西大街甲 158 号	
邮　　编	100720	
网　　址	http://www.csspw.cn	
发 行 部	010-84083685	
门 市 部	010-84029450	
经　　销	新华书店及其他书店	
印　　刷	北京明恒达印务有限公司	
装　　订	廊坊市广阳区广增装订厂	
版　　次	2024 年 7 月第 1 版	
印　　次	2024 年 7 月第 1 次印刷	
开　　本	710×1000　1/16	
印　　张	16.75	
字　　数	275 千字	
定　　价	89.00 元	

凡购买中国社会科学出版社图书，如有质量问题请与本社营销中心联系调换
电话：010-84083683
版权所有　侵权必究

前　言

当前，我国正处于经济结构调整与转型期，为了深化改革培育新的经济增长点，我国政府出台了一系列政策鼓励和推动创新创业的发展。在政策驱动下风险投资业获得较大鼓舞，资本市场建设也进入全新的发展阶段。数据显示，2022年我国风险投资金额为9076.79亿元，风险投资案例数为10650起。我国已发展成为全球第二大风险投资市场。在资本市场建设方面，我国不断完善多层次资本市场格局，提升新三板、设立科创板、完善创业板。其中，提升新三板对支持中小企业发展和推进"双创战略"实施更为直接和深远的影响。因为，新三板是专门服务于创新型、创业型、成长型中小微企业的融资孵化平台。在新三板挂牌的企业是真正的中小微企业，它们在主板、创业板、科创板达不到上市条件，但自身又具有融资需求和发展愿望。这部分企业的数量较大，新三板挂牌企业数量最多的时候为2017年末，达到11630家。

本书认为，风险投资和新三板之间存在密切的联系，它们都属于"双创战略"框架中的重要支撑内容。它们具备共同的政策目标，即促进中小微企业和创新创业的发展。然而，学术界对"风险投资和新三板"主题并未积累较多的研究成果。前期学者较多地关注风险投资对上市公司的影响，而对风险投资与中小企业的探讨较少。前期学者较多地关注风险投资对微观层面企业的影响结果，而忽略风险投资的影响机制和宏观溢出效果。针对以上现实背景和研究不足，本书以新三板为研究对象，从微观层面探讨风险投资对被投企业价值的影响和作用机制。风险投资的作用不只局限于被投企业，它可能对整个产业或区域都产生外部效应。因此，从宏观层面探讨风险投资的溢出效应和溢出机制，通过理论和实证研究获得政策启示，能够为充分发挥风险投资的作用机制和充分释放风险投资的溢出效应提供有益的借鉴。

随着国际经济环境持续恶化，全球化发展预期受阻，我国经济进入中低速增长的常态化时期。中国要实现转型升级和高质量发展，关键在于创新创业能否在更大范围普及和更高层次推进，而创新创业的主体是中小企业。中小企业的发展不仅需要资本，还需要一个健康的资本市场平台作为纽带将资本与中小企业的发展连接起来。毋庸置疑，新三板便是这个重要的连接纽带。因此，以中小企业为切入点，探讨风险投资对新三板的影响及溢出效应问题，在理论与实践层面都有重要的现实意义。

本书重点探讨了风险投资对新三板企业价值的影响及溢出效应问题。综合运用实证研究法、数理模型法、理论分析法、案例分析法等多种方法系统全面地探讨了该主题。全书的逻辑思路为"提出问题→研究综述→理论基础+现实基础→理论分析+机制分析→实证检验→结论"。就具体章节而言，本书包括三大部分。第一部分"提出问题"共分4章。其中，第一章介绍了本书的背景与研究设计；第二章梳理国内外相关研究；第三章对本研究涉及的基本概念进行界定，并梳理相关理论；第四章描述了中国风险投资与新三板市场的历史、现状及关系。第二部分"分析问题"是本书的核心，包括3章。其中，第五章为风险投资影响新三板企业价值及溢出效应的理论分析与机制探析；第六章从微观视角实证分析风险投资对新三板企业价值的影响及作用机制；第七章从宏观视角验证了风险投资作用于新三板市场的溢出机制和溢出效应。根据前两部分研究，第三部分重在"解决问题"。第八章为研究结论，并引申出相应的政策启示和提出研究展望。

通过以上研究，本书获得如下政策启示：第一，积极发展风险投资，促进其对新三板企业的支持，以充分发挥风险投资对新三板企业的价值增值作用和产业结构优化溢出效应。第二，风险投资机构要提升专业运作水平，积极参与被投新三板企业的监督与管理。新三板企业要摒弃只想获得资金支持，不愿接受风险投资人管理的家族企业文化观念。第三，推进多层次资本市场建设，拓宽风险投资的退出渠道，加快推进资本市场改革，优化金融市场资源配置效率。第四，提高企业吸收能力及核心竞争力，完善市场竞争机制。新三板企业要注重核心技术、创新能力及长期竞争力的培养。第五，改善新三板市场流动性，提升企业价值及促进资源整合，进一步促进风险投资产业结构合理化溢出效应的发挥。本书在学术思想、研究方法、学术观点等方面均体现出一定的创新价值。其研究结论为学术同人交流和开展研究提供参考，也为相关政策的制定与实施提供有益的借鉴。

目　录

第一章　绪论 …………………………………………………………… 1

　　第一节　研究背景与意义 ………………………………………… 1
　　第二节　研究内容与框架 ………………………………………… 5
　　第三节　研究目的与方法 ………………………………………… 9
　　第四节　可能的创新点与不足 …………………………………… 11

第二章　国内外相关研究综述 ………………………………………… 14

　　第一节　风险投资对企业的影响 ………………………………… 14
　　第二节　风险投资对产业的影响 ………………………………… 27
　　第三节　风险投资与溢出 ………………………………………… 30
　　第四节　风险投资与新三板 ……………………………………… 36
　　第五节　简要评述 ………………………………………………… 38

第三章　基本概念及相关理论基础 …………………………………… 41

　　第一节　基本概念界定 …………………………………………… 41
　　第二节　相关基础理论 …………………………………………… 51
　　第三节　本章小结 ………………………………………………… 65

第四章　中国风险投资与新三板市场的历史、现状及关系 ………… 67

　　第一节　中国风险投资的发展进程 ……………………………… 67
　　第二节　中国风险投资的发展现状 ……………………………… 73
　　第三节　新三板市场的演变进程 ………………………………… 79
　　第四节　新三板市场的发展现状 ………………………………… 84
　　第五节　中国风险投资与新三板市场的互动关系 ……………… 91
　　第六节　风险投资在新三板市场存在的问题 …………………… 95
　　第七节　本章小结 ………………………………………………… 97

第五章　风险投资影响新三板企业价值及溢出效应的理论与机制 …… 99
第一节　风险投资影响新三板企业价值的理论分析 …… 100
第二节　风险投资作用于新三板溢出效应的理论分析 …… 102
第三节　风险投资影响新三板企业价值的作用机制分析 …… 104
第四节　风险投资作用于新三板市场的溢出机制分析 …… 116
第五节　本章小结 …… 134

第六章　风险投资影响新三板企业价值及作用机制的实证分析 …… 136
第一节　变量说明及基本统计分析 …… 136
第二节　研究假设与计量模型设定 …… 141
第三节　计量模型估计结果分析 …… 143
第四节　内生性分析 …… 152
第五节　稳健性检验 …… 158
第六节　进一步探讨：考虑异质性因素 …… 168
第七节　本章小结 …… 170

第七章　风险投资作用于新三板市场溢出效应的实证分析 …… 172
第一节　变量与研究假设 …… 172
第二节　风险投资作用于新三板溢出机制的验证 …… 181
第三节　基于面板模型：风险投资溢出效应的实证分析 …… 189
第四节　考虑空间因素：风险投资溢出效应的实证分析 …… 204
第五节　本章小结 …… 219

第八章　研究结论、启示与展望 …… 222
第一节　研究结论 …… 222
第二节　政策启示 …… 224
第三节　研究展望 …… 229

附　录 …… 231

主要参考文献 …… 239

后　记 …… 259

第一章 绪论

第一节 研究背景与意义

一 研究背景

当前,国际环境日趋错综复杂,国内各领域存在发展不平衡、不充分的问题,诸多矛盾叠加与风险挑战增多,使我国经济进入中低速增长的常态化时期。中国要实现转型升级和高质量发展,关键在于创新创业能否在更大范围普及和更高层次推进,而创新创业的主体是中小微企业。中小企业的发展不仅需要资本,还需要一个健康的资本市场平台作为纽带将资本与中小企业的发展联结起来,而新三板便是这个重要的连接纽带。新三板是专门服务于创新型、创业型、成长型中小微企业的融资孵化平台。新三板市场的创新型企业中的"创新"不仅指技术创新,也包括产业模式创新、经营手段创新。在新三板挂牌的企业是真正的中小微企业,它们在主板、创业板、科创板达不到上市条件,但自身又具有融资需求和发展愿望。当前阶段,这部分企业的数量巨大,2017年末新三板挂牌企业的数量达到峰值11630家。解决好这部分企业的发展问题意义重大,关系到创新创业与经济发展能否有效地融合。

新三板和风险投资之间存在紧密的联系。首先,风险投资与新三板在发展特质方面存在很多契合之处。风险投资是长期的股权投资,流动性低。它投资的对象通常为创新型、高成长型企业(项目),风险较大,不确定因素多。风险投资也被称作"耐心而勇敢的资本"。新三板市场中挂牌企业成熟度低,以机构投资者为主,是一个长期投资、价值投资、早期投资的市场。这一契合点决定新三板为风险投资筛选优质项目提供了良好的平台。其次,风险投资与新三板具备共同的政策目标。风险投资在追求高额回报的同时，也促进了创新型初创企业的发展。而新三板的目标是促进中小微企业成长，促进创新创业发展。此外，风险投资和新三板在新时代背景下表现出相似的发展趋势，二者存在很多交会之处。当前，我国已发展成为全球第二大风险投资市场。随着第四次创业浪潮来临，我国风险投资迎来新的历史机遇。5G技术、半导体电子、生物医学、先进制造业、人工智能、"互联网+"等为风险投资提供大量可投资标的。尽管如此，受国内外经济形势的影响，风险投资的发展已趋于理性。类似地，新三板市场在经历蓬勃发展后，当前阶段也回归市场理性，将追求市场质量、提高市场流动性定位为首要战略目标。这意味着，在很长一段时期内，风险投资和新三板会产生更多的交集。

截至当下，学术界对"风险投资和新三板"主题并未积累较多的研究成果。前期学者较多地关注风险投资对上市公司的影响，而对风险投资与场外市场[①]企业的探讨较少。前期学者较多地关注风险投资对微观层面企业的影响效果，而忽略风险投资的影响机制和宏观溢出效果。针对以上现实背景和研究不足，本书以场外交易市场新三板为研究对象，从微观层面探讨风险投资对被投企业价值的影响和作用机制。风险投资的作用不只局限于被投企业，它可能对整个产业或区域都产生外部效应。因此，本书从宏观层面探讨风险投资的溢出效应和溢出机制，通过理论和实证研究获得政策启示，为充分发挥风险投资的作用机制和充分释放风险投资的溢出效应提供有益的借鉴。以中小企业为切入点，探讨风险投资对新三板企业价值的影响及溢出效应问题，在理论与实践层面都有重要的现实意义。

二 研究意义

（一）理论意义

本书以风险投资理论、企业创新成长理论、溢出效应理论、产业结构优化理论等为基础，构建分析框架和实证模型，具体探讨了风险投资对新三板企业价值的作用机制以及溢出效应问题。不仅对丰富风险投资

---

① 新三板精选层于2020年7月开市，截至2020年12月31日，新三板8187家挂牌企业中，精选层只有41家。2021年9月3日北京证券交易所（以下简称北交所）注册成立，精选层改名为北交所。截至2023年9月底，北交所上市企业220家，新三板挂牌企业6391家，其中基础层4483家，创新层1908家。尽管北交所是联结场内和场外的市场，现阶段新三板仍以场外市场特征为主。

理论和企业理论方面的相关内容有重要意义，对拓展溢出效应理论方面的研究内容也有重要价值。具体而言，本书的理论意义可归纳为两点：

（1）丰富了风险投资理论和企业理论的研究内容。20世纪90年代开始，风险投资行业一直持续增长，风险投资也成为一个重要的研究领域，并且出现了一些重要的理论（认证理论、监督理论、增值服务理论、逐名理论、逆向选择理论等）。学者从某个理论视角对风险投资的作用机制进行探讨。但风险投资与企业行为之间的互动关系是一个复杂系统，仅从单一理论出发无法探索风险投资影响企业机制的真实规律。本书将多个理论同时纳入一个分析框架，从定量和定性角度解释风险投资影响企业价值的作用机制。鉴于数据的可获得性、完整性、连续性等方面的原因，大多数学者对未上市企业或中小企业的关注较少，而对上市公司的研究相对较多。Hellmann和Puri（2002）指出，风险投资对公司影响效果最大的时候恰恰是在公司尚未上市的早期阶段。本书以场外股票交易市场新三板为研究对象（时间窗口为2010—2018年），研究风险投资在企业未上市的早期阶段对中小企业价值的影响和作用机制，这将进一步丰富风险投资理论和企业理论的研究内容。

（2）拓展了溢出效应理论的研究内容。前期学者对溢出效应问题积累了许多经典的理论成果，关于溢出效应的实证问题，国内外学者对外商直接投资和对外直接投资的溢出效应积累了较多的成果，但关于风险投资的溢出效应问题现有研究成果较少。也就是说在现阶段，国内关于风险投资影响产业或区域的研究较少，国外学者关于风险投资对经济的影响有所探讨，但并未形成系统的观点。大多数学者在研究风险投资问题时仍主要关注风险投资对微观层面企业的影响。本研究结合外部性理论，借鉴Lotka-Volterra模型考虑产业大系统中各子系统（企业）的竞争与协作关系，进一步对风险投资作用于新三板企业的溢出机制进行刻画，然后通过实证模型验证风险投资作用于新三板企业的溢出机制以及考察溢出效应。考虑到区域经济具有明显的开放性，各企业主体之间存在广泛的经济联系，因此，在实证研究中还考察风险投资的空间溢出效应。通过该研究更好地诠释风险投资的溢出机制和溢出效应问题，本书进一步拓展了溢出效应理论的研究内容。

（二）现实意义

从现实角度看，研究风险投资对新三板企业价值的影响和作用机制问题，对促进新三板企业的发展，完善我国多层次资本市场格局，促进我国股权投资市场发展，降低宏观杠杆率，促进创新创业与经济发展的融合等方面具有重要的现实意义。研究风险投资作用于新三板的溢出机制和溢出效应问题，对促进我国风险投资业健康发展以及促进产业结构优化溢出效应的发挥方面有着重要的实践意义。具体而言，本书的现实意义主要体现在以下两个方面：

（1）促进新三板企业更好地成长与发展，推动我国多层次资本市场的健康发展，深化创新创业与经济发展的融合。新三板是我国多层次资本市场的重要组成部分。新三板面向的服务对象为广大创新型、创业型、成长型中小微企业，这部分企业在主板、创业板、科创板达不到上市条件，但自身又具有融资需求和发展愿望。具备以上特征的企业在现阶段数量庞大。对于它们而言，创新创业更需要的是智力资本而不是流动资金，风险资本作为一种股权投资被称作新创企业的"成长教练"。本书以场外股票交易市场新三板为研究对象，研究风险投资在企业尚未上市的早期阶段对中小企业价值的影响和作用机制，并提出促进风险投资和中小企业融合发展的相关政策启示。具有以下几方面现实意义：①企业层面，有利于提升新三板挂牌企业的价值、发展质量和竞争能力，有利于促进中小微企业更好地发展与成长。②资本市场层面，新三板是中国多层次资本市场的基座，是创业板、科创板的后备企业资源，新三板挂牌企业发展良好有利于中国多层次资本市场的健康发展。③宏观经济层面，风险投资与新三板企业互动积极、发展良好，有利于我国股权投资市场的发展和全社会直接融资比重的提高，有利于降低各部门宏观杠杆率，为经济发展方式的转变及促进创新创业与经济发展的融合提供持久的动力。

（2）促进我国风险投资业健康发展以及促进风险投资溢出效应的发挥。溢出效应广泛存在于经济活动中的各个环节中。风险投资的溢出效应如何表现？其传导机制和作用路径是什么？这些问题是研究学者、风险投资人和政策制定者共同关注的课题。本书探讨风险投资的溢出效应，有利于帮助政策制定者厘清风险投资在宏观层面的作用效果，为政策支持或者限制风险投资的发展寻找到依据。在当前中国经济结构转型的关键时期，这是一种有益的探索和尝试。而关于中国风险投资溢出效应的发生机制，在现阶段还没有被系统地研究过。溢出效应是一个结果，溢出机制是一个过程，溢出机制好似一个"黑箱"，是驱动风险投资溢出效应的力量或规则，因此，探讨中国风险投资溢出效应的作用机制，揭开"黑箱"的工作原理，可以为政策的制定和实施提供有益的借鉴。本书提出以下建议：积极发展风险投资，促进其对新三板企业的支持；风险投资机构提升自身实力，新三板企业接纳风险投资介入企业管理；提高企业吸收能力及核心竞争力，完善市场竞争机制；改善新三板市场流动性，提升企业价值及促进资源整合；推进多层次资本市场改革，促进风险投资业发展等。

第二节 研究内容与框架

一 研究内容

本书以风险投资理论、企业创新成长理论、溢出效应理论、产业结构优化理论等为基础，构建分析框架和实证模型，具体探讨了风险投资对新三板企业价值的影响及溢出效应问题，获得结论，并提出可供借鉴的政策启示。本书包括八章：

第一章，绪论。本章阐明了选题背景以及研究的理论意义和现实意义。本章的目的在于提出问题，阐述研究框架、目的、方法、创新点、不足等内容。

第二章，国内外相关研究综述。结合本书研究主题从风险投资对企业的影响、风险投资对产业的影响、风险投资与溢出、风险投资与新三板等多个角度进行文献梳理，并进行简要评述。

第三章，基本概念及相关理论基础。首先，界定基本概念。具体解释和总结了风险投资、新三板、企业价值、机制和溢出效应的内涵和国内外学者的观点，并在此基础上结合本书研究内容对风险投资、新三板、企业价值、机制、溢出效应进行概念界定。其次，提炼本书的理论基础。本章回顾和总结了与研究主题相关的基础理论。包括风险投资理论、中小企业存在理论、企业创新成长理论、溢出效应理论和产业结构优化理论。本章为后续章节的研究清晰地界定了概念和奠定了理论基础。

第四章，中国风险投资与新三板市场的历史、现状及关系。本章的目的是梳理历史、描述现状、分析关系和发现问题。本章结合大量发展数据和历史事实，详细梳理了风险投资和新三板市场的历史脉络与变迁，并结合新时代背景详细探讨风险投资和新三板市场当前的发展现状及趋势，分析风险投资和新三板之间的现实联系和互动关系，以及现阶段风险投资在新三板市场存在的问题。本章为后续章节的研究提供了客观和准确的现实基础。

第五章，风险投资影响新三板企业价值及溢出效应的理论与机制。首先，从理论层面分析风险投资对新三板企业价值的影响，以及风险投资作用于新三板市场的溢出效应。其次，建立机制分析框架，深入探讨风险投资影响新三板企业价值的作用机制及溢出机制问题。主要包括以下内容：①风险投资影响新三板企业价值的理论分析。②风险投资作用于新三板溢出效应的理论分析。③风险投资影响新三板企业价值的作用机制。分析了治理作用机制、认证作用机制、支持作用机制三个机制。同时，结合新三板市场的实际情况和独特情景，分析风险投资作用机制有效运作的条件。④风险投资作用于新三板的溢出机制问题，分析了资源配置机制、竞争合作机制、协作链接机制三个机制。结合新三板市场的实际情况具体分析了溢出机制有效运作的条件。最后，尝试性借鉴经典生物数学 Lotka-Volterra 模型，对风险投资作用于新三板企业的溢出机制进行刻画。在探讨过程中通过绘制机制图呈现逻辑关系。本章为后续实证研究章节疏通逻辑关系和提供假设依据。

第六章，风险投资影响新三板企业价值及作用机制的实证分析。本章对第五章作用机制理论推演进行实证检验。包括：①进行变量说明和描述性统计分析，获得初步统计结论。②设定中介效应模型，分别检验风险投资影响新三板企业价值的治理作用、认证作用和支持作用。考虑到风险投资的自选择效应问题，运用 PSM 法和 PSM-DID 法进行内生性分析。此外，运用每股净资产、总市值、每股价值替换被解释变量，以及单纯考虑东部地区的新三板市场，进行关于治理作用、认证作用和支持作用中介模型的多轮稳健性检验，以进一步验证实证结论的可靠性。③考虑到新三板市场的全新情景和独特规则，进一步考虑新三板挂牌企业的异质性因素。探讨新三板挂牌企业异质性对风险投资作用效果的影响。通过实证结论获得政策启示。

第七章，风险投资作用于新三板市场溢出效应的实证分析。本章是对第五章溢出机制理论推演的实证检验，也是在第六章风险投资影响新三板企业价值基础上的进一步拓展，即将这种影响关系从微观角度放大到宏观角度。本章选择我国 31 个省份 2010—2018 年的数据，通过量化风险投资、新三板市场、产业结构优化等各项指标，实证检验风险投资作用于新三板市场所发挥的溢出效应问题。本章包括三个实证模型：①通过中介效应模型验证溢出机制的存在性，探讨风险投资通过改善新三板企业价值进而影响地区产业结构优化的路径是否存在。②通过面板计量模型分析溢出效应，探讨风险投资作用于新三板市场对产业结构优化的溢出效应大小以及显著性。③考虑到经济活动之间存在空间效应，面板结果有可能低估溢出效应，进一步通过空间计量模型分析风险投资的空间溢出效应。

第八章，研究结论、启示与展望。首先，本章对全书的研究结论进行概括和总结。其次，在理论分析与实证结论的基础上获得政策启示。提出积极发展风险投资事业，促进其对新三板企业的支持；风险投资方提升自身实力，新三板企业接纳风险投资介入企业管理；推进多层次资本市场建设，促进风险投资发展；提高企业吸收能力及核心竞争力，完善市场竞争机制；改善新三板市场流动性，提升企业价值及促进资源整合等政策建议。最后，对未来的研究方向和内容进行展望。

二 研究框架

本书的研究思路为"提出问题→分析问题→解决问题"。根据研究思路和研究内容，提出如下研究框架："提出问题→阐释理论基础和现实基础→在理论基础和现实基础上进行理论分析，同时构建机制分析框架→从微观角度和宏观角度进行实证检验→研究结论。"其中，机制分析框架是全书较为核心的部分。首先，基于理论基础和现实基础分析"风险投资影响新三板企业价值的作用机制""风险投资作用于新三板市场的溢出机制"两个问题。机制分析是后文实证研究的假设依据。其次，构建计量模型。检验"风险投资对新三板企业价值的影响和作用机制"（微观视角实证）、"风险投资作用于新三板市场的溢出效应"（宏观视角实证）。最后，基于实证结果获得结论和政策启示。总体逻辑脉络简化为"提出问题→理论基础+现实基础→理论分析+机制分析→实证检验→结论"。研究框架和技术路线见图 1.1。

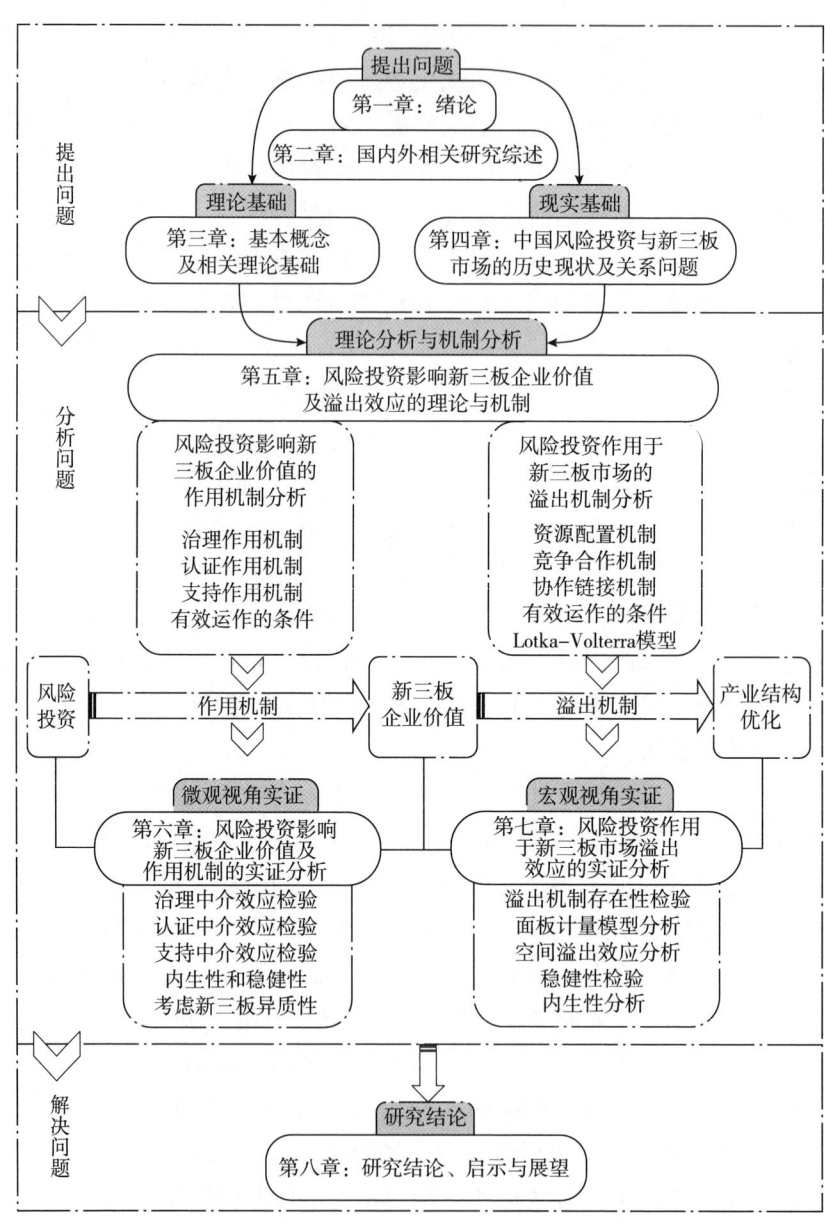

图 1.1 研究框架与技术路线

第三节 研究目的与方法

一 研究目的

（一）探析风险投资对新三板企业价值的影响及作用机制

"风险投资对新三板企业价值的作用机制"是本书更为关注的问题。学者较为关注风险投资对企业的影响结果，而较少关注作用机制问题。作用机制好像一个"黑箱"，学者只关注"黑箱"以外的结果，而忽略对"黑箱"内部工作原理的解释。新三板是为配合国家创新创业战略而出台的，专门服务于"双创—成长"中小微企业的融资孵化平台。新三板和风险投资有着千丝万缕的联系。因此，本书的主要研究目的之一是探析风险投资对新三板企业价值的影响及作用机制。

（二）探析风险投资的溢出机制和溢出效应问题

风险投资通过微观企业主体将影响放大到宏观层面而产生溢出效应。承接研究目的（一），研究目的（二）将研究视野再提高一个层次，即探讨风险投资的宏观影响效果。学者大多关注风险投资对微观企业的影响。事实上，风险投资的影响可能不局限于接受投资的公司，它可能会对整个产业或区域产生正的外部性或负的外部性。当前，国内学者关于这方面主题的研究较少，国外学者有所涉足，但并未形成系统的结论。因此，以研究目的（一）为基础，研究风险投资如何影响微观企业后，进一步研究风险投资的溢出效应问题。当然，溢出机制也是一个"黑箱"，是不同于风险投资影响新三板企业价值作用机制的"黑箱"。本书的研究目的包括揭开溢出机制这个"黑箱"的工作原理。

（三）更好地了解风险投资和新三板，为评价风险投资的作用提供客观的依据

我国风险投资行业从 20 世纪 80 年代起步发展至今已有 30 多年的历史。新三板追溯到"两网系统"时期，几经变迁，发展至今也有 30 多年的历史。对于风险投资而言，新三板不仅是它们实现资本退出的新渠道，还是它们挑选潜在公司进行投资的目标场所。对于新三板而言，风险投资作为机构投资者引领新三板市场发展走向成熟。风险投资和新三板之间存在千丝万缕的联系。但学术界关于"风险投资与新三板企业"主题的探讨较少。① 因此，本书的研究目的还在于梳理二者的历史脉络、分析二者的现状趋势和探析二者的关系及存在的问题。同时，从理论和实证角度探讨风险投资对新三板的作用。以便于学术界更好地了解风险投资和新三板，为评价风险投资的作用提供客观的依据。

二 研究方法

（一）实证研究法

实证研究法是本书在研究过程中所运用的重要研究方法。本书的核心部分第六章和第七章两章内容均采用实证研究方法。实证研究方法具体体现在以下几个方面：①中介效应模型。验证风险投资对新三板企业价值的治理作用机制、认证作用机制和支持作用机制。验证风险投资作用于新三板企业的产业结构优化机制（溢出机制）。②考虑到风险投资的自选择效应，利用 PSM 法和 PSM-DID 法进行内生性分析。③通过设置交互项来考虑新三板企业的异质性因素影响。④运用面板回归模型以及空间面板计量模型，分析风险投资的溢出效应。⑤运用工具变量法进行内生性分析。

（二）数理模型法

在第五章风险投资溢出机制分析中，本书尝试性地借鉴生物数学经典 Lotka-Volterra 模型（洛特卡—沃尔泰拉模型）分析风险投资的溢出机制。获得风险投资支持的企业与未获得风险投资支持的企业之间会发生竞争与协作关系。随着风险资本进入一个企业，没有获得投资的企业可能会被迫利用新技术和实践来提高效率，与效率更高的风险投资支持企业竞争。风险资本也有可能促进被投企业与上下游企业的关联与协作，形成互惠互利关系。

（三）理论分析法

本书专门设置第五章，从理论基础和现实基础出发，分析风险投资对新三板企业价值的作用机制和溢出机制。在分析的过程中结合了大量理论。比如在分析风险投资影响新三板企业价值的作用机制时，结合了监督治理理论、信息认证理论、增值服务理论、逆向选择理论等进行分析。在分析溢出机制时，结合了外部性理论的观点论证竞争合作机制下

---

① 分别以"风险投资""私募股权""股权投资""新三板"为主题关键词进行检索，截至2023年9月26日共检索到CSSCI（含扩展版）期刊26篇。

的溢出效应,并结合中小企业存在理论、熊彼特创新理论等观点进行论述。对于协作链接机制,结合了企业成长理论、产业结构优化理论等观点进行论述。并在分析论述的过程中绘制了机制图,机制图更好地呈现机制的逻辑。在此基础上,探讨了作用机制和溢出机制有效运作的条件。

(四)案例研究法

对于风险投资影响新三板企业价值的作用机制及溢出机制分析,可以采用案例分析法来进一步解释作用机制和溢出机制。在分析风险投资对企业的支持作用机制时,以新三板挂牌企业英雄互娱为例。英雄互娱于2015年6月成立且借壳挂牌新三板。由于获得大批知名风险资本的支持,在手游领域英雄互娱的市场份额仅次于腾讯。在分析风险投资溢出机制时,以美国Hertz公司为例。2005年Hertz公司被风投集团收购,交易后其业绩显著改善。在Hertz被收购之后,同行业的两大主要竞争对手Avis Budget和Dollar Thrifty也实施了提高效率的新策略,这很可能是由Hertz公司所带来的竞争压力所触发的结果。

第四节 可能的创新点与不足

一 可能的创新点

(一)拓展了风险投资领域的研究边界

以往学者大多以上市公司数据为样本,研究风险投资影响企业IPO抑价率、IPO后市场表现、投资回报率等问题。鉴于数据的可获得性、完整性、连续性等方面,以及大多数学者对未上市企业或中小企业的关注较少,本书以场外市场新三板挂牌企业为研究标的,探讨风险投资在企业尚未上市的早期阶段对中小微企业价值的影响及作用机制。现有研究成果大多关注风险资本的异质性给企业带来的影响,本书则关注新三板挂牌企业异质性对风险投资作用效果的影响。此外,风险投资的影响可能不只局限于接受投资的公司,因此本书基于风险资本对新三板企业的投资,进一步探讨风险投资的溢出效应问题,并尝试性地考虑空间相依性,探讨风险投资的空间溢出效应。这些有益的尝试是对现有风险投资领域研究成果的补充和拓展。

（二）丰富了风险投资对中小企业作用机制的研究成果

学者提出众多关于风险投资的理论，如治理理论、信息认证理论、增值服务理论、逆向选择理论、逐名理论等，从某个理论视角对风险投资的作用机制进行探讨。但风险投资与企业行为之间的互动关系是一个复杂的系统，仅从单一理论出发无法探索风险投资影响企业机制的真实规律，应将多个理论同时纳入一个分析框架，从定量和定性的角度解释风险投资对企业的作用机制。目前，尚未有学者从中介效应模型角度探讨风险投资影响企业价值的内在机制和作用路径，本书把治理作用、认证作用、支持作用同时纳入一个分析框架中，从定量角度解释风险投资对企业价值影响的作用机制。同时，基于新三板市场的实际情况和独特情景，分析了风险投资作用机制有效运作的条件。本书进一步拓展了对风险投资作用机制的认识，丰富了相关研究成果。

（三）揭示了风险投资溢出机制的工作原理

溢出机制是一个过程，好似一个"黑箱"，是一个复杂的系统，但是具有比较稳定的构成方式和作用规律，是驱动风险投资溢出效应的力量或规则。目前，学术界对风险投资的溢出机制没有形成系统的解释。本书从受资公司角度切入，探讨风险投资产业结构优化溢出效应的溢出机制。并借鉴生物数学经典Lotka-Volterra模型对风险投资的溢出机制进行刻画。同时，基于新三板市场的实际情况和全新情景，分析了风险投资溢出机制有效运作的条件。这种尝试性的探索为政策的制定和实施提供有益的借鉴，是对溢出效应成果的有益补充。

二 不足之处

首先，新三板挂牌企业财务数据不完整，缺漏值较多。新三板是为配合国家创新创业战略而出台的，专门服务于中小微企业的融资孵化平台。很多企业在主板、创业板、科创板达不到上市条件，但自身又具有融资需求和发展愿望。因此，它们只能选择到新三板挂牌，成为非上市的公众公司。现阶段在新三板挂牌的中小微企业数量庞大。很多中小企业为了在新三板挂牌刚刚完成股份制改革，挂牌年限短，企业积累的历史数据较少。相比A股市场上市公司而言，新三板市场挂牌企业的数据完整性和连续性差。在探讨风险投资对新三板企业价值作用机制问题时，通过数据筛选剔除缺漏值后，数据结构为非平衡面板数据，很多样本企业只有一个年度的数据。新三板企业财务数据的不完整性在一定程度上影响了实证模型的分析效果。随着企业数据的完善,本书使用的分析方法将在未来具备更强的解释力。

其次,新三板挂牌企业质量差异较大,治理规范性有待提高,财务数据质量低于上市公司。相对于上市公司而言,新三板挂牌条件宽松,对挂牌企业的资产、股本、主营业务、盈利指标等均无限制,因此,新三板成为挂牌公司数量最多的一个板块。由于没有严格的财务和规模条件的限制,新三板挂牌企业的质量差异较大。相对于 A 股上市公司而言,新三板挂牌企业是真正的小规模企业[①]。小规模企业,尤其是处于初创阶段的创新型小微企业,其公司治理能力不够完善,往往存在内部控制制度不健全,或者形同虚设、未有效执行等问题,内部控制薄弱,会影响财务报表的真实性。而且,新三板公司的信息披露义务远低于上市公司的披露标准。这意味着新三板挂牌企业财务数据质量比不上 A 股上市公司。

[①] 2018 年新三板挂牌公司的平均营业总收入为 1.895 亿元,平均净利润为 737.882 万元,A 股上市公司 2018 年平均营业总收入为 119.891 亿元,平均净利润为 10.018 亿元。(数据来源:Wind 金融数据库,笔者计算整理。)

第二章 国内外相关研究综述

在过去的几十年时间里,风险投资已经成为美国经济增长的重要引擎。Gilson(2002)指出,风险投资市场和由风险资本资助的公司是美国"经济皇冠"上的"明珠"。风险投资成为一个重要的研究领域。与此同时,20世纪90年代以来,中国风险投资行业不断发展,如今中国已成为全球第二大风险投资市场。在此期间,我国国内也涌现出大量关于风险投资的研究成果。前期研究成果包括以下四个层面的重要理论和基本观点:①风险投资对企业的影响;②风险投资对产业的影响;③风险投资与溢出;④风险投资与新三板。

第一节 风险投资对企业的影响

国内外学者比较乐于探讨风险投资对微观企业的影响,从理论和实证角度进行广泛而深入的研究,积累了大量的学术成果。体现为以下四个层面的重要理论和基本观点:①风险投资与企业价值;②风险投资与企业治理;③风险投资与信息认证;④风险投资与网络支持。

一 风险投资与企业价值

(一)国外学者对风险投资与企业价值的研究

国外学者对风险投资与被投企业价值或成长能力之间的关系有较多的论述。他们从风险投资对被投企业IPO抑价水平、盈利能力、劳动生产率、销售增长等方面考察风险投资如何影响被投企业的价值或成长能力。一些学者认为,风险投资为被投企业成长和长期市场表现增加了价值。Jain和Kini(1995)发现,与非风险投资支持的IPO公司相比,风险投资支持的公司在IPO后的经营业绩更好。Brav和Gompers(1997)认为,与没有风险投资参与的公司相比,风险投资支持的公司在IPO后拥有更高的股票回报率，说明风险投资对被投资企业存在价值增值作用。Davila 等（2003）调查 193 家风险投资支持的公司，并将它们与 301 家非风险投资支持的公司进行比较，发现风险资本融资对公司随后的估值和就业增长存在积极影响。Alemany 和 Marti（2005）研究风险投资在西班牙小企业中的作用，发现风险投资支持的企业的就业率、销售额、毛利率、总资产、无形资产和公司税收在连续三年中比非风险投资支持的企业增长得更快。Engel 和 Keilbach（2007）发现，接受风险资本融资的德国公司的销售增长率较高，风险投资促进了企业产品的商品化程度，而不是促进创新。Puri 和 Zarutskie（2012）进一步研究发现，在风险资本融资之后，与非风险资本融资公司相比，风险资本融资公司的就业迅速增长。一开始 VC 资助的公司和非 VC 资助的公司平均各有 26 名雇员，但三年后 VC 资助的公司平均有 55 名雇员，而非 VC 资助的公司有 38 名雇员。Marti 等（2013）认为，企业销售额、毛利率和就业率等变量的增长与风险投资供资以及更容易获得其他外部融资的资产增加有关。Guo 和 Jiang（2013）研究中国风险投资与企业绩效的关系，发现风险投资支持的公司在几个方面优于非风险投资支持的公司，包括盈利能力、劳动生产率、销售增长和研发投资。Kato 和 Tsoka（2020）通过研究发现，风险投资在提高乌干达中小企业收入增长、盈利能力和资产回报方面存在促进作用。

但是也存在一些不同的观点。Amit 等（1990）从理论上提出风险资本家寻找初创企业投资时的逆向选择问题。这与新创企业融资环境中信息不对称有关，风险投资支持的项目通常为长期研发项目，相比短期或低风险项目更难区分好坏，风险投资的"柠檬溢价"会高于普通投资。同时，Beck 等（2008）发现，遇到更多财务障碍的公司往往更多地使用外部融资。逆向选择意味着能力较差的企业家将选择让风险资本家参与，而较优质的企业或项目，则不寻求风险投资的外部参与。风险投资人和创业企业家之间的利益冲突也会产生事后效应。Gompers（1996）提出逐名理论（Grandstanding Hypothesis）又称"哗众取宠效应"。风险投资机构（尤其是年轻的风投机构）为了获得业界声誉和进行下一轮募资，急功近利，关注企业短期利益，不重视企业长远发展，他们更有可能过早地进行 IPO，虚假暗示它们的声誉和业绩。企业仓促上市后面临经营绩效下滑等不确定性问题。Hamao 等（2000）在一项关于风险投资支持的日本市场IPO的研究中报告了类似的利益冲突。当主要的风险投资家同时也是主要的承销商时，被投企业的股票IPO定价严重偏低。Franzke（2004）比较了德国58家风险投资支持的企业和108家无风险投资背景的企业IPO时的表现，发现风险投资支持的企业有更高的抑价程度，而且在上市前其盈利能力和销售收入都低于无风险投资背景的企业。Tan等（2013）选择中国中小板上市公司作为研究对象，通过研究发现，风险投资不能改善被投企业业绩，且不能给被投企业带来价值增值效果。

（二）国内学者对风险投资与企业价值的研究

国内大多数学者认为，获得风险投资支持的公司有更高的企业价值和成长能力。他们大多以上市公司为研究对象，发现风险投资的介入会给被投企业带来增值，提高其IPO市场表现（主要表现为降低IPO抑价水平）。黄福广等（2013）发现，风险资本对企业成长性产生正向作用，并且外资风险投资的作用更大。蒋伟与顾汶杰（2015）用倾向得分匹配法有效剔除了风险投资家"选择作用"偏差，发现风险投资有助于企业扩大规模，提高创新能力，有效地促进了企业的成长能力和竞争优势。乔桂明与屠立峰（2015）认为，风险投资支持的公司能成功发行更多股票和募集到更多资金；风险资本的存在释放出公司具有较高潜在发展价值的信号。冯慧群（2016）采用沪深两市的民营企业作为研究对象，发现获得风险投资支持的民营企业在IPO时抑价相对较低，而且盈余管理还可以进一步降低抑价水平。王力军与李斌（2016）运用1996—2012年IPO公司数据，发现VC参股的IPO公司上市前成长性显著优于非VC参股公司，创新性更强，市场价值更高。李九斤与徐畅（2016）、许昊（2016）等也得出类似的结论。王秀军和李曜（2016）以我国中小板上市公司为样本，研究发现风险投资使企业经营效率大幅提升，资本结构更为合理，并获得更好的权益净利率。许军（2019）实证发现，私募股权投资基金显著地促进了中小企业的成长性。

部分学者考虑风险投资公司的异质性，从更细致的角度探讨风险投资对被投企业IPO抑价、营业收入增长率等方面的影响。张学勇与廖理（2011）研究风险投资公司的背景对被投企业IPO抑价的影响，发现外资背景风投在企业IPO时抑价水平较低。陈伟与杨大楷（2013）采用中小企板企业作为研究对象，探讨风险投资异质性对IPO抑价和IPO后收益的影响。研究发现，独立风投（自然人、外资以及合伙制的风险投资企业）可有效降低 IPO 抑价，企业背景的风投次之，政府背景的风投不能降低企业的 IPO 抑价水平。关于 IPO 后的收益水平，独立风投和企业背景的风投可发挥积极作用，而政府背景的风投不能发挥作用。陈孝勇与惠晓峰（2014）利用中国创业板上市公司数据，发现联合风险投资能够明显提高被投企业的成长性；声誉高的风险投资以及政府背景的风险投资能够明显提高被投企业的营业收入增长率。李九斤与徐畅（2016）发现，风险投资声誉越好、持股比例越高、投资期限越长、联合投资机构数量越多，则被投企业的 IPO 抑价程度越低。王泽宇等（2018）考虑风险投资人声誉因素的异质性，发现较高声誉的风险投资人有助于提升企业的生产力水平。

当然，也存在不同的观点，认为风险投资没有促进被投企业价值的提升，或者分情况而定。谈毅等（2009）以深圳中小板上市公司为样本，其研究结果在许多方面都没有反映出风险投资参与的优越性。表现为：风险投资对被投企业的 IPO、市场预期等没有发挥积极显著的影响；在经营绩效方面，获得风投支持的公司还劣于未获得风投支持的公司。谈毅认为，这一结论符合新兴市场的特点。程立茹与李屹鸥（2013）以创业板上市公司为研究对象，有风险投资支持的 IPO 其抑价率反而更高。风险投资持股比例越高，其 IPO 后股价长期表现越差。赵静梅等（2015）以 2004—2012 年我国上市公司数据为样本进行研究，结果表明较低声誉的风险投资机构影响了风险投资改善企业效率作用的发挥。低声誉的风险投资对企业生产效率表现出"阻力"的特点。谢海东与许宝元（2017）以中国 A 股 825 家企业 IPO 为样本分析，发现风险投资的参与并不能显著提升企业价值，企业价值的高低取决于其自身的创新能力和成长性。屈国俊等（2017）利用创业板风险投资持股数据进行研究，结果表明在降低企业 IPO 抑价的效果方面，长期风投机构可发挥认证监督作用，短期风投机构发挥的是"逐名"作用，它们的作用效果则是相反的。

二 风险投资与公司治理

（一）国外学者对风险投资与公司治理的研究

国外学者对风险投资与公司治理的关系也进行较多的理论和实证探讨。他们认为，风险资本家在管理他们投资的公司方面通常发挥了积极作用。Gorman 和 Sahlman（1989）发现，主要风险投资者每年平均访问每个投资组合公司 19 次，并花 100 小时与公司直接接触（现场或电话）。

Sahlman（1990）认为，风险资本家参与了日常经营，并且经常成为董事会成员；强调风险资本家以多种方式参与其投资组合公司，包括关键职位的招聘和薪酬、战略决策、与供应商或客户联系。Barry等（1990）表明，风险资本家在其投资组合公司拥有经济上重要的股权，并认为他们直接参与其投资组合公司的治理。Admati和Pfleiderer（1994）建立了一个理论模型，其中内部投资者（如风险投资人）的存在限制了管理层的机会主义行为。Lerner（1995）表明，在新创企业更换首席执行官的时候，风险投资人担任董事会董事的数量增加了。他认为，这是风险投资人对被投企业进行监督和管理的证据。因为，当监督的需求增加时，风险投资人的参与就会增加。Brav和Gompers（1997）认为，风险投资家将设置有利于企业更好成长的管理层结构。Hellmann和Puri（2002）认为，风险投资人的作用远超出传统金融中介的作用，以及获得风险融资与人力资源政策的制定、股票计划的采用以及销售和市场副总裁的聘用有关。Baker和Gompers（2003）的研究表明，在企业IPO时，风险融资使董事会的组成由内部董事向灰色董事[①]倾斜。Kaplan和Strömberg（2003）发现，风险资本家经常在董事会中占有席位，以及持有大量的投票权和控制权。

进一步，Kaplan和Strömberg（2009）在前期基础上，认为风险投资公司改善其投资组合公司治理状况的实践可以概括为三个方面，即财务工程、治理工程和运营工程。财务工程和治理工程指的是在这些交易中实施的融资结构和所有权结构，这些结构可导致更好的监控和激励统一，以克服投资组合公司中的委托代理问题。而运营工程指的是大型和经验丰富的风投公司用来提高其投资组合公司运营效率的管理实践。Campbell和Frye（2009）通过实证发现，风险投资家的参与、质量和最终退出决定了公司治理结构。①风投支持公司的治理结构在IPO时和IPO后的4年间具有更高级别的监督。②高质量的风险投资支持的公司在IPO时比低质量的风险投资支持的公司有更高监管水平，但随着时间的推移，这种差异会消失。③经历风险投资退出的公司比没有退出的公司监控下降幅度更大。总之，他们认为，风险投资家的参与、质量和退出对公司治

---

① Gray Director即关联外部董事，是指与公司有某种利益关系的外部董事，如公司的顾问、律师、供应商、投资银行专家、退休的高级主管等。

理结构有重大影响。Liao 等（2014）探讨了风险投资对新兴市场上市公司的公司治理和财务稳定性的影响，发现与非风险投资支持的公司相比，风险投资会缓解被投企业 IPO 时的过度控制程度，风险投资支持的公司比非风险投资支持的公司财务困境程度低。Megginson 等（2019）以 1990 年至 2007 年的 1593 家美国 IPO 公司为样本，研究风险投资支持的 IPO 公司在上市后的财务困境是否比其他公司更低，发现在控制了公司财务困境风险的其他影响因素（如规模和年龄）后，风险投资支持的 IPO 比非风险投资支持的 IPO 表现出更低的财务困境风险。

对于联合风险投资的作用，Brander（2002）等认为，联合风险投资可以为企业提供互补性的管理经验，进而增加公司价值。Kaplan 和 Strömberg（2004）则认为，联合风险投资人"搭便车"行为会降低彼此提供监控和支持的动机，不利于对投资组合公司的监督和管理。

（二）国内学者对风险投资与公司治理的研究

国内大多数学者认为，为了减少代理成本，风险投资机构会主动参与被投企业的监督和管理，使被投企业的公司治理水平有所提升。龙勇等（2010）研究了风险资本投后管理对高新技术企业公司治理的影响，发现风险资本投后管理对高新技术企业的治理结构具有重要影响。吴超鹏等（2012）认为，风险投资可以改善企业的过度投资和投资不足。李玉华与葛翔宇（2013）发现，获得风险投资支持的创业板企业在 IPO 前具有较低的盈余管理程度，说明风险投资起到"监督"作用。蒋伟与李蓉（2014）通过建立博弈模型，发现在追加投资时，有效的金融契约设计可降低创业企业家的道德风险，同时对创业企业家起到良好的激励作用。王秀军等（2016）认为，风险投资的监督功能在一定程度上可以替代企业传统的经理薪酬治理机制[①]，风险投资还发挥对经理股权激励的促进效应。控股股东两权分离度会显著影响风险投资替代效应、促进效应的发挥。李云鹤与李文（2016）以创业板战略性新兴产业上市公司为样本，实证发现我国风险投资能发挥监督作用，降低委托代理成本，平衡各方利益冲突，有利于企业资本配置效率的提升。叶瑶与田利辉（2018）以上市企业数据进行实证分析，发现风险投资机构通过影响企业的治理水平来提升企业的长期回报。马宁（2019）以中小板和创业板上市企业

[①] 通过提高经理薪酬绩效敏感度来降低经理代理成本的机制。

为样本，发现风险投资能够对目标企业信息披露实现有效监督，提升其会计信息透明度；风险投资的参与对企业的治理和管理运营具有内生的监管效应，可以降低企业的信息不对称程度和代理成本。宋贺等（2019）以创业板上市公司的定增事件为样本，发现在面向内部大股东的定增中，风险投资主要发挥监督效应，降低增发前的盈余管理，缓解大股东的利益输送。李越冬与严青（2019）以创业板上市公司为样本，发现风险投资能"抑制"被投资企业内部控制缺陷，且随着风险投资持股比例的增加，其"抑制"作用更加显著。

当然，也存在相反的结论。部分学者考虑我国风险投资行业成熟度、证券市场环境、股票发行制度、中小企业文化、市场投机心理等因素的影响，认为风险投资不能有效地发挥监督治理职能。靳明和王娟（2010）以深圳中小板上市企业为样本，发现风险投资介入中小企业公司治理的效果不明显。耿建新等（2012）以盈余管理作为公司治理效率的考量指标，研究风险投资对创业板上市公司的治理作用，结果表明风险投资没有抑制企业的盈余管理水平，即风险投资不能对被投企业带去有效的监督和治理。程立茹与李屹鸥（2013）以创业板上市公司为研究对象，考察风险投资对公司 IPO 抑价率和 IPO 后长期表现，发现中国创业板上市公司的风险投资表现出逆向选择效应而不是认证监督效应。汪炜等（2013）以创业板市场为样本，构造"相对发行市盈率"指标，发现风险投资是否参与持股、风险投资声誉的高低，对企业 IPO 定价不产生显著影响，说明创业板市场中监督筛选假说、认证功能假说均不成立。杨其静等（2015）以 2012 年底前在中国创业板上市的公司为研究对象，发现在 IPO 之后，风险投资不能更有效地帮助公司改善经营绩效，风险投资未能有效地履行其事后监管职能。杨希（2016）等以深圳创业板与中小板上市企业为样本，运用 PSM 方法发现，与同质非风险投资支持企业相比，风险投资支持的企业总体上表现出显著绩效优势，但这种绩效优势仅源自企业自身发展能力，即风险投资事前筛选的结果。将筛选效应控制后，风险投资的介入甚至在一定程度上给被投企业带来负面影响，说明风险投资没有发挥治理和增值的效应。

三 风险投资与信息认证

（一）国外学者对风险投资与信息认证的研究

国外学者从信息不对称和信息效率两个角度来说明风险投资具有信

息认证作用。Hall 和 Lerner（2010）指出，为初创企业、创新项目提供资金的市场就像 Akerlof（1970）提出的柠檬市场，委托人（风险投资人）与代理人（创业企业家）之间存在严重的信息不对称，创业企业家和投资者之间也存在严重的信息不对称。许多学者研究企业在 IPO 时的信息不对称问题（Booth and Smith，1986；Rock，1986）。现有文献也指出，内部人士的信号传递（Ross，1997）或第三方专家的信息认证（Campbell and Kracaw，1980）是处理股票市场信息不对称的重要方法。Megginson and Weiss（1991）指出，风险资本家完全满足发挥第三方认证作用的三个重要条件：①认证人必须有珍贵的声誉资本，这一资本会因认证失败而告终；②声誉资本的价值必须大于通过虚假认证获得的最大收益；③发行公司购买第三方机构名誉资本认证服务的价格十分昂贵。风险投资皆满足以上条件，能为企业提供有价值的认证。Megginson 和 Weiss 将 1983 年 1 月至 1987 年 9 月风险资本支持的 IPO 与经过行业、发行规模相匹配的非风险资本支持的 IPO 进行比较。他们发现，风险投资支持的 IPO 第一天抑价率明显低于非风险投资支持的 IPO。说明风险资本家证明公司的真实价值，从而减少抑价。Sahlman（1990）强调，认证功能得以发挥的重要前提是风险投资人拥有昂贵的声誉资本。Klein 和 Leffler（1981）指出，由于新创企业缺乏财务和业绩历史，市场局外人经常使用风险投资声誉作为企业质量的代理指标。Dimov 等（2007）也指出，公司声誉被认为是风险投资行业中的关键区别因素和竞争优势来源。与不知名或不太知名的风险投资公司相比，著名的风险投资公司拥有许多比较优势，如 Atanasov 等（2012）发现，有信誉的风险投资不太可能从事机会主义行为。Hochberg 等（2007）发现，高声誉风险投资支持的公司更有可能成功地退出。Lerner（1994）指出，有声望的风险投资公司更喜欢与其他有声望的风险投资公司联合，这样创业者可以获得来自风险投资公司的下一轮融资。

当然也存在相反的观点，认为风险投资没有发挥有效的信息认证作用。Mahto 等（2018）认为，由于 20 世纪 90 年代末互联网的出现、商业网点的丰富以及人与人之间信息共享的社交网络平台的发展，公司内部人员和投资者在 IPO 时的信息不对称程度持续下降。同时，投资者关于其他可作为公司质量指标相关变量（如分析师、经理人、承销商的声誉）的可获得性增强。此外，投资者还有许多其他可用的工具（如供应商和客户报告），可以减少他们的信息劣势（Miranda and Lima，2012）。从信息不对称的角度来看，企业特定信息的更普遍可用性会降低风险投资声誉的重要性，并有助于风险投资行业中超级竞争环境的出现（Wiggins and Ruefli，2005）。Mahto等实证发现，在非竞争激烈的环境下，受高声誉风险投资支持的公司在IPO后的回报显著高于低声誉风险投资支持的公司，1990—1994年投资组合公司的IPO表现遵循这种传统观点。然而，随着风险投资行业外部环境变化，来自高声誉风险投资的IPO公司表现不如来自中等声誉风险投资的IPO公司，且回报与低声誉风险投资支持的IPO公司相似，说明"超级竞争环境"下使用风险投资声誉作为IPO公司质量的信号是一个不可靠的度量。

（二）国内学者对风险投资与信息认证的研究

国内学者就此方面也有许多研究成果。作为资本市场重要参与方，创业企业和投资者之间存在高度的信息不对称，因此，需要第三方向市场释放积极有利的信号。部分学者认同风险投资的信息认证功能。陈伟（2012）认为，不同背景风险投资在参与被投企业的经营管理、监控程度以及行使"内部人"职能等方面存在异质性，即风险投资基于不同背景其认证作用的发挥也存在异质性。研究结果表明，认证能力最强的是独立风险投资，企业背景风险投资次之，政府背景风险投资的认证能力最弱。李玉华与葛翔宇（2013）认为，风险投资在IPO前表现出"监督"作用。在IPO时发挥了"认证"作用，即降低被投企业的IPO抑价水平。相比单一风险投资，联合风险投资的"认证"作用更显著，所参与企业在IPO时的抑价率更低。邓颖惠等（2018）创新性地利用网贷市场这一情境，具体考察风险投资能否直接向企业经营活动中的下游提供信息认证。通过对1500余家网贷平台的周度交易数据建模，发现风险投资能够向网贷市场中出借人传递"信号"，在获得风险投资后的短时间内，平台周度成交量、出借人数量均有所增加。马宁（2019）选择中小板和创业板企业为研究对象，发现风险投资可以降低被投企业与外界的信息不对称程度，同时降低委托代理成本。风险投资的异质性影响创业企业的会计信息透明度，联合风险投资和高声誉风险投资的监督职能和认证职能更强。宋贺等（2019）以创业板公司定增事件为样本，发现除在面向内部大股东定增时发挥监督效应，在面向外部机构投资者的定增中，风险投资会发挥认证效应，提升公司股票信息度，缓解外部机构投资者的信息不对称。

但也有相反的结论，认为风险投资的参与不能为企业带来认证作用。汪炜等（2013）通过实证发现，创业板市场中风险投资是否参与、风险投资声誉高低，对企业 IPO 定价没有显著影响，说明在创业板上风险投资的监督筛选假说、认证功能假说均不成立，并认为这一结果与我国股票发行制度有关。谢海东与许宝元（2017）检验 2010—2014 年在中国 A 股市场 IPO 的 825 家企业，发现风险投资机构的声誉、持股份额、持股时长对企业价值均无影响，风险投资机构没有表现出显著的认证作用，也未发挥提供增值服务的作用。

（三）与信息认证相对立的观点：风险投资与"逐名效应"

"逐名"指风险投资急功近利地催促企业上市，企图尽快退出资本，获得丰厚的回报，并在行业内建立显赫的声誉。"逐名效应"使风险投资机构过度追求短期业绩，给企业带来更多的不确定性，从长远角度看，不利于企业成长。部分学者在实证过程中发现，我国风险投资存在"逐名效应"，给被投企业带来更多的不确定性或负面影响。陈工孟等（2011）选择中小板与香港主板中资企业为样本，发现风险投资机构通过较高的 IPO 抑价实现尽早撤出资本，以此建立声誉，进而募集更多资本。贾宁与李丹（2011）以中小板上市公司为样本，发现相比未获得创业投资支持的企业而言，创业投资支持的企业在 IPO 时规模更小、更年轻、IPO 抑价程度更高。长期而言，股权解禁后后者的业绩下滑幅度显著高于前者，且股票投资收益率更低，说明风险投资的"逐名动机"存在。陈见丽（2012）以 2010 年 12 月 31 日以前在创业板上市的 153 家公司为样本，实证发现我国风险投资片面重视创业板公司的短期成长性，而对其长期成长性缺乏关注和推动。蔡宁（2015）发现，我国风险投资的"逐名动机"显著。它们通过盈余管理等一系列短期行为，催促企业上市，并创造时机以实现资本退出。这种短期行为不利于企业长远发展。因此，被投企业的长期业绩差于未获得风险投资支持的公司。吴育辉等（2016）、伍文中与高琪（2018）均以创业板上市公司作为研究对象，发现风险投资存在"逐名效应"，关注短期经营绩效，而忽略长期可持续成长。

四　风险投资与网络支持

（一）国外学者对风险投资与网络支持的研究

国外学者除探讨风险投资的公司治理作用、信息认证作用，还讨论网络支持作用。他们主张，风险投资作为积极的投资者为创业企业带来了各种宝贵的资源。金融市场的一大特点是拥有强大的关系和网络。Lerner（1994）指出，网络在风险投资行业中也占有显著地位。风险投资倾向于与其他风险投资联合投资，而不是单独投资。若风险投资辛迪加投资一家公司，它们会利用自身的服务提供商网络，包括猎头、专业律师、注册会计师、投资银行家等，来帮助公司获得成功。Hochberg 等（2007）研究风险投资辛迪加网络关系背景下的投资绩效后果。结果表明，网络更完善的风险投资公司基金表现更好，更有可能成功退出和完成新的融资计划。因此，增强网络地位是现有风险投资公司的重要战略考虑。Chemmanur 和 Loutskina（2006）讨论风险投资支持在 IPO 中可能存在的作用，结果强烈支持市场力量假说，认为风险资本家能够与 IPO 市场的各种参与者（承销商、机构投资者、分析师等）发展长期关系，因为他们是 IPO 市场的反复参与者。这种关系的参与使被投企业的股权（无论 IPO 还是二级市场）都获得更高的价格。Lindsey（2008）和 Johnson（2013）从风险投资促进战略联盟和商业伙伴关系角度进行阐述。Lindsey 探讨了风险投资家在促进其投资组合公司的联盟中所扮演的角色，即风险资本家促进企业与客户、联盟伙伴或其他潜在合作伙伴的联系，帮助其投资组合公司发展网络。实证研究发现，在拥有共同风险机构的公司之间，战略联盟的频率更高，风险投资成功退出的可能性更高。Johnson 指出，风险资本家不仅向当前投资组合公司提供资本，而且还向未来其他公司和潜在合作伙伴提供联系。他举例说明，Arrowpoint Communications 的总裁 Louis Volpe 在一篇文章中指出："有了 Matrix Ventures（一家风险投资公司），你就能在电信领域找到有经验的人和良好的网络。那些无形的资源可以在早期帮你获得关键客户。"

　　还有学者探讨风险投资促进商业化的作用，指出风险投资是将创新从实验室转移到工厂和消费者的关键催化剂。Samila 和 Sorenson（2010）指出，许多重要的发明出现在学术研究以外，发明或者说一些创新的想法通常需要更多的发展才能实现其商业潜力，发明仅代表第一步，商业化进一步将发明与需求匹配，进而开发制造产品或提供高效服务。Schumpeter（1947）强调，发明者和企业家区别，企业家从事商业化的所有后续活动。Von Burg 和 Kenney（2000）指出，风险投资帮助培养企业家。从这个意义上，风险资投资激励了企业家，促进创新的商业化进程。

风险投资不是被动的投资者，这是它与其他金融资本最大的区别。Leeds（2015）指出，风险投资与创业企业之所以合作，是因为它们利益紧密相连。更强劲的公司业绩将带来更高的价值，并最终带来更有吸引力的个人财务收益。这种情况与所有其他的金融资本形成鲜明对比，那些被动投资者除提供资金本身，没有任何动机去提供其他资源。Leeds 指出，创业企业的管理层通常认为风险投资的网络支持作用是一种重要的资源，尤其在发展中国家，新股东提供的专业知识极其难得。他举例说明巴西一家软件公司对风险投资的态度："我们需要的不仅仅是资金。我们的业绩非常好，尽管我们的年销售额以 45% 的速度增长，但却不能如我们所愿地迅速扩张业务。像我们这样的年轻科技公司包含风险与不确定性，几乎不可能得到银行贷款的支持。可是当风险投资加入企业后，一切有所改变。风险投资人精心安排所有银行关系，融资渠道拓展。在建立合伙关系的第一年内，公司增长加速，新的、扩大的董事会开始运作，第一次独立审计完成，管理层默许彻底改革公司治理实践。我们无法想象形势逆转如此迅速。一些国际金融公司和业务往来公司也想成为我们的股东，而之前我们一直被这些机构忽视。"

（二）国内学者对风险投资与网络支持的研究

国内大多数学者认为，风险投资能为被投企业带来各类社会资本。刘松博（2007）认为，企业具有并能为其创造价值的内外部非正式关系总和即该企业社会资本。风险投资会利用自身的社会资本和业务关系网络为被投企业提供各种增值服务和支持作用。龙勇与刘誉豪（2013）通过实证分析发现，风险投资的非资本增值服务有利于企业提高技术能力，进而增强企业竞争力，获得较高回报。王育晓等（2015）运用因子分析法提取影响风险投资机构网络能力的关键因素，发现网络位置越高或者专业化投资程度越大或声誉越高，风险投资机构获取和利用网络资源的能力就越强。王雷与陈梦扬（2017）认为，风险投资能够增强企业社会资本，从而缓解融资约束。严子淳等（2018）认为，若风险投资人具备较为完善的社会网络基础和较高的网络中心性，能有效地提升被投企业的社会嵌入能力，还可以协助企业开拓市场（成思危，1999）。薛菁与林莉（2017）发现，政府背景的风险投资机构会利用政策倾向性引导市场资金流向风险资本的被投企业，增大企业获得外源性债务融资的可能性。王雷与陈梦扬（2017）也发现，政治关系可以有效缓解中小企业融资困境，进一步验证企业社会资本对企业融资的积极作用。胡刘芬与周泽将（2018）考虑风险投资机构的异质性，发现高持股比例、高声誉、处在行业网络中心位置的风险投资机构更有助于缓解企业融资约束问题。张广婷等（2019）也发现，风险资本机构的声誉机制作为重要的无形资产，能够帮助企业提高经营效率，获得更好的投资回报。杨艳萍与尚明利（2019）也发现，风险投资能缓解高新技术企业融资约束。但是与王雷与陈梦扬的观点不同，他们发现非政府背景风险投资缓解效果更好。薛静与陈敏灵（2019）发现，风险投资机构各社会资本（如投资人在投行的工作经历、投资机构的政府背景等）可以显著地提升创业企业的初期（融资）绩效。

当然，学术界也存在相反的观点。考虑到风险投资机构成熟度、资本市场环境、企业文化等因素的影响，部分学者认为现阶段风险投资未能有效支持被投企业的发展。韩永辉等（2013）以创业板上市企业为样本，发现风险投资支持的企业与无风险投资背景的企业相比，在IPO时发行市盈率、抑价率和IPO后综合盈利能力上差异不明显，说明现阶段中国风险投资对创新型企业的孵化与支持功能不显著。李玉华与葛翔宇（2013）考察风险投资参与对创业板企业IPO前中后三个阶段的表现，风险投资除在IPO前发挥"监督"作用，在IPO中发挥"认证"作用外，在IPO后被投企业的业绩并不显著优异，表明风险投资对所投企业"增值服务"作用还不太明显。李云鹤与李文（2016）考察创业板战略性新兴产业上市公司的资本配置效率，发现风险投资发挥了治理效应，但风险投资公司更注重自有资本的注入，而不重视对被投资公司的投后管理服务以及资源供给。董建卫等（2019）基于竞争性信息泄露假说，以清洁技术行业接受A轮风险投资的企业为样本，发现竞争者之间通过联合风险投资间接产生联系，这种关系对企业的创新有阻碍作用。他们提醒管理者，风险投资的增值服务功能也可能产生负面效果，即联合风险投资有可能造成信息泄露问题，企业需要提防。

第二节 风险投资对产业的影响

通过梳理国内外相关研究成果，发现直接研究风险投资影响产业结构调整优化的文献较少。大多数研究仍然以微观企业为基础，研究风险投资对企业所处行业的影响，或者从理论角度探讨风险投资与产业结构升级之间的互动关系。现从以下四个方面来梳理学术观点：①风险投资影响战略性新兴产业；②风险投资影响产业结构升级；③风险投资与高新技术产业的关系；④产业结构升级与融资制度。

一 风险投资影响战略性新兴产业

大部分学者仍以微观企业为研究样本，研究风险投资对某产业（通常为战略性新兴产业）中微观企业的影响，进而得出风险投资影响某一产业发展的结论。学者选取战略性新兴产业中的企业为研究对象，通过实证发现风险投资对战略性新兴产业有积极作用。杜传忠（2016）等探讨风险投资对节能环保产业的影响和作用，发现风险投资对节能环保产业有促进激励作用。这种作用表现在资金支持、集聚、孵化、技术筛选以及增值服务等方面。李萌与包瑞（2016）认为，风险投资对促进我国战略性新兴产业的发展起着举足轻重的作用。钱燕（2020）以新三板生物医药企业数据为实证基础，Lee（2021）以韩国文化产业为分析对象，Frimpong等（2021）以欧盟医疗卫生行业为研究对象，发现风险投资对战略性新兴产业（或企业）的发展具有促进作用。

当然，也有不同的研究结论，认为风险投资不能有效促进我国战略性新兴产业的发展，或者其作用效果不显著。王雷与党兴华（2008）通过实证研究发现，我国风险投资与高新技术产业多项指标正相关，但与发达国家相比，我国风险投资对技术创新以及高新技术产业的影响，远低于R&D的作用效果。他们认为，风险投资支撑作用不显著的原因在于资本退出渠道不畅以及风险资本市场波动性较大。赵玮与温军（2015）实证发现，风险投资介入总体上对战略性新兴产业上市公司的业绩存在显著的抑制效应，表明风险投资没有给战略性新兴产业上市公司带来治理效应。

二 风险投资影响产业结构升级

国外已有学术成果认为，竞争机制使被投企业的效率提升和技术进步蔓延到同一行业的其他公司，进而导致行业整体业绩提高，一定程度上有利于产业的优化。Aldatmaz（2013）使用全球48个国家19个行业的风险投资数据集，发现风险投资之后，同一国家和行业的上市公司的就业、盈利能力和劳动生产率都有所提高，说明风险投资公司创造的正外部性被同一行业的其他公司吸收了。这些影响在竞争水平较高的国家行业更为明显，在这些行业，来自风险投资支持的目标公司的竞争压力更有可能迫使行业同行改善经营。在金融方面，Aldatmaz发现在行业接受风险投资后，行业股票市场回报率增加，同时，并购投资导致行业内债务水平提升。其中，还举了一个风险投资溢出的例子。2005年Hertz公司被风险投资集团收购，交易后其业绩显著改善。Hertz被收购之后，同行业的两大主要竞争对手Avis Budget和Dollar Thrifty也实施了提高效率的新策略，而这很可能是由更高效率地获得风险投资集团支持的Hertz公司所带来的竞争压力触发的结果。在Hertz公司被收购之后的两年里，Avis Budget和Dollar Thrifty都提高了公司的盈利能力和生产率。说明由于竞争压力，风险投资集团支持公司提高效率的实践和技术可能会在很短的时间内蔓延到同一行业的其他公司，并导致未获得风险资本公司的整体业绩提高。

部分国内学者通过研究发现，风险投资会对我国产业结构升级产生正向的促进作用。庞明川等（2021）发现，风险投资促使新兴产业形成产业扩散进而推动产业结构转型升级。余婕与董静（2021）发现，风险投资引入对产业高质量发展有促进作用。王伟龙与纪建悦（2019）选取2008—2017年31个省级行政区划单位的面板数据，实证发现研发投入对于地区产业结构升级具有明显的促进作用，风险投资在这一过程中发挥了显著的中介效应，但中介效应量仅为16.7%，还存在巨大的提升空间。肖宇等（2019）基于高质量发展的大背景，实证发现风险投资可以显著提升全要素生产率水平；风险投资作用于高质量发展的路径主要是助力创新、促进科研成果的市场化转化、优化地区的产业结构和扶持中小微企业发展壮大。

当然，也存在相反的观点，认为现阶段风险投资对我国产业结构升级的作用不显著，甚至存在阻碍作用。刘广与刘艺萍（2019）利用

2000—2014年我国31个省级地区的经验数据,探讨风险投资对产业结构升级的影响,发现风险投资促进了产业转型升级,但作用比较微弱。其原因在于,当前我国风险投资发展较不成熟,尚未充分发挥其风险分散功能。曹玉平与操一萍(2020)通过熵权法加权14项统计指标,构建产业转型升级指数,实证发现中国风险投资不但没有促进,还阻碍了产业结构升级。他们进一步结合中国风险投资的实际情况进行原因分析,认为当前阶段创业风险投资的主体仍是国资(以创新基金和引导基金[①]为主),民营资本投资份额虽有较快增长,但依旧不敌国资的巨大规模。政府主导的风险投资存在一系列问题,如决策偏差、难以评估绩效、预算软约束等。因此,难以甄选出真正具备创新潜力和前景的项目。这些项目占用国家资金资源,使竞争机制瘫痪,不能通过优胜劣汰实现创新和产业升级。

三 风险投资与高新技术产业的关系

有观点表明,风险投资与高新产业之间存在密切的关系。风险投资可以促进高新技术产业发展,高新技术产业为风险投资提供可投标的和发展机遇。它们在相互促进的同时,又共同促进我国产业结构升级和经济发展。傅毓维等(2007)总结了风险投资和高新技术产业发展的共轭双驱动原理。认为风险投资通过解决风险企业的融资难题促进高新技术产业发展;高新技术产业获得风险投资支持后,二者相互融合,推进高新技术产业化过程;风险投资与高新技术产业在融合的过程中达到共轭状态,释放推动产业升级的"能量"。莫桂海(2007)探讨风险投资与高新技术产业集群之间的互动效应。他认为风险投资为社会资金进入高新技术产业搭建了桥梁。与傅毓维观点相似,二者相互促进,相辅相成。杨青与彭金鑫(2011)构建共生度模型,发现我国创业风险投资与高技术产业经历了寄生和非对称互惠共生两个阶段,将向正向对称互惠共生方向发展。Popkova等(2021)指出,风险投资促进工业4.0数字创业企业的发展,加速工业4.0时代的到来。

四 产业结构升级与融资制度

学者认为,在实施创新驱动产业结构转型升级的过程中,有关高新

---

① 政府主导的风险投资包括两类:第一类是政府对创新创业项目的直接补贴和贴息贷款(以下简称创新基金);第二类是政府引导基金(以下简称引导基金)。

技术及相关产业发展的制度建设十分重要。其中，融资制度建设是产业化创新的重要保障，产业化创新能够实现我国产业结构转型升级的目标，而风险投资包含在融资制度建设的内容中。吴敬琏（1999）在论述我国高新技术产业发展问题时，除强调建立有利于激活创新和人力资本的制度外，还专门强调建立有利于创新的融资机制。他指出，这种机制的重要性在于帮助创意度过种子期、创业期、扩展期达到产业化的成熟期，应广开融资渠道和加强资本市场建设。洪银兴（2015）认为，实施创新驱动发展战略并驱动产业结构转向中高端需要引入产业化创新的概念。产业化创新是科技创新和科技创业的结合。产业化创新追求企业整体价值的提升，也只有在企业整体价值提升后，各个创新创业参与者才能得到自身价值的提升。产业化创新包括三个阶段：第一个阶段，需要资本市场引导社会资本（天使投资、风险投资和股权投资等）流向初创的科技企业；第二个阶段，需要资本市场对初创科技企业的价值做出评价；第三个阶段，已实现产业创新的企业在资本市场整合资源，形成链接协作关系，提升行业质量。

第三节　风险投资与溢出

通过整理文献，梳理相关研究成果，结合本书研究内容，从以下四个层面归纳前期学者的重要理论和基本观点，分别是：①关于溢出效应的综述；②风险投资的溢出效应；③风险投资的溢出机制；④风险投资对初创企业的溢出效应。需要说明的是，现有文献及学术成果关于风险投资溢出效应的研究较少，大多数学者研究溢出效应主要聚焦于外商直接投资和对外直接投资领域。这些学术成果对本书研究主题具有很好的启示和借鉴意义。因此，也梳理了部分关于 FDI 和 OFDI 溢出效应的学术成果。

一　溢出效应

关于溢出效应，国外学者从不同视角、不同领域进行大量的研究。在第三章基本概念和相关理论基础上有关于溢出效应进行了详细的讨论和总结。这里归纳代表性学术观点。Marshall 提出报酬递增定律，认为产业专业化程度提高就是规模报酬递增的表现，同一行业大量公司在机器设备及基础设施方面的投入产生规模经济,劳动力市场集中,运输成本下降,引起行业内技术、知识和人力资源的溢出。Arrow 和 Romer 用知识积累解释经济的内生增长。Arrow 指出,生产函数的分析要考虑知识技术因素,认为厂商通过新的投资获得知识、信息、技术等经验,在此过程中知识被积累沉淀下来,厂商的劳动生产率获得提高。由于知识具有扩散效应,其他厂商在模仿、学习、互动的过程中也提高了自身的生产效率。Arrow 强调,知识扩散通常需要直接的人际互动(干中学),知识扩散不是一个自动过程。Romer 认为,知识是一种非竞争性的商品,一个公司或一个人对它的使用不能排除另一个人对它的使用,知识具有溢出效应。Glaeser 将三位学者的观点合并称为 Marshall-Arrow-Romer(MAR)模型。MAR 外部性关注同一行业不同企业之间的溢出效应。与此相对,Jacobs 认为多样性的溢出效应(而不是专业化的溢出效应)才是主导经济增长的机制。Jacobs 认为,一个多样化的工业结构促进不同行业相互模仿、分享和重组思维与实践的可能(Jacobs 溢出)。Porter 指出,在同一市场上的激烈竞争为创新提供了重大激励,从而加快了生产力增长的技术进步速度(Porter 溢出)。在竞争压力下企业为了生存被迫创新。综上所述,MAR 溢出是专业化生产引起的外部性,Jacobs 溢出是多样化协作引起的外部性,Porter 溢出是竞争性集聚引起的外部性。

二 风险投资的溢出效应

通过梳理前期学术成果发现,关于风险投资溢出效应的研究较少,但是学术界却积累了大量关于外商直接投资(或对外直接投资)溢出效应的研究成果。这些优秀学术成果对"风险投资溢出效应"有很好的启示和借鉴意义。因此,也梳理了部分关于 FDI 和 OFDI 溢出效应的学术成果以供参考。

(一)风险投资溢出效应

国外学者对风险投资在经济中的作用有较多的探讨,认为风险投资不只影响被投企业本身,还对经济发展、就业、产业、创新等方面产生影响。自"二战"结束以来,风险投资对世界经济增长产生了重大影响。Van Auken(2002)认为,在风险投资的巨大推动作用下,美国经济正在复苏,完成从以工业为基础的经济发展到以企业为基础的经济模式。Kedrosky(2009)指出,美国国家风险投资协会估计,2005 年受支持的企业创造了 1000 万个就业岗位和 2.1 万亿美元的收入,占美国国内生产总值的17%。Rubin（2009）指出，风险投资具有社会效益和经济效益，社会效益包括区域经济发展、创造高质量的工作和产品，风险投资通过技术创新、扩大就业和新产业的增长来影响经济。Samila 和 Sorenson（2011）指出，风险投资不仅给投资者带来资本增值，还具有促进新创企业发展、创造就业和财富，从而对整个经济做出贡献的潜力。Jain 和 Kini（1995）和 Engel 和 Keilbach（2007）都发现，有风险资本支持的企业比一般的初创企业有更高的就业率和销售增长率。Ayodeji（2012）指出，风险投资对经济最明显的影响是其为技术创新提供资金支持的能力，通过刺激初创企业的创新来产生价值。Herbig 等（1994）指出，风险投资支持了微软等企业的早期发展。Apple、Google 和 Facebook 这些高科技公司均获得过风险投资的支持，在塑造现代经济模式方面有不可或缺的成就。Dessi 和 Yin（2015）从两个方向探讨风险投资对企业的知识溢出，认为风险投资资助项目有两种知识转移形式。事前，风险投资将从其他公司获得的有用知识传达给企业家。这种内向的知识转移有助于企业家发展有价值的创新。事后，一旦企业家成功地进行了创新，风险投资就可以将这些创新知识传达给其他公司。

关于风险投资的溢出效应问题，当前国内积累的学术成果较少，主要有高波和刘娥平两位学者的成果，高波从理论层面分析风险投资的溢出效应，包括提出概念、实现路径以及启示。刘娥平在知识溢出与外商直接投资溢出理论的基础上，总结风险投资的溢出途径，并结合 A 股上市公司数据进行实证分析。他们的研究结论具有重要的启示意义和参考价值。高波（2003）认为，风险投资促进了资金与科技的融合，这种融合推进了新经济的发展。风险投资在筛选项目和投入企业时引致知识创新的扩散和外溢，便是所谓的风险投资溢出效应。这种溢出效应的结果是行业或产业的生产效率获得改善，产出表现为边际报酬递增的良性结果。刘娥平等（2018）认为，风险投资的溢出效应主要指获得风险投资支持的企业在发展过程中给其他企业带来外部效应，其他企业各方面相应获得改善（如全要素生产率）；进一步利用企业层面微观数据，发现风险投资的水平溢出效应[①]不显著，风险投资的垂直溢出效应[②]显著。

---

① 知识、技术等要素在同行业企业间转移，而对同行业企业产生影响。
② 知识、技术等要素在上下游企业间转移，而对上下游企业产生影响。

（二）值得借鉴：外商直接投资（对外直接投资）溢出效应

国外学者关于对外直接投资和外商直接投资的溢出效应积累了大量的研究成果。这为我们研究风险投资的溢出效应提供了很好的借鉴。Blomström 和 Kokko（1998）指出，FDI 可以为东道国带来溢出效应。首先，东道国公司可以通过与跨国公司子公司的前向或后向关联提高其生产力，它们可以学习模仿跨国公司的技术，或者雇用由跨国公司培训的工人。另外，由于 FDI 进入而引起的竞争增加也是一种溢出效应，它迫使东道国公司引进新技术并提高生产效率。FDI 带来的这些外部性，被称作"生产力溢出"。其次，跨国公司在进入国际市场方面有强大的竞争优势，如国际营销经验和知识、已有的国际分销网络和在其母国的舆论力量。东道国公司借助跨国公司的资源更方便地进入国际市场，被称作"市场准入溢出效应"。Lall（1979）指出，FDI 进入后会影响东道国行业集中度（垄断程度）。他认为，跨国公司进入后，集中程度可能在短期内下降，因为子公司增加了该行业公司的数量。从长期而言，垄断程度可能会提高。跨国公司可能会收购当地公司或迫使它们退出业务，跨国公司的成功可能会迫使当地公司进行整合与并购，或者基于市场优势增加新进入者的壁垒。他通过研究跨国公司对马来西亚 46 个行业集中度的影响，发现外国公司的存在总体上增强了行业集中度。当然，FDI 不是任何时候都存在溢出效应。Kokko（1994）认为，跨国公司有时可能在"飞地"经营，那里的产品、技术都与当地企业没有太多共同之处。在这种情况下，学习的空间可能很小，溢出效应可能无从实现。再次说明，只有跨国子公司与当地公司存在相互竞争时，才有可能发生溢出效应。

国内学者对外商直接投资的溢出效应问题做了大量的探讨，这对研究风险投资溢出效应提供了很好的借鉴。学者主要考察外商直接投资的技术溢出效应，结合中国的实际情况和特定制度背景得出不同的结论。也有学者考察对外直接投资的产业结构升级效应。平新乔等（2008）从三个层面讨论 FDI 的技术溢出效应：①FDI 与我国制造业[①]总生产率显著正相关，FDI 的技术溢出程度被高估；②剔除 FDI 企业后技术溢出效应大为减弱；③从 FDI 份额对中国企业缩小与国际先进技术水平之间距离的效果看，FDI 未显现溢出效应。蒋殿春与张宇（2008）在经济转型特定

---

① 含 FDI 企业。

的制度环境中，考察我国 FDI 技术溢出水平，发现制度方面的因素在一定程度上不利于 FDI 技术溢出机制的运作，并提出完善优化制度建设。霍忻（2016）通过实证发现，我国 OFDI 逆向技术溢出对国内产业结构升级产生影响。这种影响在地域上存在差异。多重因素（如研发强度、人力资本等）是影响溢出效应发挥的因素。

三 风险投资的溢出机制

前期学者关于风险投资溢出机制的研究成果较少。而学者对外商直接投资（或对外直接投资）的溢出机制积累了一些成果。这些优秀学术成果对"风险投资溢出机制"有很好的启示和借鉴意义。因此，也梳理了部分关于 FDI 和 OFDI 溢出机制的学术成果以供参考。

（一）风险投资溢出机制

现有文献及学术成果关于风险投资的溢出机制探讨较少。刘娥平等（2018）依据 MAR 外部性理论分析风险投资溢出效应产生的原因，阐明知识积累和扩散是溢出效应发生的根源。高波（2003）认为，风险投资通过知识创新、技术扩散、制度变迁以及人力资本积累实现溢出。刘娥平等（2018）也总结了风险投资发生溢出效应的途径，分别为：①技术创新。它是溢出机制的关键驱动因素。技术创新在实现商品化进入市场后，其他企业在模仿学习的过程中技术得到提升。②人才培养。风险投资有效激发了创业企业家积极性，为其提供培训、网络资源等帮助。③技术扩散。知识人才流动是隐性知识溢出的主要途径（赵勇和白永秀，2009）。④科技竞争。竞争能加快企业吸收新技术的速度，能促进知识溢出的产生，促成更多的新知识和知识驱动型创业。

（二）值得借鉴：外商直接投资（对外直接投资）溢出机制

对于外商直接投资的溢出机制，学者从不同的角度分析。归纳如下：①合作联系溢出。Lall（1980）指出，跨国公司与东道国潜在供应商合作，通过技术援助、信息共享、协助采购原材料、提供培训、联系客户、共建生产基地设施等，来促进东道国供应商产品质量的提高，并提升其创新水平。跨国公司通过前向和后向联系提高其他公司的生产力和效率。②人力资源培训和流动溢出。Gerschenberg（1987）根据 41 家制造业公司 72 名高级和中级经理的详细职业数据，发现跨国公司为其经理提供的各种培训比当地私营公司提供的培训多，尽管不超过合资企业或公共公司。管理人员还从跨国公司转移到其他公司，并促进专门知识的传播。③示范竞争溢出。一些例子可以说明 FDI 的示范和竞争对当地公司的综合影响。Jenkins（1990）指出，FDI 进入肯尼亚制鞋业导致竞争加剧，当地公司的生产技术发生变化。这个案例说明了示范竞争所带来的技术和管理技能的溢出效应。

关于外商直接投资或对外直接投资的溢出机制问题，国内学术界也有较多的探讨，在此梳理代表性观点，为研究风险投资的溢出机制问题提供借鉴。学者通过研究发现，竞争、人力资源流动、示范、模仿、学习、创新等都是 FDI 或 OFDI 发生溢出效应的机制，只是在不同的关系中侧重不同。祝波（2006）发现，FDI 通过两个机制实现溢出，分别是"竞争创新"机制（内外资企业之间的竞争促使东道国企业主动吸收与创新）和"链接创新"机制（国际企业进行产业链布局时，可能将产业链中的某一环放在东道国，促使东道国企业技术升级和创新）。亓朋等（2008）以我国制造业企业为样本，通过实证发现，外资企业的溢出效应在行业内不显著，在行业间显著，而人力资本的培训和流动是显著的原因。傅元海等（2010）认为，FDI 溢出效应可以分为技术转移扩散效应、竞争效应和联系效应。其中，技术转移扩散效应通过模仿学习实现，竞争效应通过模仿学习或引进先进技术实现，联系效应通过与外资企业合作等方式实现。

四 风险投资对初创企业的溢出效应

关于风险投资对中小企业、初创企业的溢出效应，学者通过实证也有不同的发现。Kortum 和 Lerner（2000）发现，风险资本资助的研发在产生专利方面比由老牌公司资助的研发更有效。Bloom 等（2013）发现，由于小公司处于技术利基市场，因此缺乏强烈影响其他公司的潜力，指出小公司产生的溢出效应很少。由于风险资本支持的初创企业自然规模很小，这意味着溢出效应的潜力有限。Schnitzer 和 Watzinger（2014）却得到不同的结果，他们对风险资本融资企业对其他企业的专利活动产生的知识溢出效应进行测度，发现创业型企业的风险资本投资对其他企业的专利数量和质量产生了显著的溢出效应。且反事实模拟表明，这些溢出效应比企业研发投入产生的溢出效应更大。

第四节　风险投资与新三板

目前，学术界关于"风险投资与新三板企业"主题的探讨比较少，分别以"风险投资""私募股权""股权投资""新三板"为关键词进行检索，截至 2020 年 12 月 31 日共检索到 CSSCI（含扩展版）期刊 18 篇。笔者对 18 篇 C 刊的观点进行梳理。对于风险投资与新三板的关系，学者认为新三板是我国多层次资本市场的重要组成部分，风险投资促进了高新技术初创企业的成长，风险投资的发展离不开资本市场的健康发展。新三板市场和风险投资共同助力于创新驱动发展战略的实施。于佳（2011）认为，股转系统挂牌并扩容至全国有利于规范股权投资，以及提升自主创新能力。辜胜阻（2015）指出，在经济发展新常态背景下，创新驱动需要构建多层次资本市场，大力发展风险投资。

一　风险投资对新三板企业成长能力的影响

关于风险投资与新三板企业成长能力，已有文献认为风险投资可以提升新三板企业价值，促进企业的财务绩效和成长能力。李维林与刘博楠（2018）的实证结果表明，私募股权有利于缓解中小企业、高新企业融资约束，在一定程度上改善治理问题，有利于企业成长与发展。许军（2019）通过实证发现，私募股权基金的进入显著地促进了新三板企业规模的扩大、获利能力的增强和收益质量的提高。董维佳与吕一明（2020）通过实证发现，风险投资对新三板企业财务绩效和成长能力均呈现显著正向影响，且风险投资机构成立年份越久，投资经验越丰富，风险投资对企业绩效正向影响越显著。

二　风险投资对新三板企业治理水平的影响

关于风险投资对新三板企业治理水平，大部分学者认为风险投资对新三板企业有监督治理作用。沈维涛与陈洪天（2016）通过实证发现，获得风险投资的新三板企业更有可能进行做市转让，说明风险投资对新三板企业存在监督管理的价值增加效应。胡妍与阮坚（2017）通过实证发现，企业在进行现金决策时，会参考私募股权基金的意见，以使决策更科学合理，私募股权基金能显著提升企业的经营绩效。蒋岳祥与洪方韡（2020）研究对赌协议和股权激励在风险投资提升公司绩效中的影响，发现风险投资会对被投资公司签署对赌协议以及向员工提供股权激励的可能性产生积极影响,对赌协议对每股收益产生正向调节作用,股权激励对总收入产生正向调节作用。说明风险投资公司可通过对赌协议和股权激励计划推动被投资企业完善内部治理和拓展对外发展。当然,也存在相反的观点。陈洪天与沈维涛(2018)研究风险投资对新三板企业定向增发的影响,得到和之前不一样的结论,风险投资参与新三板定向增发有事前筛选职能。但风险投资进入被投企业后,由于自身能力及投资意愿限制,被投企业的绩效和创新没有得到明显改善,说明风险投资治理监督作用不显著。

三 风险投资对新三板企业信息认证作用的影响

关于风险投资对新三板企业信息认证作用,大部分学者认为风险投资介入新三板企业能发挥积极的信息认证作用,可以改善新三板企业股票的流动性。孟为与陆海天(2018)选择在新三板挂牌的高科技企业为样本进行研究,结果表明风险投资对被投企业流动性的影响,一开始信息效率作用会占据优势,流动性有所改善。但随着风投持股比例增加,流动性可能会下降,这时逆向选择的因素占据优势。武龙(2019)基于信号理论进行实证,结果表明有风险投资支持的企业更易获得银行青睐,说明尽管风险投资不能解决企业缺少抵押物的问题,却可以有效弥补中小企业财务信息质量的欠缺。叶小杰与贾昊阳(2020)以新三板分层制度为基础,发现风险投资支持和聘任高声誉证券公司、会计师事务所、律师事务所的新三板企业入选创新层的概率更大,风险投资机构、证券公司和会计师事务所的"认证作用"更加显著。洪方鞑与蒋岳祥(2020)以 PSM-DID 法研究新三板企业在 2016—2020 年的层级调整对股票流动性的影响,发现风险投资能发挥筛选、监督和认证等积极效应,从而提高新三板企业入选创新层的概率。

四 风险投资对新三板企业网络支持作用的影响

关于风险投资对新三板企业的网络支持作用,已有文献认为风险投资的声誉和联合风险投资能提升被投企业的社会嵌入能力,风险投资能为新三板企业带来各类社会资本,协助其开拓市场。王泽宇等(2018)基于资源基础和社会嵌入理论,发现引入具有较高声誉的风险投资人,可以帮助企业提升自身的生产力水平,且行业内声誉对于生产力的提升作用更加明显。严子淳等(2018)基于社会嵌入理论视角,实证发现风险投资人社会网络中心性显著提升了被投企业的创新绩效。刘刚等（2018）实证发现，风险投资声誉对联合投资具有倒"U"形影响，其中，行业内声誉具备较高的选择效应而抑制联合投资①，行业外声誉具备较高的价值增值效应而促进联合投资②。联合投资比独立投资更有利于企业创新绩效。独立投资促进企业创新主要源于行业内声誉的选择效应，联合投资则源于行业外声誉的价值增值效应。

第五节　简要评述

综上所述，国内外学者采用多种方法深入研究了风险投资与企业的关系，以及风险投资与产业的关系，获得结论迥异的丰硕研究成果。时至今日，国内外学者对风险投资影响企业以及溢出效应方面的研究尚未达成定论，后继学者有进一步拓展的空间。本书在梳理了前期成果后，收获颇丰，也发现几点可改进之处：

（1）学术界对风险投资相关问题展开长期的理论探索和实证研究，运用的研究方法多种多样，研究切入的角度别出心裁。在分析过程中，既有针对时间序列模型的分析，也有针对面板数据模型的分析，还有结合案例的逻辑推演分析。在研究对象背景方面，既有来自发达资本主义国家风险投资市场的探讨，也有来自发展中国家或新兴经济体的研究。在研究细节方面，聚焦风险投资机构的特征，如考虑风险投资机构声誉、是否联合投资、风险投资的背景（国有或私有、外资或中资或合资）等方面的异质性。学者系统、广泛、深入、具体地研究了风险投资领域的相关问题，形成一些具有理论参考价值和实践指导意义的研究成果。

（2）从研究对象来看，大多数研究以微观企业为样本，从企业经营效率、IPO 抑价程度、IPO 后业绩（长期运营绩效或超额收益）、投资回

---

① 当风险投资具有较高行业内声誉时，意味着风险投资在该行业拥有丰富的成功投资经历，能够较为准确地判断企业的质量和风险，筛选出高质量的投资项目。行业内声誉发挥了较强的选择效应，抑制了寻求"第二意见"的需求，从而降低了联合投资的可能性。

② 当风险投资具有较高行业外声誉时，意味着风险投资在该行业之外的其他领域拥有丰富的成功投资经验，能够带来更为广泛的网络资源，具有成为联合投资伙伴的机会和潜力，行业外声誉发挥了较强的价值增值效应，强化了价值增值机制的作用，提高了联合投资的可能性。

报率等角度探讨风险投资对企业的影响。并且，国内外学者大多以上市公司数据为样本。然而，风险投资对公司影响效果最大的时候恰恰是在公司尚未上市的早期阶段（Hellmann and Puri，2002）。但是鉴于数据的可获得性、完整性、连续性等方面的考虑，大多数学者对未上市企业或中小企业的关注较少，而对上市公司的研究相对较多。事实上，风险投资的影响可能不只局限于接受投资的公司，它可能会对整个行业或产业产生正外部性（技术进步、技术扩散导致的报酬递增的经济形态）或负外部性（过度竞争导致的垄断或挤出效应）。当前，国内关于风险投资影响产业或区域的研究较少，国外学者关于风险投资对产业或经济的影响有所探讨，但并未形成系统的观点。因此，以我国新三板为研究对象，研究风险投资在企业未上市的早期阶段对中小企业价值的影响，基于风险投资与新三板企业的关系，进一步探讨风险投资的溢出效应，是对现有研究成果的补充和拓展。

（3）从研究内容和方法来看，前期成果多采用理论阐述、模型分析及案例研究方法来讨论风险投资对企业价值、绩效、成长能力等方面的影响，缺少风险投资影响企业的内在机制及作用路径分析。前期学者提出众多关于风险投资的理论，如治理理论、信息认证理论、网络支持理论、逆向选择理论、逐名理论等，但只是从某个理论视角对风险投资的作用机制进行探讨。风险投资与企业行为之间的互动关系是一个复杂的系统。仅从单一理论出发无法探索风险投资影响企业机制的真实规律，应将多个理论同时纳入一个分析框架，从定量和定性角度解释风险投资对企业的作用机制。前期关于风险投资与产业或经济关系的研究成果较少，且未形成统一的结论。同时，仍然缺乏风险投资对产业或经济发生影响作用机制的探讨。企业是市场的主体，是组成产业的细胞。从企业角度切入，分析风险投资产业溢出效应的作用机制，是对现有股权投资、企业价值、产业结构等领域研究成果的有益补充。

（4）从研究结论方面来看，虽然国内外学者对风险投资与企业价值之间的关系论证已久，但并未形成统一的结论。一些学者认为，风险投资作为积极的投资者会正面影响被投企业的价值（如Brav and Gompers，1997；Engel and Keilbach，2007；黄福广等，2013；王秀军和李曜，2016；等）。但也存在一些不同的结论，"逆向选择理论"和"逐名理论"认为风险投资选择了成长性差的企业且给企业发展带来更多不确定性（如 Tan et al.，2013；谈毅，2009；杨其静等，2015）。关于风险投资与产业的论证，学者的结论也存在分歧。部分学者认为，风险投资有利于战略性新兴产业的发展和产业升级（如 Aldatmaz，2013；Schnitzer and Watzinger，2014；杜传忠，2016；王伟龙与纪建悦，2019）。但部分学者结合研究对象的实际情况，认为这种溢出效应还有待进一步商榷和分析（如 Bloom et al.，2013；刘广与刘艺萍，2019；曹玉平与操一萍，2020；等）。笔者认为，出现这些分歧是正常的，因为各个学者的理论出发点不同，所选样本不同，关注的问题也不同。当前中国经济发展进入新常态阶段，究竟哪种观点适合当前阶段风险投资与中小企业关系的实际情况，还需要继续深入研究和分析，从而使研究成果更契合当前的实际情况。

第三章 基本概念及相关理论基础

本章是全书的理论基础，包括基本概念的界定和相关理论回顾。首先，具体解释和总结了风险投资、新三板、企业价值、机制和溢出效应的内涵和国内外学者的观点。并在此基础上结合本书研究内容对风险投资、新三板、企业价值、机制、溢出效应进行概念界定。其次，铺垫理论基础。回顾和总结了与研究主题相关的基础理论，包括风险投资理论、中小企业存在理论、企业创新成长理论、溢出效应理论和产业结构优化理论。

第一节 基本概念界定

一 风险投资

（一）风险投资的内涵

风险投资（Venture Capital）的思想最早可以追溯至15世纪大航海时代资本家为了开拓新殖民地和探索新商机而进行的远洋冒险[①]。"风险投资"一词由美国金融家约翰·惠特尼提出。约翰·惠特尼是美国仅次于洛克菲勒家族最富有的人之一。第二次世界大战后，惠特尼设立了一个1000万美元的基金，用于投资高风险项目。他的合伙人本诺·施密特在午餐时建议他使用"Venture Capital"一词，因为它很好地结合了风险和冒险的内涵，惠特尼当场就同意使用这个词（Reid，1998；Durrani and Boocock，2006）。这家"私人投资公司"当时在美国金融市场并未引起多大的反应。麻省理工学院（MIT）校长卡尔·康普顿、哈佛商学院教授

[①] 最为著名的例子是西班牙皇后伊莎贝拉一世资助哥伦布探险发现美洲大陆，可以视为一次获利颇丰的风险投资。

乔治·F. 多里奥于1946年创立了世界上首家风险投资公司——美国研究和发展公司。美国研究和发展公司是第一个有组织制度的、具备真正意义的风险投资实体,为新的和快速发展的中小企业提供风险资本,主要集中在制造业和高科技领域。"Venture"在英文中有为从事创新业务而进行冒险和承担风险的意味。在中国,"Venture Capital"被翻译为"风险投资"或"风险资本",强调"风险"二字,可能也指成熟企业中的任何股权投资或无担保债务,而"冒险"(冒险创业)的更确切含义在翻译时被忽略了(Li, 2005)。强调"风险"二字可能与我国的经济现实背景相关。鉴于市场机制的不健全,我国的风险投资蕴含较高的风险,要注重风险的分散和管理。所以,"风险投资"的翻译方式更能提醒人们"Venture Capital"在获得高额回报的同时,面临较高的风险和不确定性。学术界也有观点(如王国刚,1998;徐松,2007等)认为,"创业投资"更符合"Venture Capital"的内涵,因为它能表达出英文里"冒险创业"的底蕴。不管将"Venture Capital"称作"风险投资"还是"创业投资",它们都代表同一个事物。鉴于"风险投资"被学术界、实务界所熟知和广泛认可,本书沿用此种叫法。截至现在,学术界和实务界对风险投资的范围和确切含义没有共同的标准,始终没有统一的界定。在此将具有代表性的学术观点归纳如表3.1所示。

表3.1 关于"风险投资"内涵的代表性观点

机构或学者	"风险投资"的内涵
欧洲风险投资协会	风险投资是一种由专门的投资公司向具有巨大发展潜力的成长型、扩张型或重组型的未上市企业提供资金支持并辅以管理参与的投资行为
美国风险投资协会	风险投资是由职业金融家投入新兴的、迅速发展的、有巨大竞争潜力的企业中的一种权益投资
德意志联邦银行	风险投资是持有年轻的、未上市的、技术创新能力强的中小企业的股权,这些企业目前虽然盈利能力较低,但被认为有足够大的增长潜力。风险投资公司不仅为年轻的公司提供股权资本,还提供广泛的管理专业知识和其他咨询服务
Gompers 和 Lerner(2001)	风险投资从金融中介发展而来,专门为难以吸引资金的公司提供资金。这些公司通常都是小而年轻的,有形资产占比低,在变幻莫测的市场环境中运营,具有较大的不确定性。风险资本为这些高风险、潜在高回报的项目提供资金支持,并购买公司股权

续表

机构或学者	"风险投资"的内涵
Mike 和 Robbie（1998）	风险投资向被投企业投入资金以换取股权（或与股权相关的金融工具），是一种投资者支持具有商业技能的创业人才开发市场机会，进而获得长期资本收益的活动。风险投资的本质是股权投资，其投资附加管理援助，其回报是最终的资本收益以及股息率
证监会《关于建立风险投资机制的若干意见》（1999）	向科技型的高成长性创业企业提供股权资本，并为其提供经营管理和咨询服务，以期在被投资企业发展成熟后，通过股权转让获取中长期资本增值收益的投资方式
成思危"一号提案"（1999）	把资金投向蕴藏着较大失败危险的高新技术开发领域，以期成功后取得高资本收益的一种商业投资行为。其实质是通过投资于一个高风险、高回报的项目群，将其中成功的项目进行出售或上市，实现所有者权益的变现（蜕资），这时不仅能弥补失败项目的损失，而且还可使投资者获得高额回报
谈毅等（2013）	风险投资是一种针对创业企业而言的专家管理资本。它对创业企业尤其是高新技术创业企业提供资本支持，并通过资本经营服务对所投资企业进行培育和辅导，在企业发育成长到相对成熟后即退出投资的以实现自身资本增值的一种特定形态的金融资本
尹福生（2016）	风险投资是指个人或机构通过一定方式筹集资本，以股权投资的方式将其投入具有高成长潜力的未上市的创业企业，并通过提供管理服务参与企业的经营，以期获取企业创业成功后的高资本增值的一种资本投资方式。风险投资本质上是一种支持创建企业的创新投资制度

（二）风险投资的特点

1. 风险投资的对象为高成长性、高发展潜力的创业企业

Berger 和 Udell（1998）指出，中小企业作为经济增长的引擎通过引进创新产品、创造就业机会、向国库纳税等，对国内生产总值做出了重大贡献。然而，中小企业的创新极其依赖风险投资行业，只有获得资金和相应的资源，中小企业的创新技术优势才能得以商品化和市场化。这是因为这部分企业处于初创阶段或扩张阶段，以轻资产为主，缺乏业绩记录和抵押品，无法获得银行贷款。风险投资恰好填补了这种资金缺口。风险资本通常采用分阶段投资、分散投资、联合投资等方式投入中小企业，目的是分散风险。风险投资的目的就是培育成长性好的中小企业获得更强的竞争力，以期在退出时获得高额的回报。

2. 风险投资人一般会积极参与被投企业的经营管理

Plagge（2007）认为，风险资本通常被视为"智能资金"，这意味着

风险资本家将为投资组合公司提供管理上的帮助。这也是它有别于传统银行信贷的一大特点。之所以这样做，是因为，一方面，通常大多数中小企业家有技术导向但缺乏一般管理经验，需要风险投资人协助建立适当的管理制度（Ehrlich et al., 1994）。另一方面，出于降低风险的考虑，股权投资特点决定风险资本家十分关心企业的发展，他们在投前对企业严格评估，注资后参与企业管理和提供增值服务。风险资本家具有一定的资本运作能力和商业经验，被投企业家具备创新能力和技术优势，二者结合有利于被投企业的发展。

3. 风险投资的本质是权益投资，而非借贷资金

企业资金可分为资本性资金和债务性资金两种，前者通过投资形成，后者通过借贷形成。Durrani 和 Boocock（2006）指出，风险投资向被投企业投入资金以换取股权（或与股权相关的金融工具），是一种投资者支持具有商业技能的创业人才开发市场机会，进而获得长期资本收益的活动。风险投资的本质是股权投资，不需要任何抵押和担保，它看中的是企业未来的高成长性。借贷资金有明确的还本付息期限，迫于还贷压力，企业的创业行为容易短期化。借贷资金还有财产约束软化的特点，创业企业易将创业风险转嫁给金融机构，这与金融机构的经营原则相悖。风险投资的股权投资特点可纠正这些问题。

4. 风险投资的期限较长，通过股权转让实现资本退出

鉴于高新技术企业或创新项目从概念到投入生产再到面向市场全面推广所经历的漫长过程，风险投资的投资期限较长，一般为3—7年。风险投资包括四个投资阶段，分别是种子期、初创期、扩张期和成熟期。[①] 它们与中小企业的生命周期相对应。在投资期间风险投资还会以追加投资、联合投资等方式加大扶持力度。这也体现出风险投资适合培育中小企业的特点。风险投资的目的不在于企业的日常分红或经营某项具体产品，而在于培养企业未来的资本增值，待企业成熟后撤出资本，以获得超额的回报。风险资本退出后，会再次寻找新的企业或项目，开始下一轮投资。

---

① 不同的风险投资阶段也对应不同的风险投资机构属性，风险投资机构包括早期投资机构、天使投资人（Angel）、创业风险投资机构（VC）、私募股权投资机构（PE）、战略投资者等。

（三）小结

综合上述观点，将风险投资的内涵归纳如下：风险投资是由专业机构（个人）对高成长、高风险企业或项目进行的投资。以股权投资的方式投入，参与被投企业的监督、经营和管理。投资期限较长，通过股权转让实现资本退出。风险投资加速实现新技术转变为商品的市场化进程，它是将科技成果转化为现实生产力的催化剂。它将风险投资家、技术专家、创业企业家、投资者的关系协调起来，是利益共享、风险共担的一种投资机制。

值得注意的是，当前在大众认知和金融媒体上，"私募股权"（Private Equity）一词开始取代"风险投资"。事实上，私募股权和风险投资具备相同的内涵，都是以创业投资为经营活动，获取股权，以实现资本增值。通常，后期的风险投资也被称作私募股权投资。Durrani 和 Boocock（2006）认为，私募股权可以用来开发新产品和新技术、拓展企业经营运作资本、进行收购、加强公司的经营管理。"风险投资"和"私募股权"这两个术语通常被认为是同义词，在编制风险投资或私募股权投资的统计数据时，也很难区分这两个概念。在当前激烈的市场竞争环境下，VC 与 PE 的业务相互渗透越来越大。当前 VC 机构也不只局限于 VC 业务，也会涉足 PE 业务。PE 机构也是如此。在实际业务操作过程中 VC 和 PE 的界限区分并不明显。因此，在国内数据库统计或调研报告中，通常将这两个概念统一为风险投资的通用表述，简称则为 VC/PE。国内大多数学者在进行研究时也认可同样的观点，如张学勇与廖理（2011）、王秀军与李曜（2016）、冯慧群（2016）、刘刚等（2018）将风险投资（VC）和私募股权投资（PE）均当作风险投资。由于在新三板挂牌的中小微企业大多成立时间短、挂牌年限短，距离上市还有很长的发展阶段。新三板通常也被视作早期投资市场。因此，本书在探讨风险投资对新三板企业价值的影响和溢出效应时，并未刻意区分 VC 和 PE，即所讨论的风险投资包括了现实中的 VC 和 PE。

二 新三板

（一）新三板的概念

新三板的前身是三板。三板是 2001 年设立的"股权代办转让系统"，以下简称三板。三板是在特定的历史背景和时代背景下设立的，其设立的目标是为主板退市公司和"两网公司"的股份转让寻找出路，以完善退市机制和维护资本市场稳定。尽管，三板完成了退市机制建设的历史使命，但中小企业尤其是高新技术企业融资难的问题一直未得到解决。2006年，中国证监会计划把三板纳入为多层次资本市场建设的一部分，在"老三板"之外建成一个新三板市场，为中关村科技园的非上市公司提供股份报价转让。彼时正式更名为"新三板"。其后，新三板经历了扩容、分层和对接等市场改革，成为一个为全国非上市公众公司的公开转让、融资、并购等相关业务提供服务的平台。

新三板的行业名称为"全国中小企业股份转让系统"（National Equities Exchange and Quotations），以下简称新三板，新三板是在国务院批准下，依据证券法设立的第三家全国性证券交易场所。它以公司制①运营，运营机构为全国中小企业股份转让系统有限责任公司（以下简称全国股转公司②）。2013年12月13日，国务院发布《关于全国中小企业股份转让系统有关问题的决定》，明确新三板主要为创新型、创业型、成长型中小微企业发展服务，境内符合条件的股份公司均可通过主办券商申请挂牌，公开转让股份，进行股权融资、债权融资、资产重组等。新三板市场的挂牌条件没有财务门槛和公司规模要求。③ 新三板自全面扩容以来，改革一直未停止，其交易制度从协议转让依次过渡到做市商交易和集合竞价交易，先后推出创新层和精选层（2021年9月精选层改名为北交所），降低投资者准入门槛，设计转板机制等。在经历蓬勃发展阶段后，新三板市场回归理性发展和注重质量要求。截至2020年12月31日，全国股转系统挂牌公司8187家，其中基础层7008家，创新层1138家，精选层41家；总市值2.65万亿元。2020年共完成710次股票发行，融资337.55亿元。

（二）新三板在我国资本市场中的地位

新三板自全面扩容以来发展迅速，已成长为我国资本市场中挂牌企业数量最多的一个板块。那么新三板在我国多层次资本市场中的定位如

---

① 全国股转公司的股东单位为上海证券交易所、深圳证券交易所、中国证券登记结算有限责任公司、上海期货交易所、中国金融期货交易所、郑州商品交易所和大连商品交易所。

② 2012年9月20日在国家工商总局注册，2013年1月16日正式揭牌运营。

③ 公司符合下列条件即可挂牌：①依法设立且存续满两年；②业务明确，具有持续经营能力；③公司治理机制健全，合法规范经营；④股权明晰，股票发行和转让行为合法合规；⑤主办券商推荐并持续督导；⑥全国股份转让系统公司要求的其他条件。

何，发挥什么样的作用，是值得讨论的问题。新三板设立的初衷是解决中小微企业融资难的问题，它是主板市场的补充，是衔接主板市场与区域股权交易市场的纽带。现阶段，顶层设计对新三板的定位为场内交易市场，但新三板仍具备许多场外交易市场的特征。场内交易市场也是新三板今后成长的目标和改革的方向。

第一，新三板是主板市场的补充。我国多层次资本市场的结构如图3.1所示，各板块都有自身的特点、准入条件以及服务对象。主板市场服务的对象多为大型成熟企业、行业龙头企业，融资规模大、盈利稳定、治理规范；中小板服务的对象为中型稳定发展企业，其遵循的法规、发

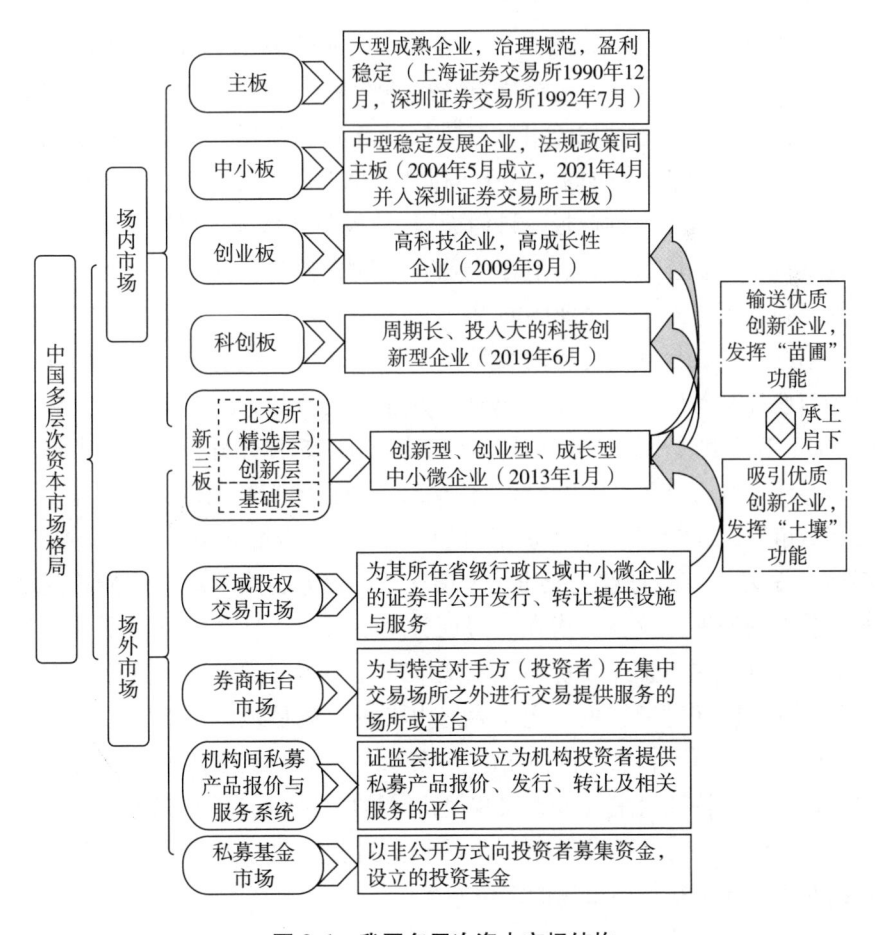

中国多层次资本市场格局

场内市场：
- 主板：大型成熟企业，治理规范，盈利稳定（上海证券交易所1990年12月，深圳证券交易所1992年7月）
- 中小板：中型稳定发展企业，法规政策同主板（2004年5月成立，2021年4月并入深圳证券交易所主板）
- 创业板：高科技企业，高成长性企业（2009年9月）
- 科创板：周期长、投入大的科技创新型企业（2019年6月）
- 新三板（北交所（精选层）/创新层/基础层）：创新型、创业型、成长型中小微企业（2013年1月）

场外市场：
- 区域股权交易市场：为其所在省级行政区域中小微企业的证券非公开发行、转让提供设施与服务
- 券商柜台市场：为与特定对手方（投资者）在集中交易场所之外进行交易提供服务的场所或平台
- 机构间私募产品报价与服务系统：证监会批准设立为机构投资者提供私募产品报价、发行、转让及相关服务的平台
- 私募基金市场：以非公开方式向投资者募集资金，设立的投资基金

输送优质创新企业，发挥"苗圃"功能

承上启下

吸引优质创新企业，发挥"土壤"功能

图 3.1　我国多层次资本市场结构

资料来源：笔者绘制。

行条件、信息披露要求与主板市场相同；创业板服务的对象为暂时无法在主板市场（包括主板和中小板）上市的创业型企业；科创板服务对象为周期长、投入大的科技创新型企业。新三板的服务对象主要为"双创一成长"中小微企业。这部分企业在主板、创业板以及科创板达不到上市条件，但自身又具有融资需求。具备以上特征的企业在现阶段数量庞大，新三板满足了这部分中小微企业的成长需要，为创业板和科创板培育后备企业资源，也被称作中国资本市场的基座。

第二，新三板在我国多层次资本市场中起到承上启下的作用，是衔接公开市场与非公开市场的纽带。新三板下接区域股权交易市场，在区域股权市场内具备条件的企业可以在新三板挂牌上市，开辟新的融资途径。2020 年，新三板推出精选层，筹划已久的转板机制落地。2021 年 9 月 3 日北交所注册成立，所有精选层公司平移至北交所，新三板正式与 A 股市场衔接。企业通过成长可从基础层跃迁到创新层，再从创新层跃迁到精选层（北交所），再向上跃迁可以通过精选层（北交所）打通的转板通道进入沪深市场（创业板、科创板）。转板制度落地，提高了新三板乃至资本市场的整体效率，有利于企业在不同成长阶段融资，有利于进一步提升新三板服务中小企业的能力。

第三，新三板到底是场内交易市场，还是场外交易市场？场内交易市场与场外交易市场的区别在于有没有公开发行和连续竞价交易。新三板 2013 年推出时采用协议转让，2014 年 8 月 25 日部分企业试点做市转让，2018 年 1 月 15 日推出集合竞价交易。现存的交易制度为集合竞价交易和做市商转让制度。其交易制度的特征将其归为场外交易市场。然而，2015 年 9 月 1 日经证监会批准，《场外证券业务备案管理办法》正式发布。其中场外证券业务是指在上海证券交易所、深圳证券交易所、期货交易所和全国中小企业股份转让系统以外开展的证券业务。这已经充分说明，顶层设计对新三板的定位为场内市场。只是现阶段新三板由于自身制度建设的原因，虽定位为场内市场（北交所可以视作场内市场），却以场外市场的特征为主（基础层和创新层是场外市场）。新三板在交易制度、监管体系等方面的改革是一个漫长的过程。北交所的成立说明新三板的改革在向最初场内市场的定位靠拢。

三 企业价值

"企业价值"的内涵最早可以追溯至 Fisher。Fisher 是首先将价值的概念运用到企业微观经济领域的经济学家。1906年，Fisher在《资本的性质和收入》一书中，全面论述了未来确定性条件下收入和资本的关系，Fisher开创性地创建了资本价值理论。Modigliani和Miller（1958）提出了MM理论，认为在不考虑公司所得税与企业经营风险相同但资本结构不同的情况下，公司资本结构与公司市场价值无关，企业价值表现为企业的市场价值，即企业股票市值与债务市值之和。在Modigliani和Miller之后，学者对企业价值理论有更多的探讨。当然，企业价值的概念抽象且内涵丰富。本书从估值模型的角度，结合前期学者的观点对"新三板企业价值"进行界定。

对企业价值的测度有多种评估模型，如现金流折现模型、股利贴现模型和相对估值模型等。①现金流折现模型。它是把企业未来的预期现金流折算为当前现值。该模型适用于会计制度健全和有稳定现金流的企业。新三板企业挂牌门槛低，质量参差不齐，经营状况不佳，很难预测其未来的现金流。②股利贴现模型。在预测公司股票价值时，该模型要求公司发放稳定的股利，因此适用于相对成熟稳定的公司。现阶段能够发放股利的新三板企业较少，同时也较难预测这部分企业未来发放股利的水平。以上两个模型还需要预测企业的贴现率，对于大多数成立时间短、挂牌年限短的新三板企业而言也存在困难。③相对估值模型。它需要参考市场上类似的企业，基于某些共性估算公司价值。新三板市场包容性强，挂牌企业种类繁多、具备独特气质，有的企业可能是技术创新企业，或产业模式创新企业，或经营手段创新企业，不一定可以找到可比公司进行估值，而且大多数初创企业积累历史数据较少。因此，该估值模型对新三板企业存在局限。

考虑到数据的可得性、方法的可操作性、口径的一致性，采用Tobin Q值衡量新三板企业的价值。James Tobin于1969年提出Tobin Q值，它反映公司市场价值与公司重置成本的比例，可作为企业价值的度量指标。Tobin Q值兼有理论和实践的可操作性，沟通了虚拟经济和实体经济，常被用来作为衡量公司业绩表现或公司成长性的重要指标。在实证分析中也常作为企业价值的代理变量。Tobin Q>1，企业为财富创造者；Tobin Q=1，企业为财富低效者；Tobin Q<1，企业为财富缩水者。当然，在具体实证过程中还需要寻找企业价值的其他代理变量，以使分析结果稳健。所以，本书所讨论的新三板企业价值主要指企业的发展能力和成长性。

这也赋予新三板企业价值更宽广的内涵。

四　机制

"机制"的英文为"Mechanism"。Bunge（1997）指出，"机制"被定义为使一个具体系统得以运转的原理和过程。"机制"不是像函数关系和速率方程这样纯粹的描述性陈述，许多关于自然、生命科学和社会科学的案例（如生理机制、政治机制、价格机制等）很好地阐释了"机制"的内涵。Bunge认为，如果希望探索一个真实的事物，无论是自然科学还是社会科学，都需要探讨它是如何运作的，即揭示事物运作与变化的真实过程。通过对"宏观—微观—微观—宏观"的社会关系解释，揭示令人困惑的"宏观—宏观"联系。Jackson（2000）则认为，"机制"是一个不同信息的传递函数。它对应每个个体的信息规范，以及将信息向量映射到社会决策和传递结果的功能。王其华（1991）从物理有机化学的角度解释反应机制，即研究分子在进行化学反应时发生的特定变化及各种相互作用间的关系，并进一步指出所有反应机制都是通过推理而假定的，因此，一种机制从来不能被真正地证实。所谓机制的正确性，不如说把它看作被一些证据所支持，或是与某种公认的机制相一致。

综合上述观点，发现以上对"机制"的解释强调系统或事物的运作原理和相互关系。"机制"最开始属于物理、化学范畴的概念，后生物学、医学也使用"机制"一词，现在"机制"已被广泛应用于经济学、管理学、社会学领域。比如，本书所探讨的风险投资作用机制指风险投资的运作原理，以及其作用于企业时与企业之间的相互关系，即风险投资怎样影响企业，发挥何种调节作用和控制功能。风险投资的溢出机制是风险投资与微观、宏观因素相互作用，驱动风险投资发生溢出效应的力量、结构体系及运行原理。作用机制，主要探索风险投资如何影响新三板企业价值，即风险投资影响新三板企业价值的工作原理。溢出机制，主要探讨风险投资通过微观企业主体如何将影响放大到宏观层面而产生溢出效应，即风险投资发生溢出效应的工作原理。

五　溢出效应

盛洪（1995）认为：经济学曾经面临的和正在面临的问题都是外部性问题。前者或许是已经消除的外部性，后者是尚未消除的外部性。在现代经济学中，外部性概念是一个出现较晚但越来越重要的概念。外部性（Externality）通常也被形象地称为溢出效应（Spillover Effect）。诸多学者对溢出效应有较多的论述。西奇威克（1901）以灯塔为例说明外部性的存在：某个人基于个人利益修建灯塔，灯塔同时也服务于他人，但受益于灯塔的人没有付出修建灯塔的成本。马歇尔（1890）认为，随着生产规模的扩大会产生外部经济和内部经济。庇古（1912）用灯塔、交通、污染等例子来说明外部性。阿罗（1969）认为，知识作为生产要素被包括在生产函数内，知识以很少或没有成本的方式溢出到其他人身上，即"边做边学"机制。罗默（1986）认为，知识是一种非竞争性的商品，一个公司或一个人对它的使用不能排除另一个人对它的使用，知识具有溢出效应。

国内也有较多学者从技术、外商直接投资、对外直接投资等角度研究溢出效应。李平（1999）用溢出效应来描述技术扩散的外在性，指出技术"溢出效应"是通过技术的非自愿扩散，促进了当地技术和生产力水平的提高，是经济外在性的一种表现。陈涛涛（2003）研究 FDI 对东道国的行业内溢出效应，把它称作示范与竞争效应（Demonstration and Competition Effect）。白洁（2009）提出对外直接投资有逆向溢出效应，即 OFDI 能够学习东道国先进的知识技术，进而带动投资国整个产业的技术水平的提高。综合上述观点，溢出效应广泛存在于经济活动的各个环节中。随着经济主体之间互动关联程度的加强，溢出效应不再局限于"点"状或"线"状，而是向立体、生态的方向发展，如区域间的溢出效应、生态系统中的溢出效应。结合溢出效应的内涵以及本书主题，风险投资溢出效应指风险资本对新三板企业的微观影响通过某种机制（溢出机制）被放大到宏观层面，进而对产业结构或实体经济产生正向或负向、显著或不显著的效果。

第二节 相关基础理论

一 风险投资理论

（一）监督治理理论

监督治理理论认为，风险投资人通过监督被投企业，促进完善企业的经营管理，进而缓解企业内部控制人与外部投资者之间的委托代理冲突。Barry 等（1990）指出，除提供资金支持外，风险投资人还会任职于所持股公司的董事会，积极参与并监控公司的发展，而且风险投资机构会专门对某些特定的行业进行投资，以使他们的经验更专业化。Hellman 和 Puri（2002）认为，风险投资人的作用超越了银行等传统金融中介机构的作用。风险投资人通过整合各类资源，在初创企业的发展中扮演重要的角色，这种重要性体现在参与和影响被投企业的公司治理活动中。

风险投资是社会专业化分工的产物，其本质是一种金融活动。从资金融通的角度看，风险投资包括融资、投资、管理、退出四个阶段。除管理阶段，其他三个阶段都以货币形式体现。这四个环节正好体现"货币—资本—增值货币"，即 M—C—M′的过程。资本能否实现增值，关键在于管理环节。风险投资人在企业中有直接经济利益，企业的盈亏关系到风险投资人的利益。如果企业盈利不好，风险投资人无法实现资本增值，而且可能下一次也很难募集到资金，甚至影响到风险投资人在这一行业的声誉和地位。因此，风险投资人有充分的压力和动力，掌握企业真实情况，行使监督管理职责。此外，风险投资是股权投资，被投企业的股权不是由分散的股东持有，而是由少数投资人和公司管理者持有，这很好地避免了分散股权所导致的所有权对经营权约束较弱的问题，而且也克服了企业经营者追求短期效益的倾向。

国内外学者普遍认为，风险投资人通过参与、影响或控制被投企业董事会或管理层来影响企业决策，从而达到对企业监督和管理的目的。一般情况下，风险投资的管理介入程度取决于被投企业的运行状况。若被投企业发展顺利，风险投资人只协助企业制订发展规划、产品开发营销策划等，较少介入企业日常管理工作。若企业出现危机，则介入较多。风险投资还通过分段投资策略、中断投资威胁、追加投资激励、联合投资激励、金融契约设计（可转换优先股或其他衍生工具）约束和激励被投企业。

（二）增值服务理论

增值服务理论，即风险投资机构为了尽早顺利退出并获得更大投资回报率，会积极主动培育企业，为被投企业提供价值增值服务，风险投资利用其自身经验和社会关系网络提供战略制定、管理咨询、市场营销、后期融资等一系列服务，能让企业快速成长，提升价值。许多学者都认同风险投资的增值服务理论，认为风险投资能为被投企业带来各类社会资本。Chemmanur（2006）认为，风险投资机构会发挥"市场力量"，即风险投资人吸引更多数量和更高质量的市场参与者（承销商、机构投资者、分析师等）为被投企业提供服务和建立合作关系。

这种增值服务关系的存在是因为风险投资既不同于一般的实业投资，也不同于银行贷款，风险投资能够提供除货币以外更为有用、价值更高、更吸引创业人的其他资源。创业人之所以愿意接受风险投资人介入董事会提供管理和指导，是因为风险投资人具备丰富的社会网络资源、专业知识以及投资管理经验。风险投资最大的好处在于投资过程中将资金、技术、信息和人力四种资源整合起来，这是其他投资模式所不具备的。风险投资人除风险资本的投入外，还贡献自己的经验和能力，充分利用自己的声誉资本为被投企业获取供应商、客户、金融机构的支持，这种人力资本和资金的结合效应，使资金、技术、信息和人力四种要素产生互动，达到最佳整合的效果。

李伯亭（1999）指出，风险投资与创业企业是风险共担、利益共享的共生体。这种一荣俱荣、一损俱损的关系，导致风险投资在创业企业中有很强的"参与性"，如帮助创业企业开拓市场、策划企业形象等。因此，风险投资不仅是单纯的投资行为，还提供特有的增值服务。概括而言，风险投资提供的增值服务主要有：结合自身的知识、经验、能力、信息为企业提供咨询、管理和帮助；为企业带来各类社会资源，包括自己的合作关系（如联合风投的引入、金融机构、证券分析师、券商、会计师事务所、律师事务所、资产评估机构等）；帮助被投企业寻找供应商、客户、合作对象等。风险投资者与被投企业之所以合作，是因为他们的利益紧密相连，都希望公司能实现更高的价值。

（三）逆向选择理论

逆向选择理论认为，创业企业融资市场会出现 Akerlof（1970）所建立的"柠檬市场"模型。在 Hall 和 Lerner（2010）的《研发和创新的融资》一文中详细分析了风险投资与创业企业所面临的逆向选择问题。它阐述在企业的融资市场上，风险投资人与创业企业家之间存在严重的信息不对称。创业企业所涉领域广泛，分布于生物医疗、信息技术、人工智能、节能环保等领域。它们的业务具有专业性，不易被外人了解。创业企业更了解自己的创业团队、创新项目、市场前景以及新产品竞争优势。创业企业设立时间短，通常缺乏过往业绩和市场信誉，从而风险投资人对创业企业的了解程度有限。所以，风险投资人在进行投资决策时，依据的是市场上创业项目的平均质量和创业者的平均能力。这意味着高于平均质量的创业项目和高于平均能力的创业者会退出市场，通过其他渠道融资。这一过程循环往复下去，市场最后剩下的是质量较差的创业项目和创业企业，即发生所谓的"市场失灵"现象。当然，风险投资要求企业通过充分的信息披露来减少信息不对称，事实上"柠檬市场"的问题可以得到缓解，但是不会消除。因为创新的想法很容易被模仿和抄袭，创业企业不愿向市场透露所有的创新想法，以防向竞争对手透露过多的信息。

优序融资理论也说明风险投资存在逆向选择问题，即一般或劣质企业更易得到风险投资支持。在信息不对称假设下，考虑资本市场上的交易成本，企业在进行融资时会优先选择内部融资，其次是债务融资，最后才是权益融资。权益融资会让市场对企业的经营状况产生怀疑，市场认为企业的盈利能力不足，因而无法进行内部融资，以及企业的资信评级较差，因而也无法进行债务融资，最后才选择权益融资。当然考虑到这些因素，权益融资在融资时也存在较大的阻碍。对于创业企业也是如此，如果内部融资或债权融资可以解决问题，创业企业家不会选择失去部分剩余索取权的权益融资。选择权益融资的创业企业十有八九不是最好的，因为质量高的创业企业不会选择股权融资。加之风险投资人和创业者之间的信息不对称，风险投资人更无法区分创业企业（创业项目）的好坏，引发逆向选择，使优质企业选择内源融资或债权融资方式，而一般或劣质企业获得风险投资的支持（朱忠明与赵岗，2012）。

（四）信息认证理论

在股票发行市场，为了避免由于信息不对称而导致的市场失灵，需要为股票发行提供有效的信号传递机制。以往研究表明，企业可以通过第三方认证向投资者发送积极信号，以表明企业的质量，如雇用更高质量的承销商或信誉良好的审计师（Jeppsson，2018）。在资本市场，投资者和创业企业之间存在严重的信息不对称，也需要第三方认证机构传递有效的市场信号。而风险投资机构可以发挥这种作用。认证理论认为，风险投资机构可以为被投企业提供价值论证。Megginson 和 Weiss（1991）指出，在资本市场上，风险投资机构可以证明发行价格反映了所有可用和相关的内部信息，风险资本人的认证作用是对著名审计师和承销商认证作用的补充。他们发现：风险投资可降低企业 IPO 抑价水平；有风投支持的公司能吸引更优质的承销商和审计师,以及更多的机构投资者;通过减少信息不对称,风险投资机构能降低企业上市的成本;风险投资机构的认证功能对初创、增长迅速、研发密集型公司更具吸引力。他们还指出,风险投资机构的认证效果可信与否,取决于三个条件:①风险投资机构具备声誉资本,声誉资本的积累使风险投资机构在业内保持竞争力。②风险投资机构声誉资本的价值必须高于通过虚假认证所获得的最大利益。③发行公司购买风险投资机构名誉资本认证服务的价格十分昂贵(通常是股权转让)。由于风险投资机构是IPO市场中反复出现的参与者,因此有理由相信,鉴于虚假认证所涉及的重大成本,它们有动机建立或保持自己的声誉,以保留进入IPO市场的机会。

风险投资机构可以履行这一职能的原因在于:①长期合作信息对称。由于风险投资的期限较长,一般为3—7年,风险投资与被投企业是长期合作关系,且参与企业的监督管理,可减少信息不对称。他们比一般的外界管理顾问更能了解企业内部的各类问题。②信息收集规模效益。风险投资人涉足多个投资项目、投资行业,其收集信息的成本随着投资项目数量的增加呈现边际递减趋势。作为专业机构投资者,它们收集和评估行业、企业信息都具有积累效应。③联合投资分享信息。多个风险投资人的关注可以实现信息共享,知识互补。不同投资机构对同一项目进行评估,可以得到更全面和客观的评价,确保被投项目的质量,从而降低投资风险。

(五) 小结

以上关于风险投资的理论(监督治理理论、增值服务理论、逆向选择理论、信息认证理论等)是大量学者经过理论研究和实证分析总结的成果。关于风险投资理论的研究仍在不断丰富与发展中。监督治理理论和增值服务理论说明,风险投资在促进创业企业发展方面发挥积极的作用。信息认证理论认为,风险投资可以向市场传递有关企业的积极信号,大大减少创业企业与市场之间的信息不对称程度,使创业企业的市场价值更接近其内在价值。当前,我国新三板市场挂牌条件宽松,挂牌企业质量差异较大。鉴于当前的挂牌制度、信息披露制度等,新三板市场也普遍存在信息不对称问题。以上理论为研究风险投资影响新三板企业价值作用机制和溢出效应问题奠定理论基础。

二　中小企业存在理论

随着经济发展，生产力不断提升，企业经营规模不断扩大，规模经济为社会带来的利益也不断扩大。鉴于此，经营规模大的企业比经营规模小的中小微企业更具有发展竞争优势。可是自工业革命以来，中小企业不仅没有被大企业"消灭"，而且一直存在至今（世界各地均如此）。经济学家从不同角度对这一问题进行探讨。

（一）生物学理论

马歇尔（1890）用"生物学理论"论证中小企业存在的客观必然性。马歇尔用森林中树木生长规律来阐述企业发展原理，即"森林比喻说"。他认为社会经济环境中大、中、小企业并存，如同森林中大、中、小树木并存是一个道理。在森林中，一些小树成长为大树直至死亡，是一个适者生存、自然进化的过程。企业的发展过程也是如此。小企业的发展沿着"工人—小企业—大企业"的上升路径成长。小企业之所以有朝一日能取代"衰老"的大企业，是因为小企业有自己独特的长处。如相比大企业有较低的管理费用和较高的决策效率；小企业能从外部获得必要的信息和知识；大企业的先进生产和管理活动会影响小企业，小企业在信息日趋畅通的环境中做出相应的更新。马歇尔认为，小企业虽然未能享受规模经济利益，也仍有生存的条件。

（二）不完全竞争理论

张伯伦（1958）认为，现实的经济生活处在不完全竞争中，即垄断和竞争并存。而"产品差别性"[①]使中小企业得以存在，还能形成一定的垄断因素。张伯伦指出，以任何一种明显的标准来区分一个售卖者和另一个售卖者的货物（劳务），一般而言产品都是有其差别的。这种标准可能是具体的，也可能是想象的，只要它们对购买者有其重要性，使购买者喜好这种产品而不喜好那种产品的话，都可以构成差别的标准。只要这样的差别存在，无论其差别多小，购买者与售卖者之间的交易就不是随机而无所选择的，也就是说不是完全竞争市场的情形。罗宾逊夫人（1969）认为，参加竞争的各厂商不能获得同等条件，决定了在竞争中取胜的企业不一定是单一的大企业，也有中小企业。比如中小企业只要在

---

① 如产品的质量、包装、品牌、商标等差别，以及生产同类商品的厂家在地理位置、运输、服务质量、交货期、时间性和可靠性等销售条件上的差别等。

销售的时间、空间、技能以及客户关系管理等方面占有优势，也有可能左右价格，进而能得以存在和发展。

（三）最佳规模理论

罗宾逊在《竞争产业的结构》中论述到企业不能无限制地扩大生产规模。因为，规模超过一定的临界值，会导致边际收益递减和边际成本增加。罗宾逊指出，中小企业如果可以保持适当的规模，也能够获得生存和竞争优势；大规模经营有许多优越性，可以降低生产成本和提高工艺质量，但也存在一定的局限性，如难以继续进行分工；管理层次增加导致管理费用增加，管理效率降低，决策迟缓。相比之下，中小企业具有如下优越性：①由于经营规模小，机构设置简单，管理费用低。②决策快。中小企业的决策者往往既是企业的所有者也是经营者。③员工工作积极性高。中小企业的经营者通常既是企业的管理者，又是技术的开发者。作为一般的从业人员，也通常一职多能，个人利益与企业利益捆绑得更为密切。中小企业内部的激励制度和管理模式在一定程度上弥补了它们与大企业之间的差距。

（四）小结

中小企业的竞争优势和生存基础是什么？马歇尔的"森林比喻说"认为，大企业在发展到一定阶段后也会面临"衰老"而失去活力。中小企业会在这个过程中逐渐成长起来，会趁机挤入市场，获得一部分市场份额。张伯伦和罗宾逊夫人的"不完全竞争理论"认为，中小企业由于"产品差别性"和"市场不完全性"的作用而获得竞争优势和生存条件。罗宾逊的"最佳规模理论"认为，大规模企业的经济利益会被管理费用的增加所抵消。中小企业只要规模适度也能存在和发展。以上学者从不同角度探讨中小企业为何存在。虽然理论体系并非完美，但为研究中小企业的生存基础和竞争优势提供了可以借鉴的思路。

三 企业创新成长理论

（一）熊彼特创新理论

20世纪50年代以来，发达国家经济增长的动力主要来源于技术进步。经济学家关于创新的研究积累了众多的成果。熊彼特（1911）在《经济发展理论》中将经济增长分为两种形式：一种是生产要素数量及其产出价值的相应增加；另一种是在生产要素实现了"新组合"（New Combination），即在"发展"过程中的"增长"。他认为，这两种增长虽然在形式上相近，但性质却不同。后一种增长意味着"生产手段的边际效用"提高使生产手段的利用率得到相应提高，从而产生了"新的增长"。也就是说，熊彼特将经济增长划分为投入数量的增加和生产效率的提高两种类型，类似于人们常说的"外延的增长"和"内涵的增长"。内涵式增长也就是我们通常所说的经济发展。经济发展意味着经济不是在数量方面的扩张，而是产生了"质变"，即一种新的"组合"被引入经济发展的过程中，是一种内生的增长，是一个动态的过程。

熊彼特认为，经济发展的重要动力是创新，企业家在推动创新方面显得尤其重要。企业家的动力来自对超额利润的追求，以及出于事业心的、超越利润观的"企业家精神"。因此，利润和企业家精神在推动创新，进而推动经济发展方面发挥了重要的作用。熊彼特强调利润和企业家精神在经济发展中的作用，这种作用的关键在于其对创新的促进；创新是要建立一种新的生产函数，将全新的生产要素和新组合引入生产体系。

熊彼特定义的创新属于经济学范畴，它不局限于技术发明。这意味着只有新技术、新发明融入经济活动才能称其为"创新"。[①] 而只有将新成果或新组合引入生产体系进行转化才能获得潜在的利润。创新的载体是中小微企业的创业活动，创新通过中小微企业的创业得以实现。在这个过程中企业家发挥着重要的作用。因为，是企业家将资本和技术连接到一起，形成"新组合"的。熊彼特认为，企业家创新是经济兴起和发展的主要原因。

（二）企业成长理论

科斯20世纪30年代在美国学习期间，调研了多家汽车制造企业，发现通用汽车公司从斯密斯购买车身框架，同时，还收购了专门生产车身的费雪公司。科斯认为，企业不是简单的投入产出载体。他探寻了企业组织多样化的原因，科斯（1937）在论文《企业的性质》中论述了企业是价格机制的替代物，市场中的交易以及企业的组织管理都需要支付费用。企业扩张动力是为了减少交易费用。当企业组织管理费用较低，而市场交易费用较高时，一部分市场被企业替代。随着市场交易费用的下

[①] 只有企业家才会有能力把生产要素和生产条件的"新组合"引入生产体系，实现"创新"。

降，以及企业组织管理费用的提升，市场被企业替代的部分越来越小，直到两者的费用相等时，企业不再扩大规模。通常情况下，在企业内部组织管理费用较低时，企业通过横向扩大形成规模经济和通过纵向扩张形成产业链。"先生存，后做大"也是企业创业发展的必经过程。在现实中，中小企业的活跃度不断增强，且创业企业多以中小企业聚集的形式出现。科斯从两个方面进行解释：①中小企业的内部组织管理交易费用较低，低于市场交易费用水平；②中小企业"聚集"形成规模，会导致外部交易费用下降。企业内部和外部的交易费用水平取决于企业内部和市场上各要素的质量和数量，以及要素之间的流通和循环（顾桥，2004）。

迈克尔·波特（1997）认为，企业基于市场力量和拓展愿望，会不断成长和积累竞争优势。波特在分析企业市场力量时引入五方力量，分别为买方力量、卖方力量、新进入者力量、竞争者力量和替代品力量。波特提出差异化、低成本和聚焦（Differentiation，Low cost，Focus）三个战略以确定企业竞争优势，并且指出价值链分析是实施竞争战略和保持竞争优势的途径。价值链分析即纵向一体化过程。波特给纵向一体化的定义是"在某一企业范围内把技术上存在差异的生产、销售或其他经济过程结合起来"。波特认为，纵向一体化有五种经济性：合并作业的经济性；内部控制和协作的经济性；信息的经济性；回避市场的经济性[①]；稳定关系的经济性。其还认为任何战略的选择都会面临风险，但总要好过战略不聚焦的结果。他认为，中小企业在经营和发展的过程中要善于分析五方力量的作用效果，在此基础上制定长期战略目标，在这个过程中价值链分析也显得比较重要。

（三）小结

以上学者探讨了企业创新理论和企业成长理论。熊彼特认为，企业家创新激发了市场活力，且促进了经济发展。因此，各国政府普遍支持创新创业。怎样将资本和技术结合起来，形成新的生产函数，也是本书关注的问题所在。科斯主张企业是价格机制的替代物，认为评判企业内外部创业资源的标准，关键在于它们能否降低企业内外部交易费用。这

---

① 一体化可以让企业避免与市场上的销售力量、广告部门、原材料供应商等打交道，从而减少开支。

一结论对后期风险投资作用于中小企业的溢出效应分析很有意义。波特主张企业通过"五力分析"的结果，制定长期战略，设计价值链。但由于未来的不确定性，企业难以实现精准定位。尤其初创企业，不能精准定位的同时，还缺乏发展资源。因此，初创企业需要必要的支持和指导。

四 溢出效应理论

溢出效应即外部性。外部性的观点可以溯源到亚当·斯密。斯密（1776）指出，每个人在追求他本身利益时，也常常促进社会的利益。他在《国民财富的性质和原因研究》中关于都市商业对农村改良的贡献中写道，凡与都市通商的农村，都多少受其实惠。这为农村的原生产物或制造品，提供了市场，结果就鼓励了其产业和产业的改进。Marshall 在分析报酬递增时指出外部性的存在。Sidgwick（1901）在其《政治经济学原理》中以灯塔为例说明外部性。Pigou（1920）在分析溢出效应时，列举了城市化和工业化导致的社会经济和不经济，认为私人产品和社会产品之间存在明显的分歧，国家可以通过"特殊约束"来消除任何领域的分歧。

（一）规模报酬递增理论与规模经济

Marshall 在《经济学原理》中分析报酬递增倾向与报酬递减倾向的相互关系时，指出随着企业产量的提升，企业的规模会随之扩大，企业会产生内部经济性。随之，也会引致市场上的外部经济性。所以，企业的生产要素成本随之下降。他指出，自然界在生产过程中呈现出边际报酬递减的规律，而企业在生产经营的过程中却呈现出边际报酬递增的倾向。报酬递增定律可以说明：劳动和资本的增加导致组织的改进，组织的改进增大劳动和资本的使用效率。他认为，原材料的经济性对大规模生产的重要性在减弱，大规模生产主要依赖于技术的经济性和机械的经济性。小制造商在进步的竞赛中虽然不能领先，如果有时间和能力利用近代的各种便利来获得知识的话，也不一定很落后。因为大企业所创造的进步趋势对它们有利。在关于商业知识、技术进步等信息的外部经济性的重要程度已然超过内部经济性。Helpman（1984）讨论了外部经济的一种形式规模经济。对于外部经济来说，行业的平均成本随着总产出水平的增加而减少。因此，拥有大型制造业基地的国家中的个体产业相比拥有小型制造业基地的国家中的个体产业更有效率。一个融入世界市场的产业比一个仅仅依靠国内市场的产业效率更高。Helpman 也讨论道路等公共投入的不可分割性，认为工业选址在城市附近是因为共享基础设施的优势，如交通、可靠的电力和金融机构，工业活动在地理上的日益集中导致个别工业更有效地运作。

(二)"干中学"理论与技术外部性理论

Arrow(1969)对生产函数进行分析，表明人均收入增长的很大一部分不能用资本劳动比的增长来解释，生产函数在国家和地区之间存在很大差异。由于生产函数是相对于特定的技术知识体系来定义的，意味着技术知识是随时间而增长的，技术知识因国家而异。Arrow 把技术知识看作经济变化的结果和原因。他提出"学习曲线"，认为新投资具有溢出效应，不仅进行投资的厂商可以通过积累生产经验提高生产率，其他厂商也可以通过学习提高生产率。他强调知识扩散通常需要直接地（人际）互动（"干中学"），知识扩散不是一个自发的过程。Romer(1986)提出"技术外部性"。知识投资意味着一种自然的外部性。由于知识不能完全获得专利或被保密。一个企业的新知识创造对其他企业的生产可能产生积极的外部影响。最重要的是，作为知识储备和其他投入的生产函数显示出日益增长的回报。更准确地说，知识的边际产量可能会增加，这与资本表现出边际生产率递减的模型相反，知识将无限制地增长，即所谓"技术外部性"。因此，一个公司获得的知识和经验可以作为非挪用的投入溢出到其他公司，企业投资的社会回报高于单个公司的回报。

(三) Jacobs 外部性和 Porter 外部性

Jacobs 认为，多样性的溢出效应是主导经济增长的机制，重要的知识转移来自核心信息之外，行业多样化更有利于知识技术的外溢和扩散。知识、技术及经验的互补性更易促进思维重组与更新，这种跨度更大的分享和模仿更易激发创新。比如某一行业新的需求会刺激其他行业的发展，抑或某一行业的创新促进了其他行业的创新活动。在这个过程中她十分强调竞争机制，认为竞争加速了知识技术的外溢和更新，促进新技术更快地产业化，加速了产业结构变迁。Jacobs 举到一个例子，胸罩行业的快速发展源于服装制造商的创新，而不是内衣行业。她强调多样化行业之间的竞争加速了技术更新和溢出。与 Jacobs 的观点有类似之处，Porter(1990)依托竞争优势理论研究产业溢出效应的来源。他也认为市场竞争有利于知识创新和技术溢出。但不同的是，Porter 外部性认同行业专业化（而不是多样化）更有利于知识技术的外溢。他举了一个意大利陶瓷和黄金珠宝行业的例子。在这些行业中，数百家公司坐落在一起，由于创新的替代方案正在消亡，它们争夺创新的竞争异常激烈。Porter 所强调的外部性包含了行业内的知识技术溢出和行业间的知识技术溢出。这意味着充分竞争的市场环境有利于各种要素在行业内和行业间流动，进而倒逼企业学习和创新，企业为了应对竞争的压力不断对知识和技术进行研发投入，充分有效的竞争有效激发了创新，进一步有利于知识技术的扩散和外溢。Porter 外部性强调，市场竞争（而非垄断）是促进知识技术外溢的主要因素。在垄断的情况下，企业缺乏竞争压力和创新动力，大多数情况下选择尽量规避风险和维持现状，进行创新投资的意愿较为薄弱。

（四）小结

以上学者从不同角度论述外部性，外部性也被称为"溢出效应"或"邻里效应"。外部性按影响效果不同又可以被分为外部经济和外部不经济。外部经济通常是指有益外部性商品的生产。外部不经济通常是指有害外部性商品的生产。有益外部性会导致第三方效用福利增加，而此种有益外部性的提供者却不能得到相应的收益，他们的生产意愿受到抑制。因此，为解决外部性问题的困扰，经济学家进一步提出国家政府补贴、政府干预、明晰私有产权、降低交易费用等措施。风险资本投资于新三板市场，相当于早期投资，退出时间较长，不确定因素大，可能也会面临市场失灵的问题。如何积极发展风险投资事业，促进其对新三板市场的支持，将在随后的章节进一步探讨。

五 产业结构优化理论

（一）产业结构优化

产业是指国民经济中以社会分工为基础，在产品和劳务的生产和经营上具有某些相同特征的企业或单位及其活动的集合（简新华，2001）。产业结构指产业与产业之间、产业内部之间的联系。相比微观企业，产业结构是一个更大的视角。产业结构优化包括两方面内容，即产业结构高度化和产业结构合理化。产业结构高度化是产业结构从低到高的发展变化和演变过程。在这个过程中，产业结构的整体素质得到提高。产业结构表现出高知识化、高附加值化、高技术化的演变趋势。在产业结构高度化过程中，新兴产业的占比逐渐提高，新兴产业逐渐成长为主导产业。产业结构合理化是指产业间的协调能力提升，产业结构合理化的过程是产业结构与需求结构、资源供给结构、技术结构不断适应调整的过程（陈仲常，2005）。

罗斯托主导产业扩散效应理论是产业结构优化的经典理论。罗斯托认为，无论在任何时期，经济增长的关键原因，在于少数主导产业部门成长与扩大，同时带动其他产业部门的发展，这是主导产业部门发挥扩散效应的结果。扩散效应包括回顾效应、旁侧效应和前向效应。首先，罗斯托认为，主导产业部门的发展会带动上游供应商部门的发展，即回顾效应。其次，主导产业部门在发展的过程中会诱导新兴工业、新技术、新材料、新能源的产生与发展，即前向效应。最后，主导产业部门的发展会将影响效果扩散到周边地区和产业，即旁侧效应。随着经济发展和社会分工的细化，主导产业部门不再是单个产业，而是由几个产业相互配合、共同带动整个产业或地区经济的发展。罗斯托称它们为"主导部门综合体"。"主导部门综合体"之间的部门具有很强的后向关联和旁侧关联。正因为"主导部门综合体"能发挥扩散效应，所以其带动作用远超过其自身的发展作用，并能在整体上带动地区经济的发展。由于优化产业结构的关键，在于各产业间通过"前向效应""后向效应""旁侧效应"形成有效的互为联结关系，因此，发挥带头作用的主导产业部门的选择也显得比较关键。

（二）产业结构高度化

产业结构优化理论的一方面内容为产业结构高度化（陈仲常，2005）。产业结构高度化是产业结构系统根据产业结构演进规律，从低度水准向高度水准发展的动态过程。在此过程中，新兴产业比重提高，各产业的技术层次不断提高和新兴产业不断成长为主导产业。可从以下角度理解产业结构高度化：①从产业结构系统角度，产业结构高度化表现为产业间的结构演进和产业内的结构演进。产业间的结构演进，指由一次产业占优势，逐渐向二次、三次产业占优势演进。产业内部的结构演进包括：第一，第一产业内部结构的高度化表现为现代农业向传统农业渗透。也就是说农业向工业化、规模化、标准化以及精细化的方向发展，农业经营组织向专业化、企业化、规范化的方向发展。农业产业内部细化程度提高，农业产业链逐渐拉长与完善。第二，第二产业内部结构的高度化表现为霍夫曼系数逐渐下降，工业发展从以劳动力为依托的模式向以资金为依托的方向转变，最终转向以技术为依托的模式。第三，第三产业内部结构的高度化表现为第三产业的规模日渐扩大，产业内部日益分工化、多元化和高度化。各种服务型劳动从生产过程中分离出来，成为独立的经济形态，现代服务业、消费服务业、信息技术产业、高科技产业的比重增加，成为带动经济发展的重要力量。以上是从产业间和产业内部说明产业结构高度化的演进。②从产业结构素质角度，产业结构高度化的过程是创新植入增长的过程。熊彼特认为，创新作为一种新的生产函数的引入，能够提高潜在产出能力。在这一过程中，新技术得到推广和使用，生产函数得到提升与更新，劳动者素质和技能得到提升，企业家素质和企业家精神得到提升和鼓舞，各产业的生产能力和生产效率得到提升。在激烈的竞争和创新浪潮中，落后产业被挤出市场，新兴产业发展壮大，产业的整体素质提高。③从产业组织结构角度，规模经济的利用程度大幅提高，在激烈市场竞争中，大中小企业之间的联系越来越紧密，专业分工越来越细化，企业间协作能力增强。④从产业开放角度，产业结构高度化要求市场开放程度也相应地提高，产业包容性强，需要获得国内、国际各类资金的支持，需要中小企业的创新，也需要国际技术的引入，通过要素的交流使产业结构的附加值不断提高。产业结构高度化是一个相对的概念，它对应一定的经济社会发展水平和阶段，因而产业结构高度化是一个动态的过程。

（三）产业结构合理化

产业结构优化理论的另一方面内容为产业结构合理化（陈仲常，2005）。产业结构合理化是产业结构从不合理逐渐向合理化方向过渡的过程，是促进产业结构动态均衡的过程。产业结构合理化是产业与产业之间的协调能力和关联水平不断提高的过程。以往学者从以下角度说明产业结构合理化的内涵：①产业部门间关系角度。可从以下方面判别产业结构合理化，即产业间各部门的协调发展程度，社会扩大再生产顺利进行程度，社会的生产、分配、交换和消费各个环节的顺畅程度，国民经济各部门的协调发展程度。②供给结构和需求结构关系角度。在市场经济中，经济活动的目标是满足市场需求。产业结构作为一个资源转换系统，能否适应需求结构，能否满足有效需求，成为判定产业结构是否合理化的标准之一。随着经济的发展和人民生活水平的提高，人民的需求结构不断地提升和变化，供给结构和需求结构之间总是存在偏差——总量的偏差或者结构的偏差，只有供给结构和需求结构相适应，产业结构才趋于合理。③国际标准结构角度。由美国经济学家钱纳里通过"世界发展模型"计算得到的反映人均国民收入在100—1000美元发展区段经济变化规律的一个图表,即世界发展模式"标准结构表"。对照此表,可以得知与本国人均收入水平相对应的产业结构处于哪个阶段,各产业占比的标准是多少,通过对比推断当前产业结构是否合理。以上观点从各个角度较好地阐明产业结构合理化的内涵,但也存在不足。如产业部门间关系的比例怎样衡量?标准与否?供给结构和需求结构方面,若需求结构扭曲,这种盲目的适应也不是合理的产业结构。国际标准结构由大量历史数据推导而出,反映产业结构演变的一般规律,然而,各国实际情况差异很大,很难一概而论。综合上述观点,"协调"是产业结构合理化的核心内容,这里所指的"协调"是一种动态的协调,符合以下要求:产业间的相对地位协调;产业素质协调;供给与需求相适应;产业间联系方式协调。产业结构合理化的本质是使产业结构具有较高的聚合质量。

(四)小结

产业结构优化理论包含产业结构高度化和产业结构合理化两方面内容。产业结构高度化实质是优势产业更迭,表现为向创新主导产业演变的过程。产业结构高度化以产业结构合理化为基础,脱离合理化的高度化只能是一种"虚度高度化"。产业结构合理化的过程,是产业间协调能力加强、关联水平提高、聚合质量提升,进而推动产业结构向高度化发展的过程。在探索风险投资与新三板企业的关系时,风险投资通过作用机制影响企业,进而影响产业系统的结构素质和聚合质量。当前世界经济处于结构大调整时期,中国经济也进入全面深化改革和产业结构调整的关键时期。借鉴产业结构优化理论,探索风险投资影响新三板市场的产业结构溢出效应很有现实意义。

第三节 本章小结

作为全书的理论基础,本章具体阐述了两部分内容:首先,结合本书研究内容对风险投资、新三板、企业价值、机制、溢出效应的概念进行理论界定,进一步明确本书的研究对象和研究重点。包括以下内容:①风险投资。介绍风险投资的渊源,梳理国内外学者重要观点,归纳风险投资特点。重点把握风险投资是长期股权投资。②新三板。梳理新三板的概念以及新三板在我国资本市场中的地位。值得注意的是，我国顶层设计对新三板的定位为场内市场，但是现阶段新三板由于自身制度建设的原因以场外市场特征为主。③企业价值。企业价值的概念抽象且内涵丰富。从估值的角度，结合学者的观点对本书"新三板企业价值"的内涵进行界定。④机制。阐明机制的内涵，并结合本书研究内容具体说明作用机制和溢出机制的内涵。⑤溢出效应。基于外部性原理，结合国内外学者观点阐明溢出效应的内涵。

其次，相关基础理论方面。本章回顾和总结了与研究主题相关的基础理论。包括：①风险投资的监督治理理论和增值服务理论、逆向选择理论和信息认证理论。风险投资理论为后续风险投资对新三板企业价值作用机制的研究奠定理论基础，同时有很好的启示作用。②中小企业存在理论，为研究中小企业的生存基础和竞争优势提供依据。③企业创新成长理论，说明中小企业与创新的相依关系，中小企业成长及具备竞争优势的条件。④溢出效应理论，重点梳理关于外部性的经典理论，尤其是规模效应、学习曲线、知识溢出、竞争性溢出等对后续研究有很好的启示作用。⑤产业结构优化理论，包括产业结构优化、产业结构高度化和产业结构合理化。在探索风险投资与新三板企业的关系时，风险投资通过作用机制影响企业，进而影响产业系统的结构素质和聚合质量。当前，中国经济已进入产业结构调整的关键时期。产业结构优化理论对后续风险投资溢出效应问题的研究也有很好的启示作用。以上分析为后续章节的研究清晰地界定了概念和奠定了理论基础。

第四章 中国风险投资与新三板市场的历史、现状及关系

本章将结合大量发展数据和历史事实详细梳理风险投资和新三板市场的历史脉络和变迁，并结合新时代背景详细探讨风险投资和新三板市场当前的发展现状和趋势；并分析风险投资和新三板之间的现实联系和互动关系，以及现阶段风险投资在新三板市场中存在的问题。

第一节 中国风险投资的发展进程

一 萌芽期（1986—1997 年）：政策鼓励下风险投资起步且发展缓慢

20 世纪 80 年代中期，我国风险投资进入萌芽阶段，这一阶段的投资主体较为单一，主要是政府在示范和引导，国际风险投资机构开始试水中国市场。中国创业风险投资基金的起步，得益于政府的高度重视和政策的推动。1984 年国家科委组织"新的技术革命与我国的对策"的研究，同时提出了为促进高新技术发展而建立创业投资机制的建议。1985 年 3 月《关于科学技术体制改革的决定》发布，决定指出"对于变化迅速、风险较大的高技术开发工作，可以设立创业投资给予支持"。1985 年 9 月，中国第一家风险投资机构——中国新技术创业投资公司[①]成立（成思危，1997）。1986 年，国家科委发布《科学技术白皮书》，发展中国创业风险投资的战略方针首次被提及。随后，出现早期的创业风险投资公

[①] 中国新技术创业投资公司（中创）是中国境内第一家创业投资公司，主要发起股东为国家科委（持股 40%）、财政部（持股 23%）等，成立时资金约 1000 万美元，成立目的为配合"火炬计划"的实施。

司①，且开始出现高新技术开发区②、高新技术产业开发试验区以及风险投资基金（朱奇峰，2009）。

在政策的鼓励和支持下，一批海外风险投资机构开始涉足中国市场，如 IDG、AIG、Fidelity Ventures 等。海外风险投资机构才刚进入中国，受国内企业文化的影响和政策的限制，为国内公司提供风险资本后，未能提供有效的企业管理和指导。当时国内以高新技术为载体的创业创新项目较少，海外风险投资机构还是集中投资于我国一些相对成熟的传统行业，海外风险投资机构亦处于摸索阶段。这一时期，无论是政府主导的创业风险投资机构还是海外风险投资机构，对我国高科技产业的发展无疑起到重要的推动作用。但是由于一些制约因素的存在（如资本市场不健全、知识产权保护缺失等），我国风险投资在发展的过程中也暴露出一些问题。1992 年后，我国经济发展过热，股市投机盛行，通货膨胀加温，1994 年下半年中央暂停了一些不规范的交易事项，资本市场陷入低迷阶段，致使中国风险投资事业发展缓慢。1994 年底，全国共有风险投资机构 26 家，1995 年和 1996 年全国范围内分别新增 1 家和 5 家创业投资公司。这一阶段的投资主体主要以政府设立为主，投资主体单一，同时缺乏有效的退出渠道，风险投资在萌芽阶段发展缓慢。

二　探索期（1998—2008 年）：外部环境不确定下风险投资曲折前行

受国际市场环境和国内政策因素的影响，这一阶段风险投资发展较快，在曲折中呈现上升趋势。20 世纪 90 年代末，在创业风险投资基金的支持下，美国大量科技型公司、互联网公司在纳斯达克市场获得成功。在此背景下，中国的风险投资事业也表现出高速增长的态势。就国内而言，为缓解亚洲金融危机之后的通缩效应，我国政府希望通过发展资本市场释放财富效应进而刺激国内消费水平。同时，为推动科技成果转化，加快建立创新型国家，1998 年中国民主建国会中央委员会提出《关于加快发展我国风险投资事业》的提案（以下简称"一号提案"），极大地促进了风险投资主体的多元化。这一阶段风险投资机构和管理资本规模都有空前的增长。如图 4.1 所示，2000 年风险投资金额和风险投资案例数出现了第一个小高峰。事实上，这种盲目地扩张隐藏着巨大的风险。

---

① 如中国科招高新技术有限公司、广州技术创业公司和江苏高新技术风险投资公司。
② 1988 年 5 月，中国第一个国家级高新技术开发区北京市新技术产业开发实验区成立。

第四章 中国风险投资与新三板市场的历史、现状及关系 / 69

随着美国"网络泡沫"破灭，国内投资的热情也受挫，一大批前期投资者的资本被深度套牢，无法退出。由于没有特别令人信服的风险投资成功案例，新增的投资极为有限。风险投资迎来寒冬时期，表现为投资案例数和投资金额的减少（2001—2003年），自此风险投资进入调整阶段。

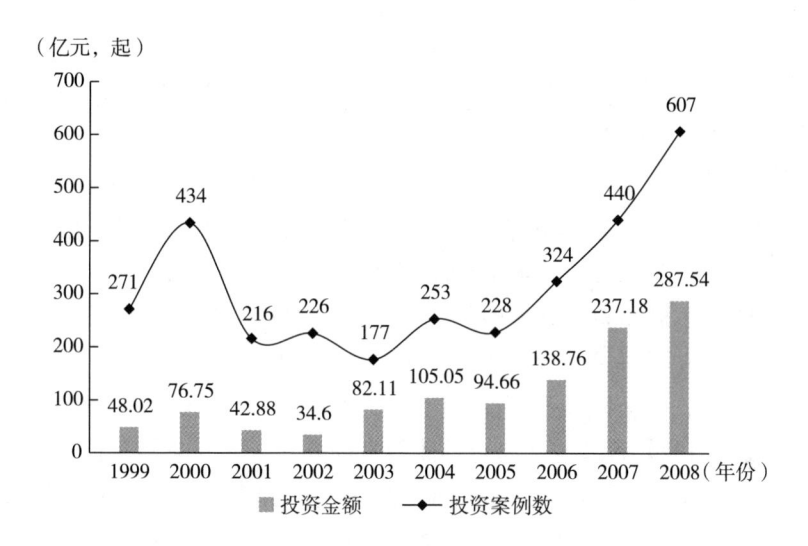

图4.1　1999—2008年风险投资金额与案例数

资料来源：清科研究中心：《2020年中国股权投资市场回顾与展望报告——暨二十周年市场回顾特别版》，2020年。

2004年中小板推出，为创投行业的风险资本退出提供了可行的渠道，为本土创投机构带来极大的利好消息。2005年4月，中国证监会启动股权分置改革试点，国资股、法人股获得流动性，A股进入全流通时代。2005年和2006年新修订的《中华人民共和国公司法》和《中华人民共和国证券法》相继出台，为规范证券市场运行提供了法律保障。同时，创新型中小企业是技术创新的重要载体，关系到创建创新型国家战略目标能否实现。但是这部分企业面临很大的不确定性，难以获得银行贷款和社会资本投资，为解决这类企业融资难的问题，多项政策联合出台。2006年，国务院发布《国家中长期科学和技术发展规划发展纲要（2006—2020）》（以下简称《纲要》），《纲要》对发展风险投资和建设资本市场提出要求。2007年新修订的《中华人民共和国合伙企业法》正式实施，明确承认了股权投资的合伙人形式，同时解决双重纳税的问题。2006年3月，标志着风险投资制度重大创新的《创业投资企业管理暂行办法》实行，规定风险投资的退出方式，提倡推进多层次资本市场体系建设，完善风险投资的退出机制。次年，配套政策《关于促进创业投资企业发展有关税收的通知》正式出台。在政府的积极引导、资本市场的不断完善、经济发展持续向好的背景下，中国风险投资成长迅速，中国市场的股权投资活跃度不断增强。值得注意的是，这一阶段以美元市场为主，外资风险投资机构表现相对强劲。

三　成长期（2009—2014年）：金融危机之后风险投资复苏与成长

2008年国际金融危机爆发以后，全球股市遭受重创，我国股市也同步受到影响，大幅缩水。与此同时，我国股权投资市场的美元基金受挫。风险投资又迎来较为艰难的时期。为了稳定股权投资市场，我国政府在危机之后采取了一系列支持政策，以稳定和规范股权投资市场的发展。2009年1月，国务院办公厅发布《关于当前金融促进经济发展的若干意见》，要求对股权投资基金出台具体的管理办法，完善了相关政策。2011年2月，发改委发布《关于进一步规范试点地区股权投资企业发展和备案管理工作的通知》，要求各试点地区进一步规范股权投资企业的备案管理工作。2011年11月，发改委发布《关于促进股权投资企业规范发展的通知》，首次明确了境内设立的股权投资企业的规范运作和强制性备案管理。2012年12月新《基金法》颁布，将"非公开募集基金"纳入规定，私募基金首次取得法律身份。2013年6月，在《关于私募股权基金管理职责分工的通知》中明确了私募股权基金的监督管理工作由证监会负责，发改委负责组织拟订促进私募股权投资行业的发展政策。2014年证监会发布《私募投资基金监督管理暂行办法》，对私募基金登记备案、合格投资者、资金募集、投资运作等做出规定。政府的政策支持，使中国的创投环境日益改善。

2009年10月23日创业板正式启动。2013年1月16日全国中小企业股份转让系统（新三板）在北京揭牌，我国逐渐形成了包括主板市场、中小板市场、创业板市场、新三板市场及区域性股权交易市场的多层次资本市场体系，为风险投资提供了不同层次的退出渠道。这个阶段人民币风险投资开始日渐上升。自2013年起中国经济开始步入增速阶段性回落的"新常态"时期①，宏观经济层面各部门杠杆率持续升高，各类风险积累面临集中释放的可能。为降低宏观杠杆率水平，防控系统性金融风险，党的十八届三中全会发布的《中共中央关于全面深化改革若干重大问题的决定》中强调"提高直接融资比重"。鼓励企业转变融资方式，从债务融资的间接融资方式转向股权融资的直接融资方式。风险投资在这一阶段因国家政策导向受到极大的鼓舞。从图4.2可以看到，我国风险投资额和投资案例数从2009年至2011年皆呈现出增长趋势，2012年呈下滑趋势，原因是2012年国内A股新股发行审核暂停，反馈至投资端使风险投资热度明显下降。然而，2014年1月IPO重启后风险投资又迅速回暖，并呈现出较快的增长势头。这一阶段大批移动互联网企业（美团、微信、快手、大众点评、拼多多等）得益于风险投资和私募股权的帮助而获得发展。这一阶段风险投资基金以人民币基金为主。

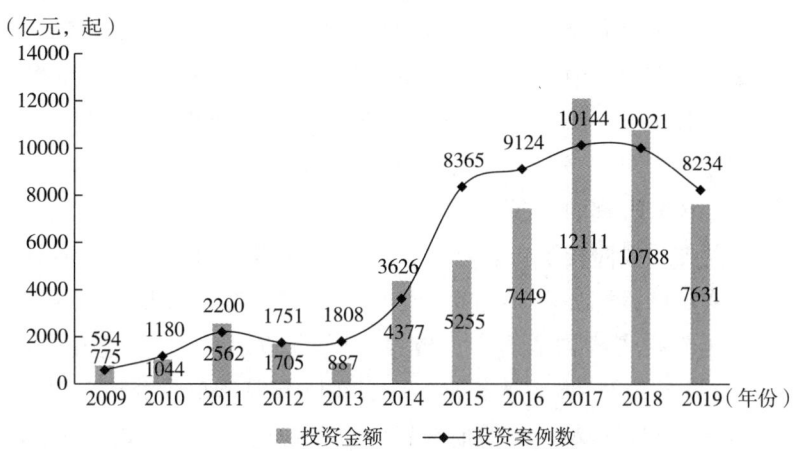

（亿元，起）

图4.2 2009—2019年风险投资金额与案例数

资料来源：清科研究中心：《2020年中国股权投资市场回顾与展望报告——暨二十周年市场回顾特别版》，2020年。

四 发展期（2015年至今）：第四次创业浪潮给风险投资新的机会

从2015年开始，中国经济进入中低速增长的常态化时期。随着互联

---

① 中国历年GDP增长率：2008年9.7%，2009年9.4%，2010年10.6%，2011年9.6%，2012年7.9%，2013年7.8%，2014年7.3%，2015年6.9%，2016年6.7%，2017年6.8%，2018年6.6%。资料来源：国家统计局网站，http：//data.stats.gov.cn/ks.htm? cn = C01&zb = A0501。

网创业浪潮退去,硬核科技浪潮来临。这一时期可称作第四次创业浪潮,创业的科技含量和门槛较高。当前,5G 技术、芯片、先进制造业、人工智能、"互联网+"等领域备受风险投资青睐和关注。这一时期,中国经济结构面临转型升级,国有企业持续深化改革,人口结构变迁引发消费新潮流,养老、零售、孩童、汽车、健康五大需求有效刺激投资热度。这一时期,政府不断出台新政策,旨在规范行业发展,优化营商环境和提升市场活力。2015 年国务院先后推出《关于加快构建大众创业万众创新支撑平台的指导意见》和《关于大力推进大众创业万众创新若干政策措施的意见》,为培育和催生经济社会发展的新动力提供制度保障。2015 年也被称作"双创战略"落地元年。2016 年 9 月,《国务院关于促进创业投资持续健康发展的若干意见》(以下简称"创投国十条")发布,是国内第一部促进创业投资行业持续健康发展的系统性、针对性的政策文件,为创业风险投资提供了明确的政策方向,覆盖创业风险投资"募、投、管、退"各个环节。2017 年 38 号文《财政部税务总局关于创业投资企业和天使投资个人有关税收试点政策的通知》发布,税收优惠进一步助力创业风险投资。2019 年《关于推动创新创业高质量发展打造"双创"升级版的意见》发布,"双创升级版"从税收、融资等多方面出台政策支持创业风险投资的发展。

这一时期,风险投资市场参与主体多元化且竞争激烈。许多著名投资人创立自己的投资公司,战略投资者(如 BAT 等)涉足各个领域,国资背景的风险投资机构依旧实力雄厚。同时,政府引导基金发展迅速,成为最主要的 LP(有限合伙人)之一。2015 年《政府投资基金暂行管理办法》发布。2015—2016 年政府投资基金迅速增长,主要以国家级和省级基金为主。2017 年政府引导基金设立主要主体由省级向地市级区县级延伸。2018 年央行、银保监会、证监会、外管局四部委联合发布"资管新规"[1],细化了私募基金监管的底线要求,打击一系列违法违规行为,以往各方资金嵌套资管产品投资私募股权基金的模式难以实现,股权投资机构普遍陷入募资的困境。如图 4.2 所示,风险投资进入理性发展阶段。国家严格规范从业规则以后,将淘汰市场违规主体和优化资源配置。市场监管趋严叠加中美贸易摩擦、新冠疫情等因素,流入股权投资行业

---

[1] 即《关于规范金融机构资产管理业务的指导意见》。

的资金收窄。但是科创板的推出为股权投资市场带来活力。2019年共发生1152笔VC退出交易，同比上升17.8%。被投企业IPO依旧是最主要的退出方式（占总退出方式的50.4%）（清科研究中心，2019a）。中国风险投资站在新的历史交汇点，在政策和市场的不断推动下，将更加合理地投入支持实体经济的发展中（清科研究中心，2020）。

第二节 中国风险投资的发展现状

2019年我国风险投资市场（包括早期、VC和PE）募资金额为12444.04亿元，同期美国风险投资（VC和PE）募资金额为3476.1亿美元。中国市场投资案例数为8234起，美国市场投资案例数为15910起。中国市场投资金额为7630.94亿元，美国市场投资金额为8144.6亿美元。中国市场退出案例数为2949笔，美国市场退出案例数为1917笔（清科研究中心，2019）。虽然在募资规模、投资规模方面，我国同美国依然存在差距，但是我国已发展成为全球第二大风险投资市场。当前，受疫情影响，世界经济复苏乏力，国际环境复杂严峻。国内经济降速提质，进入高质量发展阶段。在新一轮的改革浪潮中，风险投资面临新的挑战和迎来新的机会。

一　募资层面：强监管下募资缩减，早期风险投资基金募集堪忧

第一，基金监管加强，国内外经济形势严峻，募资规模缩减。2016—2017年，在"大众创新，万众创业"的政策背景下，风险资金来源充裕，风险投资行业的募资规模再创新高。为规范股权市场从业规则，保护投资者利益，防范金融风险，2018年"资管新规"发布，意味着以往各方资金嵌套资管产品投资股权基金的模式难以再实现。国家对风险基金的监管加强，风险投资基金的募资市场持续降温。2019年我国风险投资市场新募基金数量和金额均呈下降趋势。2019年市场新募基金2710只，共募集12444亿元，同比下降6.6%（清科研究中心，2019）。随着，国际环境的恶化，疫情的加剧，以及国内经济面临的结构转型升级和提质减速现实，中国风险投资募资市场也许会陷入更难的境地。

第二，早期风险投资基金的募集情况更不乐观，其规模缩减得更厉害。2019年，早期投资市场的募资规模为119亿元，创业投资市场的募资规模为 2169 亿元，私募股权投资市场的募资规模为 10157 亿元。前二者分别同比下降 34.4%和 28%（清科研究中心，2019），私募股权投资市场的募资规模大概与 2018 年的募资规模持平（如图 4.3 所示）。募资端的情况必然直接反馈在投资端上。2019 年我国风险投资市场投资规模总体下降，早期投资规模下降的程度更大。风险投资市场早期募资不容乐观的原因在于，世界经济复苏乏力，国际环境错综复杂。国内经济降速提质，进入经济结构转型的调整期，老龄化加速，人口红利逐渐消失，各项改革向纵深推进。各行业面临更多的不确定性。因此，早期投资机构在筹资时面临更大的困难。但是，创业企业在早期阶段更希望获得资金的支持，因为这一阶段创业企业由于自身的一些因素，并不能获得其他融资途径的支持。因此，国家应考虑对早期投资市场在募资环节的支持和引导。

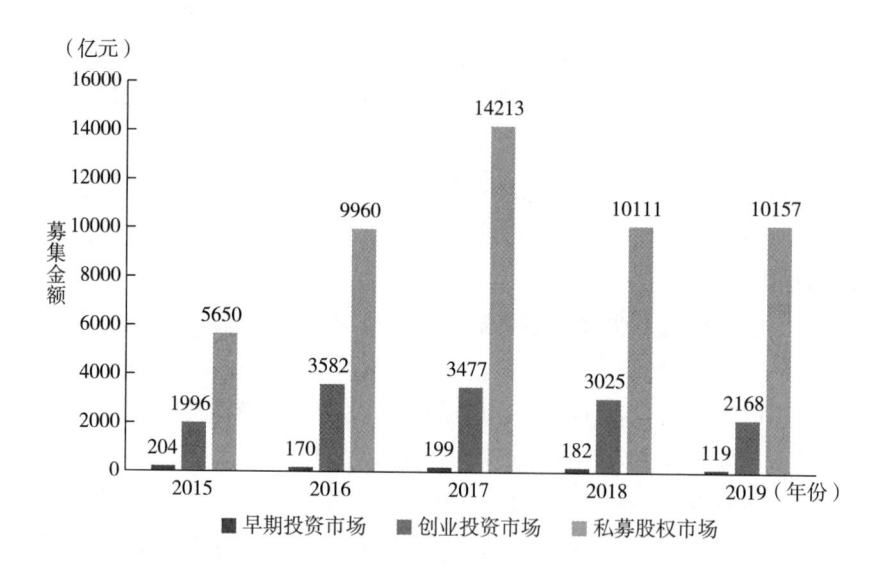

图 4.3 中国风险投资市场各阶段资金募集情况

资料来源：清科研究中心：《2019 年中国股权投资市场回顾与展望》，2020 年。

第三，2019 年中国风险投资市场在资金募集方面仍以人民币为主。2019 年中国风险投资市场共募得人民币基金约 11000 亿元，同比上升 1.5%。与此同时，2019 年中国风险投资市场所募得的外币基金为 1400 亿元，同比下降 41.4%（清科研究中心，2020）。外币基金大幅缩减，与全球经济复苏乏力，国际环境复杂严峻，中美贸易摩擦升级，逆全球化趋势加剧等因素相关。值得注意的是，2008年以前中国风险投资市场资金募集的主要来源是境外风险投资机构和投资者，2008年以前是美元市场，2008年受国际金融危机的影响，美元基金受到严重的打击，而中国政府出台一系列政策使人民币基金趁势崛起，2008年以后人民币基金成为风险投资市场募资的主要来源，而且其活跃度在不断地提升。

第四，政府引导基金迅速兴起，成为最重要的LP之一。截至2019年底，国资LP出资总额占比已达到70%（清科研究中心，2020）。

二　投资层面：风险投资避险情绪强烈，偏向后期成熟市场

第一，投资机构多样化，且竞争激烈。当前我国经济步入调整期，服务业增长迅速，成为经济发展的引擎。在"供给侧结构性改革"的推动下，产业结构升级是经济实现高质量发展的必经之路。与此同时，随着"大众创业，万众创新"战略提出，国内迎来新一次创业浪潮。在众多背景因素的交织下，国内涌现出大批优质项目和可投资产。大批民营VC/PE机构、国资机构、金融机构、战略投资者等纷纷入场，为风险投资市场注入活力，投资机构多样化，行业竞争也日益激烈。

第二，投资活跃度下降，投资趋于理性。2018年央行、银保监会、证监会、外管局四部委联合发布"资管新规"。"资管新规"规定合格投资者的认定条件；打破刚性兑付，严禁资金池业务；消除多层嵌套和通道；明确股权投资基金投资的范围。"资管新规"释放了很强的从严监管信号，股权投资机构募资相对前几年较难。2019年中国股权投资机构（VC和PE）的投资活跃度和投资金额均大幅下降。投资金额为7631亿元，同比下降29.3%，涉及8234起投资案例，同比下降17.8%（清科研究中心，2019）。投资市场有所降温，投资机构的投资更趋于理性。

第三，投资集中于科创领域。在新一轮的创业浪潮中，创业门槛提高，科技含量更高，科研氛围更浓。目前，我国经济正在由高速增长转为高质量发展阶段，全国范围内的产业升级成为正常导向，科技创新是主要的驱动力。当前，新一代信息技术、生物制药、高端装备制造等领域获得国家政策倾斜。2019年我国风险投资市场以科创领域为主，IT（信息技术）继续保持第一。

第四，投资地域主要集中于高等教育发达的一线城市和沿海地区（北京、上海、深圳、江苏和浙江）。原因是风险投资市场支持核心技术开发与发展，而核心技术的发展与高级人才密不可分。这种投资地域的不均衡性折射出我国各地教育科研实力的差距。

第五，早期投资仍需要国家大力支持。近年来经济下行压力明显，各行业面临更多的不确定性，风险投资机构在投资的时候更趋于理性和谨慎，表现出更明显的投资避险情绪，更倾向于投资盈利模式清晰，且收益见效快的中后期成熟企业。如图4.4所示，从2017年、2018年、2019年三年早期投资市场、创业投资市场、私募股权市场的投资金额和投资案例数得知，早期投资因面临更大的不确定性，其支持力度不如成熟市场。而早期投资更能激活创新创业的源头，中小企业在早期因缺乏财务数据、绩效记录，无可抵押担保的资产，其向银行获得贷款支持的可能性极小。它们更希望能获得风险投资的支持，数据结果说明早期投资仍需要国家大力引导和支持。

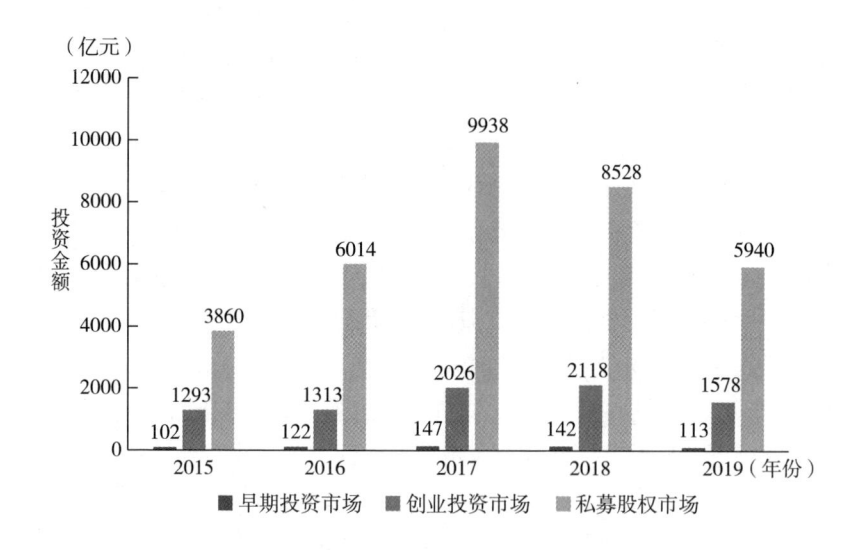

图 4.4 中国风险投资市场各阶段投资情况

资料来源：清科研究中心：《2019 年中国股权投资市场回顾与展望》，2019 年。

三 退出层面：退出案例增加且 IPO 为主，境外上市减少

目前，IPO、并购和股权转让是股权投资市场最重要的三种退出方式。

第一，风险投资退出案例增加，IPO 是风险投资市场最主要的退出方

式。2014—2018 年风险投资市场被投企业 IPO 数量占比在 20%—40% 波动。2019 年 7 月期待已久的科创板开市和注册制试点稳步推进，我国多层次资本市场进入一个新的发展阶段。科创板设立引发上市热潮，大批 VC/PE 机构的退出渠道有所改善，许多投资机构实现被投企业 IPO 退出。2019 年我国风险投资市场退出笔数有所上升，全年退出案例总数为 2949 笔，同比上涨 19%，其中被投企业 IPO 案例数为 1573 笔，同比上涨 57.9%。在 1573 笔被投企业 IPO 案例中，有 651 笔由科创板贡献，占比高达 41.4%（清科研究中心，2020）。尽管科创板拓宽了退出渠道，但随着我国股权市场发展，投资机构面临较大的退出压力，IPO 远远无法满足风险投资机构的退出需求。在此背景下，VC/PE 机构向并购、股权转让、回购等多元化退出方式发展。2019 年由于市场流动性紧缩等原因，股权转让、并购交易量小幅下降，由此 IPO 数量占比再次达到 50% 以上，如图 4.5 所示。值得注意的是，2019 年在风险投资市场通过新三板挂牌退出的风险投资案例较少，仅有 20 笔。这主要是因为，新三板市场在 2015—2016 年经历了一个蓬勃发展阶段，挂牌企业数量呈井喷式增长，导致 2017 年符合挂牌条件的企业相对减少。此外，随着 A 股市场 IPO 加速，许多原计划在新三板挂牌的企业将目标转向 A 股市场。加之，新三板市场存在最大的问题是流动性不足，这在一定程度上动摇了投资者对新三板的信心，导致到新三板挂牌的企业有所减少，到 2019 年末只有 8953 家。[①] 许多风险投资机构为了实现尽快退出资本以保障收益，倾向于选择交易速度较快的方式（如股权转让）实现资本退出。当然，我国多层次资本市场的不断健全，注册制试点的推广，以及新三板流动性的改善，将拓宽风险投资机构的退出渠道，有利于风险投资机构的成长和发展。

第二，退出行业集中，排名前三位的退出行业分别是生物技术/医疗健康、IT 和半导体及电子设备。生物技术/医疗健康的退出案例最多，主要得益于近年来风险投资对生物医疗、医药领域的追逐。IT 和半导体及电子设备领域退出案例的数量高企，得益于科创板服务高新技术企业的定位。

---

① 资料来源：全国中小企业股份转让系统。

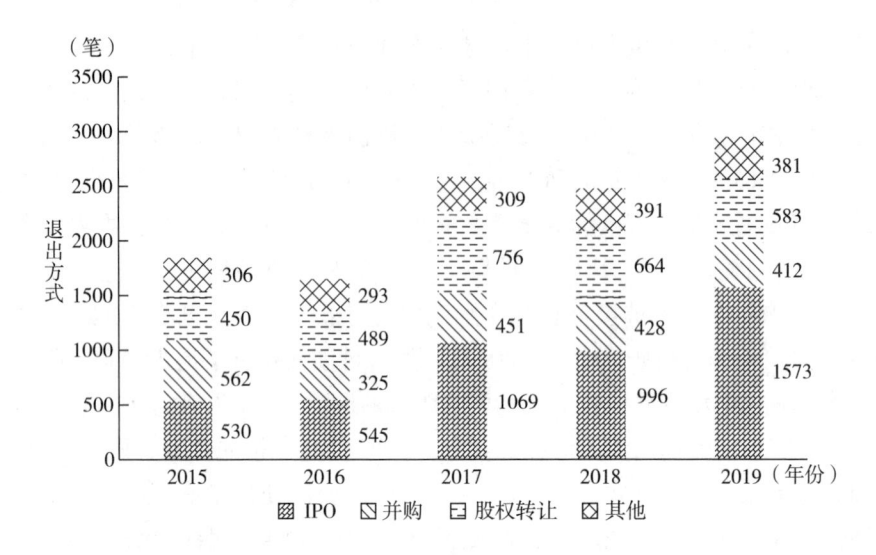

图 4.5 中国风险投资市场退出方式

年份	IPO	并购	股权转让	其他
2015	530	562	450	306
2016	545	325	489	293
2017	1069	451	756	309
2018	996	428	664	391
2019	1573	412	583	381

资料来源：清科研究中心：《2020年中国股权投资市场十大趋势展望》，2019年。

第三，退出地域集中，退出案例多发生在一线城市或沿海发达城市，广东、北京、江苏、浙江和上海，无论数量还是规模都远远超越其他地区。

第四，IPO退出方式，其上市的账面回报稳步提升，境内外上市的中国企业规模增长迅猛。2019年阿里巴巴赴香港上市，其首发市值已超过3.5万亿元。相比之下，2009年IPO市值最高的中国企业只有2000亿元（清科研究中心，2020）。

第五，境外上市的活跃度下降。由于美国股市规范程度较高，且上市时间预期明确，上市周期较短，2018年前后不少中国企业赴美国上市，为大家熟知的有拼多多、爱奇艺、哔哩哔哩等。2019年由于国际环境错综复杂，中美贸易摩擦加剧，国内资本市场改革深化，多方因素导致赴境外上市中国的企业数量锐减。受瑞幸造假事件等影响，2020年5月，美国参议院通过了《外国公司问责法案》，这意味着美股原有的效率高、门槛低的优点逐渐消失。总之，今后随着我国资本市场的不断完善和健全，会有更多的风险投资机构找到适合自己的退出渠道，有利于风险投资市场的进一步发展。

第三节 新三板市场的演变进程

一 "两网系统"盛衰更迭，整顿之后被取缔（1992—2000年）

20世纪90年代初期，中国开始市场化改革，市场化改革的核心要素是国有企业改革，而国有企业改革的关键是产权制度改革，股份制成为改革道路上最有效、最可行的一种制度。为维护企业的国有性质，在改制中设立了国家股和法人股，同时由于担忧个人股与公有股同在一个市场中流通会危及公有制主体地位，限定公有股权不能在二级市场流通，只有个人股和外资股能够在二级市场流通。由于法人股在转让和交易方面存在限制，法人机构的投资面临无法收回与变现困难的问题。1992年，国务院发布的《1992年经济体制改革要点》指出，法人股内部流通试点于1992年7月1日开始试运行。因此，1992年7月国家体改委经国务院授权批准全国证券交易自动报价系统（Securities Trading Automated Quotations System，STAQ）为法人股流通试点。1993年4月经国务院主管部门批准，由人行、工行、农行、中行、建行、交行、人保公司及华夏、国泰、南方三大证券公司共同组建的NET（National Exchange and Trading System）法人股市场开通。STAQ与NET被称为"两网系统"，与沪深个人股市相对应，形成我国"两所两网"的证券交易市场格局。

STAQ成立之初，市场投资热情较高，交易情况乐观①，在STAQ开户的投资者也逐日增加。随着NET市场获准开通，法人股流通的渠道被拓宽，投资者对"两网市场"的发展前景看好。1992—1993年STAQ行情较好，所流通的法人股股价上涨明显，开户股东日益增多，投资者认为法人股市场存在巨大的发展潜力和投资机会。因此，许多股民通过不同方式开设账户，涌进了法人股市场，"两网系统"的投资者构成已并非单一的机构法人。不少营业部干脆罔顾"限定法人间转让"的规定，"法

---

① 以恒通置业为例，1992年7月6日，首家试点企业珠海恒通置业股份有限公司首次募得法人股3000万股，每股面值1元，募集溢价3.98元，共募集资金约1.2亿元。1992年7月8日，恒通法人股流通转让，首日便从开市的5.8元跃至10.25元，上涨近1倍。当日成交量300多万股，成交金额3000多万元，交投活跃。恒通置业成功挂牌的示范效应，令市场情绪乐观，随后又有玉柴、蜀都等相继挂牌。随后STAQ的投资者逐日增加。

人股"的概念在不少地方早已形同虚设。法人股市场投资热情高涨，资金面显得宽裕，向好趋势令 STAQ 法人股一路攀升。1993 年 5 月，中国证监会要求"两网系统"暂缓审批新的法人股挂牌流通。市场情绪出现波动，随后由于政策不明朗，多方预期的乐观前景未能实现，炒作的热情渐渐褪去。"两网系统"原本只向法人投资者开放，事实上 90% 的流通股被自然人持有，这是由于监管不足和其他原因导致的。1998 年，由于地区证券柜台交易泛滥，国家决定整顿场外非法交易市场，STAQ 系统和 NET 系统也在其中。1999 年 9 月，STAQ 系统与 NET 系统停止交易，大量资金被套其中（江勤，2017）。

二 三板市场应时而生，维护资本市场稳定（2001—2005 年）

2001 年国务院发布《减持国有股筹集社会保障资金管理暂行办法》，这有利于证券市场的稳定发展，对证券市场来说是一个利好因素。国有股减持拉开序幕。2001 年 7 月，国有股减持在新股发行中正式开始，股市暴跌[1]，许多投资者被套牢。2001 年 8 月，被称作"世纪大牛股"的银广夏覆灭，投资者对上市公司的信心动摇，对操纵和欺诈充满恐惧，纷纷撤离股市。2001 年蓝田股份财务欺诈案爆发。针对以上事件，证监会发布规范证券交易行为的通知，掀开了打击证券市场违规行为的序幕。同时，证监会要求亏损上市公司暂停和终止上市[2]，使上市公司中的"烂苹果"被扔了出来，一些 PT[3] 公司面临退市的选择[4]。加之，前期"两网系统"关闭导致大量资金被套其中。鉴于稳定资本市场的考虑，需要建立和完善股票的退市机制。

为了维护资本市场稳定，即为了解决"两网系统"的历史遗留问题和主板 PT 公司的退市问题（王鹏飞、黄页，2016），证监会决意建立一个代办股份转让系统，由证券公司主办，且中国证券业协会对其进行自律性管理。三板市场应时而生，三板与主板的市场架构和管理模式存在

---

[1] 2001 年 7 月 26 日，国有股减持在新股发行中正式开始，股市暴跌，沪指跌 32.55 点。到 10 月 19 日，沪指已从 6 月 14 日的 2245 点猛跌至 1514 点，50 多只股票跌停。当年 80% 的投资者被套牢，基金净值缩水了 40%，而券商佣金收入下降了 30%。资料来源：《中国股市回眸：2001 年》，https://m.hexun.com/stock/2010-11-25/125825948.html。

[2] 2001 年发布两份政策文件：《关于规范证券投资基金运作中证券交易行为的通知》《亏损上市公司暂停上市和终止上市实施办法》。

[3] Particular Transfer，特别转让。

[4] 2001 年 4 月 23 日，PT 水仙成为第一家被停牌的上市公司。

很大的不同。2001年6月，证券业协会指定申银万国等6家证券公司为原"两网系统"提供代办股份转让服务。但是刚开始运作的时候，很多公司不愿意到三板进行挂牌，"两网系统"的公司担心进入三板以后再无上市机会。直到2001年7月16日，由申银万国证券公司代办的杭州大自然（原"两网系统"公司）第一家正式进入三板，标志三板诞生。2001年底，从主板退市的公司PT水仙首先登陆三板。随后其他"两网系统"公司和主板退市公司也相继挂牌。退市机制在中国资本市场得以建立。刚开始三板市场的交易情形还比较乐观，但由于市场缺乏流动性，多年来一直处于资本市场的边缘。为了使三板市场的退市机制正常运转，证监会出台了一系列政策[1]，以规范三板公司的信息披露行为。2004年三板市场成长迅速，三板基本接纳从主板退市的公司和"两网系统"公司。三板市场在这一过程中完成了建设退市机制的历史使命。

三 新三板试点开启，市场逐渐扩大（2006—2012年）

2001年，代办股份转让系统（三板）在特定的历史背景和时代背景下设立，其设立的目标是为退市公司和"两网公司"的股份转让寻找出路，完善退市机制，维护资本市场稳定。但是中小企业（尤其是创新型、成长型、科技型中小微企业）的融资约束问题却一直存在。尽管，深交所在2004年推出中小板，2009年推出创业板。但是中小板和创业板依然存在上市门槛高、上市难度大的问题，能上市的企业仍然有限。在建设多层次资本市场的过程中，开辟中小企业的场外交易市场，拓宽中小企业的直接融资渠道，成为管理层优先考虑的问题。管理层重新考虑了三板的市场定位。2006年三板被证监会纳入多层次资本市场格局建设的一部分，在三板外建一个新三板。新三板主要为高科技企业提供融资和股权转让服务。2006年"中关村科技园区非上市公司代办股份转让系统"开通，新三板诞生。之后有多家中关村科技园区的高新技术企业在新三板挂牌。多家企业在新三板完成定向增发[2]，新三板为中小企业融资的功能得到体现，企业在新三板获得拓展业务的资金。2009年8月，新三板

---

[1] 大量ST公司即便在主板暂停交易也不愿意到三板挂牌，三板市场公司转到主板上市难度很大，多年来一直处于资本市场的边缘，备受冷落。证监会推出了平移机制，三板市场公司达到上市条件可以直接到交易所恢复上市，不用证监会审核，但必须与券商签三板上市协议。退市公司的股东名册要交给主办券商。三板市场的退市机制开始正常运转。

[2] 2006年10月25日，中科软和北京时代公告定向增资。

挂牌公司久其软件登陆深交所中小板，激发了其他新三板公司的发展热情。

新三板和三板具备完全不同的历史使命，前者为解决中小企业的融资困境服务，后者为完善资本市场退市制度服务。新三板在一定意义上刺激了场外市场的发展。但是，由于制度设计等因素的存在，新三板自设立以来一直存在流动性不足、融资能力不足、投资者参与度低、关注度不足等问题。与此同时，各地建设场外市场的呼声很高。天津、河南、重庆、上海、长春都先后试点区域性中小企业产权交易市场。一些产权交易市场自开盘就成交火爆，很多场外市场名义上进行股权交易，实际上是股票交易，在违反法律法规的同时，也蕴含较高的风险。部分交易所被证监会关闭。然而，这些交易所火爆的现实说明市场存在很大的需求，为满足市场需求，新三板的改革加速。2011年，证监会将扩大新三板试点范围，将完善多层次资本市场建设作为工作重点。

2012年5月，《非上市公众公司监督管理办法》发布。2012年8月新三板第一次扩容，试点范围从原来的北京中关村科技园，推广到天津滨海、上海张江、武汉东湖三个科技园。

四 股转系统成立，市场活力显现（2013年至今）

2013年1月，对于新三板是一个历史性时刻，全国中小企业股份转让系统公司在北京正式揭牌。并于同年6月国务院发布《关于全国中小企业股份转让系统有关问题的决定》（以下简称《决定》），标志着"新三板"正式扩容至全国。《决定》明确指出，全国股转系统是在国务院批准下，依据证券法设立的第三家全国性证券交易场所。主要为"双创—成长"的中小微企业发展服务。新三板自扩容以来可分为快速扩张期和恢复理性期两个阶段。股转系统成立初期，由于政策不明朗，众多企业信心不足，券商投入资源有限，新三板市场发展不理想。2014年底，全国在股转系统挂牌的中小企业共有658家。随后，国务院牵头，股转公司连续发文，鼓励企业和中介机构发力。2014年12月26日，证监会颁布了《关于证券经营机构参与全国股转系统相关业务有关问题的通知》，允许更多的推荐队伍参与新三板企业挂牌。随着股转公司和券商大力引导各类企业挂牌，各地政府也出台各种奖励政策，推动各类企业申报新三板。截至2017年底，新三板挂牌规模达11630家，我国资本市场形成正金字塔结构。2013—2017年，在新三板挂牌的中小企业数量如图4.6所示。在新三板挂牌的企业数量增长迅速,但市场流动性却一直没有获得改善,大多数企业虽挂牌新三板,却如"僵尸"一般没有发生过任何交易。这个时候监管部门和券商都意识到追求数量的扩张远远不够,要将追求挂牌企业的数量导向转向追求提升挂牌企业的质量导向。

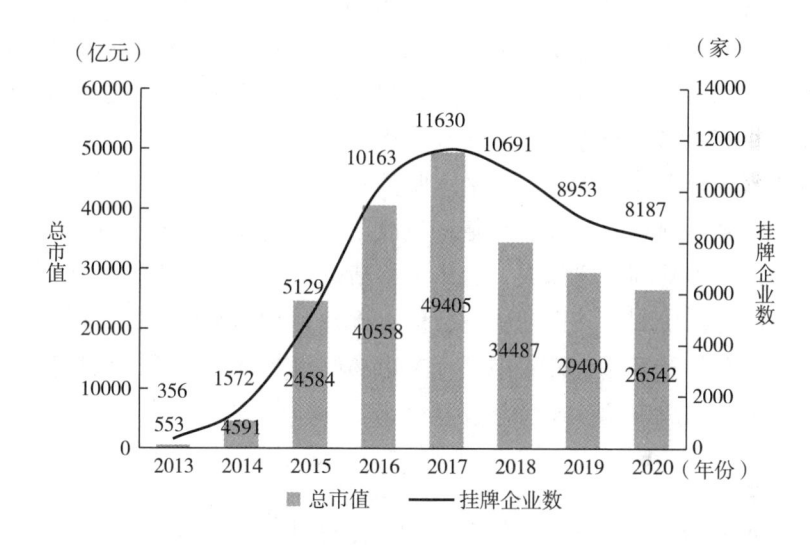

图 4.6 新三板挂牌企业数量及总市值统计

资料来源:《全国中小企业股份转让系统市场统计快报》(各年)。

新三板挂牌数量开始减少的趋势始于 2017 年。2017 年新三板挂牌企业增长率为 14.4%,低于 2016 年(98%)、2015 年(679%)、2014 年(578%)的挂牌水平,2018 年和 2019 年挂牌企业增长率为负。[①] 当然,市场流动性不佳在一定程度上影响了挂牌热情。为了解决新三板在发展过程中所面临的一系列问题,监管层不断出台新政策。股转系统自运行以来,实行主办券商制度。主办券商制度是一项重要的制度创新,因为新三板恪守的方向是市场化,而主办券商制度则是形成市场化遴选和约束机制的关键。证监会也从多个方面来完善主办券商制度[②],督促主办券

---

① 资料来源:全国中小企业股份转让系统。
② 2015 年 10 月,证监会从三个方面进一步完善主办券商制度。一是鼓励证券公司加大投入,完善管理。二是明确了主办券商在推荐环节、持续督导环节、交易环节的工作职责和工作要求,引导主办券商切实转变理念,创新完善业务链条。三是完善主办券商监管,建立健全主办券商激励约束机制。

商归位尽责。在流动性方面,新三板在 2013 年推出时采用协议转让,2014 年 8 月 25 日部分企业试点做市转让,2018 年 1 月 15 日推出集合竞价交易,集合竞价交易制度的价格形成更加市场化,一定程度提升了股价的活跃度,有望改善流动性。2016 年 6 月,新三板颁布市场分层方案,将市场分为基础层和创新层。2019 年 10 月,证监会宣布启动全面深化新三板改革,旨在切实提升挂牌企业质量,增强新三板市场的整体竞争力。2020 年 7 月,设立精选层。同期,推出转板上市机制,即新三板企业满足条件可直接转科创板、创业板或主板。2021 年 9 月 2 日,习近平总书记在中国国际服务贸易交易会全球服务贸易峰会上致辞并表示,将继续支持中小企业创新发展,深化新三板改革,设立北京证券交易所。北交所以精选层为基础组建而成,总体平移精选层各项制度安排,并同步试点证券发行注册制,其仍为新三板的一部分,与基础层、创新层共同组成"升级版"新三板。随着中国资本市场改革的推进,新三板将变得日益规范而充满活力。

第四节 新三板市场的发展现状

一 新三板发展趋势放缓,市场强调质量且回归理性

在经历了 2015 年前后的蓬勃发展阶段后,新三板的增长趋势在 2017 年出现逆转。

第一,挂牌企业数量及股本减少。2018 年底,新三板共有挂牌企业 10691 家,同比减少 939 家;挂牌企业总股本为 6324.53 亿股,同比减少 6.4%;总市值为 34487.26 亿元,同比减少 30.19%。2019 年底,新三板挂牌企业为 8953 家,同比减少 1738 家;挂牌企业总股本 5616.29 亿股,同比减少 11.2%;总市值为 29399.6 亿元,同比减少 14.8%。[①]

第二,发行规模和次数也减少(如图 4.7 所示)。2018 年新三板市场股票发行次数和发行金额仅为 2017 年的 51.4% 和 45.2%。2019 年新三板市场发行股票 637 次,发行金额为 265 亿元,分别为 2018 年的 45.4% 和

---

① 《全国中小企业股份转让系统市场统计快报》,2018—2019 年。

43.8%。① 股票发行递减的趋势十分明显,意味着新三板融资额较低。

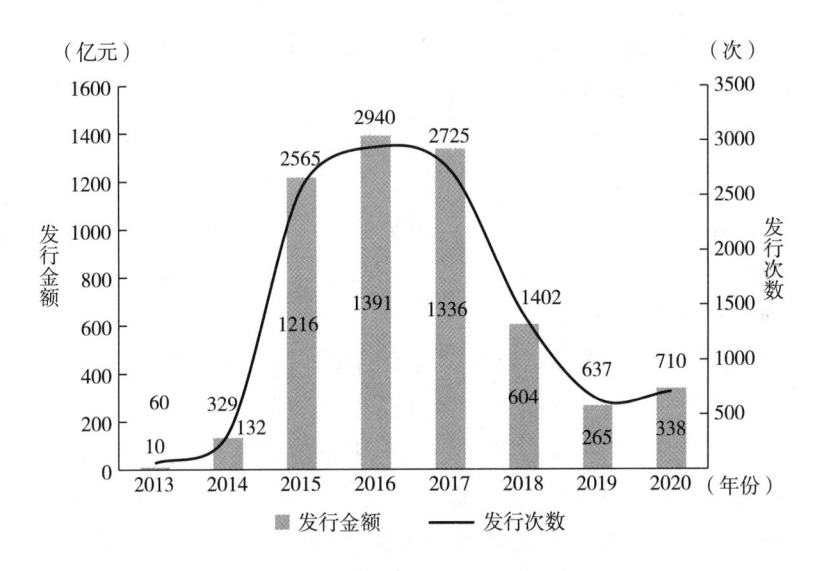

图 4.7　新三板股票发行金额及次数统计

资料来源:《全国中小企业股份转让系统市场统计快报》,各年。

第三,券商做市热情减退。从 2018 年开始,每月新增主办券商发生事项呈下降的趋势。2019 年第一季度发生主办券商退出事项 646 例,新增 34 例,净退出 612 例②。

第四,"三板成指"和"三板做市"呈下跌趋势。2015 年 3 月,全国中小企业股份转让系统发布了"三板成指"和"三板做市"两项新三板指数。三板成指 2018 年、2019 年连续下跌。三板做市 2016 年、2017 年、2018 年三年连续下跌。其中,2018 年跌幅较大,三板成指 2018 年开于 1270.17 点,收于 954.8 点,全年跌幅 24.83%;三板做市 2018 年开于 993.65 点,收于 718.94 点,全年跌幅 27.65%。③

第五,摘牌企业的数量增加。2015 年新三板摘牌企业仅有 13 家,2016 年为 56 家,2017 年为 709 家,2018 年为 1517 家,2019 年达到 1977

---

① 《全国中小企业股份转让系统市场统计快报》,2018—2019 年。
② 《新三板市场发展报告》,2019 年。
③ 数据来源:全国中小企业股份转让系统—市场数据—指数总览。

家。① 大批企业退出新三板，除转板、并购、自身发展考虑外，"提质"也是一个重要原因。当前股转系统更关注和强调新三板挂牌企业的质量，并对一些公司治理不规范、财务数据未按时披露的企业予以强制摘牌。比如，强制摘牌一些未按期披露年报的挂牌企业。总体来看，新三板市场有所降温，主要原因在于三个方面：①新三板自身建设问题，流动性不足，削弱了投资者参与市场交易的热情。②外部政策的影响（比如A股加速、科创板设立、创业板试点注册制等），一些筹备在新三板挂牌的企业转战其他板块市场上市。③受宏观经济增速下降的影响，新三板各市场主体更加趋于理性。

二 分层制度改善市场结构，公司治理与监管逐渐提升

新三板是中国多层次资本市场体系中发展最快、挂牌公司数量最多的一个板块。但由于挂牌没有财务和规模条件的限制，新三板挂牌企业的质量差异较大，表现在发展阶段、股本规模、股东人数、融资需求、经营规模等方面。新三板通过市场分层制度进行分类服务和分类监管。基础层没有过多要求，但是进入新三板基础层，企业需经历股份制改造，建立规范的治理结构。满足相关条件的企业可进入创新层，进入后承担更多信息披露责任。在创新层挂牌满一年，并符合相关条件的企业可进入精选层。进入精选层后，若满足相关条件，可以直接转板。创新层和精选层对企业财务指标、盈利水平、治理结构等方面提出相应要求。市场分层有利于激发竞争性市场氛围，处在低层的公司感受到来自上层公司的压力，倒逼自身改善治理水平和经营管理水平，以争取进入更高的市场层级。

在新三板挂牌的企业是真正的小规模企业。小规模企业，尤其是处于初创阶段的创新型小微企业，其公司治理能力不够完善，这也是我国中小企业面临的普遍问题。图4.8显示从2014年至2018年新三板挂牌公司股东人数占比分布情况，可知大多数新三板企业股权集中度较高。到2018年新三板企业总体上股权集中度有所下降，虽然下降的幅度比较微弱，但是能在较短的时间内达到这种效果，说明新三板中小企业治理结构在逐渐改善。新三板由证监会进行行政监管，股转系统和证券业协会进行自律性监管。近年来，对违规行为的处置数量不断增加，自律性监

---

① 资料来源：http://www.cvinfo.com.cn。

管措施也不断增加。近年来，股转公司对一些治理不善、未有效披露信息的企业进行摘牌①，劣质企业的淘汰在一定程度上提高了市场质量。严监管是新三板市场的现状，也是今后发展的必然趋势。

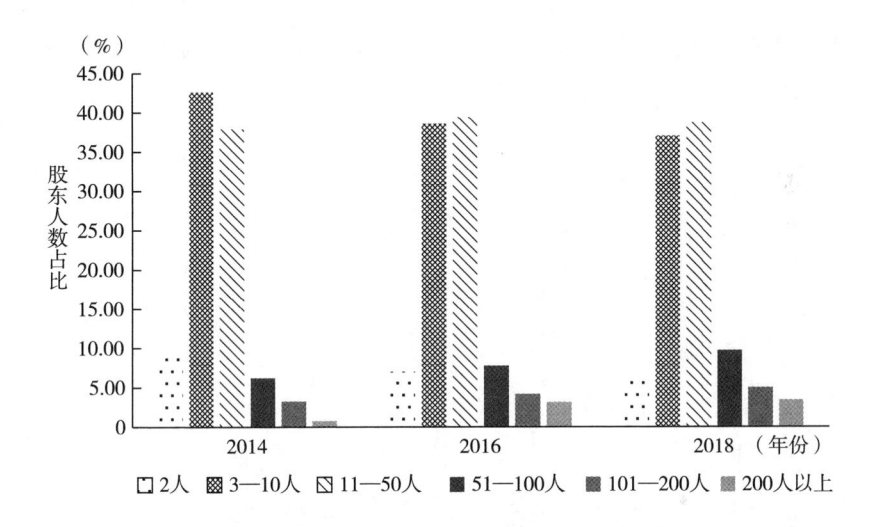

图 4.8 新三板挂牌企业股东人数占比分布

资料来源：《全国中小企业股份转让系统市场统计快报》，各年。

三 新三板市场交易低迷，多重因素导致流动性不足

当前，新三板市场存在的最大问题是市场流动性不足，表现在以下两个方面。首先，从市场总体换手率来看，从 2013 年至 2019 年新三板市场换手率呈下降趋势，如图 4.9 所示。同时，市场成交金额和成交量也大幅下降。2018 年新三板市场成交金额同比下降 60.9%，成交数量同比下降 46.7%。② 说明现阶段新三板市场交易低迷，流动性逐渐枯竭。新三板与沪市主板 A 股、中小板、创业板相比，其历年市场总体换手率也处于较低的水平，如图 4.9 所示。其次，投资者数量的差异也从另一个方面印证新三板市场面临流动性困境。A 股市场有大量的散户投资者，造就了

---

① 2019 年 7 月，全国股转公司宣布，对 330 家未按期披露 2018 年年报的挂牌公司实施强制摘牌。此次不按期披露定期报告的数百家公司，整体质量堪忧，多数存在经营亏损、交易冷淡、公司治理不善等问题。资料来源：上海证券：《新三板周报》（2019.7.29—2019.8.5），第 1 页。

② 2018 年新三板市场成交金额为 888.01 亿元，成交数量为 236.29 亿股，首次出现负增长。资料来源：《新三板市场发展报告 2019》，2019 年。

A 股市场充裕的流动性。由于新三板的投资者门槛比较高,新三板市场无论个人投资者数量还是机构投资者数量远远赶不上沪深股市(见表4.1),与 A 股市场相比投资人数量的差异也导致了新三板市场交易活跃度不高的局面。新三板市场流动性差,意味着投资者退出和投资变现的难度会加大,投资者投资的动力会减弱,企业发行的意愿会降低,进而加剧流动性不足,形成一个负面循环的过程。

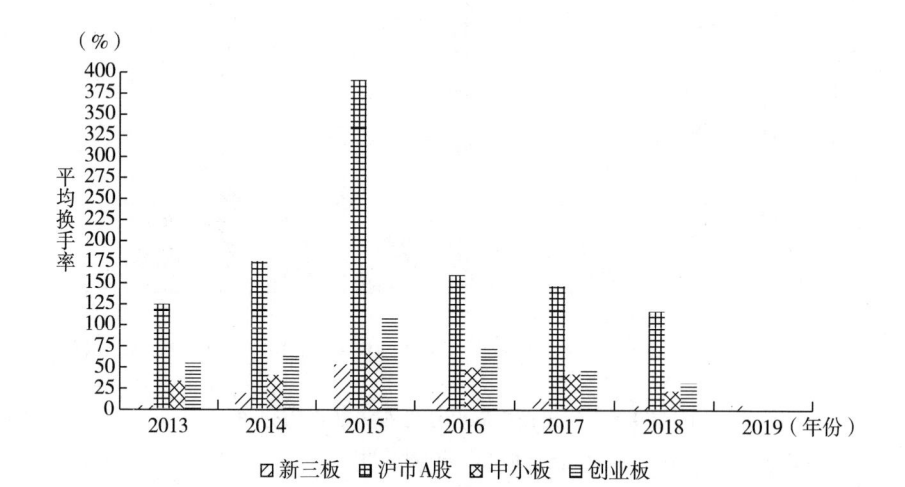

图 4.9　各市场板块年度平均换手率

资料来源:《全国中小企业股份转让系统 2019 年市场统计快报》、《上海证券交易所统计年鉴》(各年)、《深圳证券交易所市场统计年鉴》(各年)。

表 4.1　　　　　　　新三板与沪深股市投资者数量比较　　　　　　单位:万人

年份	新三板 个人投资者	新三板 机构投资者	上交所 个人投资者	上交所 机构投资者	深交所 个人投资者	深交所 机构投资者
2013	0.74	0.11	9210.1	43.3	11047.50	38.05
2014	4.40	0.47	9691.5	46.1	11995.29	41.58
2015	19.86	2.27	13698.9	52.4	16839.70	49.22
2016	29.57	3.85	16936.5	58.3	20841.00	56.12
2017	35.74	5.12	19435.8	64.3	24482.57	62.51
2018	37.75	5.63	21379	68.8	27621.26	64.06

资料来源:《全国中小企业股份转让系统市场统计快报》(各年),《上海证券交易所统计年鉴》(各年),《深圳证券交易所市场统计年鉴》(各年)。

新三板挂牌条件宽松导致挂牌企业质量参差不齐,进而增加投资者与企业之间的信息不对称。为防范风险,新三板设置投资者准入门槛。这些因素都影响了交易的活跃度。除此以外,新三板流动性不足的原因还在于:①市场交易制度。新三板2013年推出时采用协议转让,2014年8月25日部分企业试点做市转让,2018年1月15日推出集合竞价交易。截至2018年末,新三板有1086家企业采用做市转让,9605家企业采用集合竞价交易。[①] 当前转让制度存在的问题是做市制度的效率未得到有效发挥,原因在于做市商与挂牌公司数量严重不对称。截至2018年12月,在新三板挂牌的企业有10698家,而为它们提供推荐挂牌服务和持续督导服务的主办券商只有95家。[②] 做市商数量太少,不能形成有效的竞争格局,发挥市场效率。股票在集合竞价的过程中不能形成连续的价格,而且新三板市场的撮合次数较少,这对新三板市场交易活跃度的改善有限。②信息披露制度。新三板信息披露的原则是"适度披露"。新三板的信息披露制度,依托于主办券商对挂牌公司的信息披露和业务办理所进行的事前审查(持续督导和自律监管)和股转系统的事后审查,信息披露的内容与程序都得到了简化。[③] 新三板公司的信息披露义务远低于上市公司的披露标准。较少的信息披露,增加了新三板挂牌企业的道德风险和信息不对称程度,在一定程度上影响了投资者交易的意愿。

四 挂牌企业定位"双创一成长",市场沟通能力有待提升

在新三板挂牌的企业行业分布情况如图4.10所示,制造业占比约50%,信息传输、软件和信息技术服务业占比约20%,其他17个行业合计占比约30%。按照全国中小企业股份转让系统公布的结果,制造业和信息业下的大类行业包括专用设备制造业、医药制造业、互联网及相关服务、非金属矿物制造业、计算机、通信和其他电子设备制造业等新三板战略性新兴产业。而对于新三板的制造业,股转系统对其的定位是绝大多数(80%以上)属于非传统制造业。从图4.10还得知,近年来新三

---

① 全国中小企业股份转让系统—市场数据。
② 《2019新三板市场发展报告:挂牌企业数量首次缩减 流动性历史最低》,中国经济网,https://baijiahao.baidu.com/s?id=1636645005378119042&wfr=spider&for=pc。
③ 主要表现在:一是主板、创业板公司要求强制披露公司季报,但是新三板公司可以不披露季报。二是主板、创业板较新三板履行临时报告义务的内容更多。三是新三板年报信息披露内容简略。资料来源:江勤:《新三板一起腾飞 致中国的中小型企业》,重庆大学出版社2017年版,第96页。

板中其余 17 个行业的占比在逐渐提升,从 2014 年的 20.93% 提升到 2018 年的 31.16%,足足提升了 10.23%,说明挂牌企业的行业属性在逐渐多样化,也体现新三板市场比较包容的特点。新三板中挂牌企业的定位是"双创一成长"(创新型、创业型、成长型),以中小微企业为主。这里所谓的创新不仅指技术创新,也包括产业模式创新和经营手段创新。

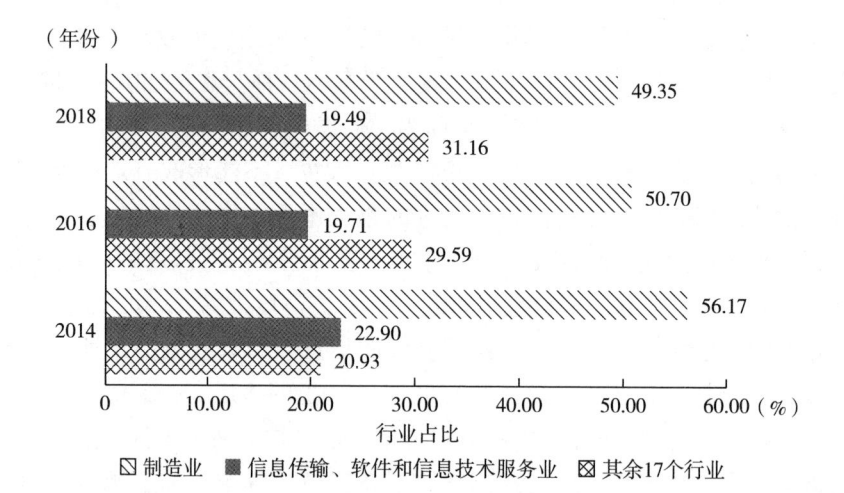

```
(年份)
2018    19.49   31.16   49.35
2016    19.71   29.59   50.70
2014    22.90   20.93   56.17
        0    10.00  20.00  30.00  40.00  50.00  60.00 (%)
              行业占比
    ▨ 制造业  ■ 信息传输、软件和信息技术服务业  ▩ 其余17个行业
```

图 4.10 新三板挂牌企业行业分布

资料来源:《全国中小企业股份转让系统市场统计快报》(各年)。

新三板挂牌企业还存在市场沟通能力不足的问题,表现在两个方面。第一,新三板企业不能有效地将实体产业和资本市场沟通结合起来。许多新三板企业的管理者对资本市场陌生,缺乏对资本运作的了解,挂牌后依旧和从前一样关注业务、技术等实体事务,在资本市场缺乏策略运作。实体产业和资本市场脱节。许多企业自挂牌以来并无任何交易。缺乏交易、融资规模低,除政策、交易制度方面的原因,还有挂牌企业并没有充分利用资本市场配置资源的功能。第二,很多新三板企业不能有效地与投资者沟通。在向资本市场描述公司业务和传播公司战略方面还存在障碍。这与新三板市场专业人才稀缺有一定的联系。目前阶段,新三板市场的财务总监、董秘、证券分析师等专业证券人才在数量上存在很大的不足,使新三板企业在与资本市场沟通时仍然缺乏专业化的指导。

第五节　中国风险投资与新三板市场的互动关系

一　风险投资与新三板在发展过程中存在契合之处

风险投资与新三板在发展过程中有很多契合之处，表现在以下方面（见图4.11）：①在发展时间脉络上，二者存在一定的契合关系。我国风险投资行业从起步至今已有30多年的历史。大概经历了萌芽期（1986—1997年）、探索期（1998—2008年）、成长期（2009—2014年）、发展期（2015年至今）四个阶段。新三板追溯到"两网系统"时期，几经变迁，也有30多年的历史。大概经历了"两网系统"时期（1992—2000年）、三板时期（2001—2005年）、新三板试点时期（2006—2012年）、股转系统时期（2013年至今）四个阶段。二者都分为四个阶段，各阶段在时间上近乎拟合。二者在发展的过程中存在互动关系，尤其在当前阶段，风险投资和新三板之间的内在联系更为显著。②在发展特质方面，二者存在契合关系。风险投资是一种流动性小、周期长的投资。从投资周期看，风险投资历时较长，且具有明显周期性。新三板市场的内在特点正好与风险投资的这些特点相吻合。新三板市场的投资侧重于长周期和早期投资。新三板的市场定位是以机构投资者和高净值人士为参与主体，与主板市场的中短期套利有所不同，新三板更偏重价值投资。③在政策目标方面，二者也存在契合关系。风险投资的投资对象为高成长性、高风险企业（项目）。风险投资在追求高额回报的同时，促进了创新型初创企业的发展。在新三板挂牌的企业多为创新型、创业型和成长型中小微企业。这部分企业规模巨大，它们在主板、创业板、科创板达不到上市条件，但自身又具有融资需求和发展愿望。新三板旨为这部分企业提供融资孵化平台，以促进创新创业和中小微企业的成长。④在现状趋势方面，近年来风险投资机构在投资的时候更趋于理性和谨慎，而新三板在经历了蓬勃发展阶段之后，也呈现回归理性和注重质量提升的发展趋势。

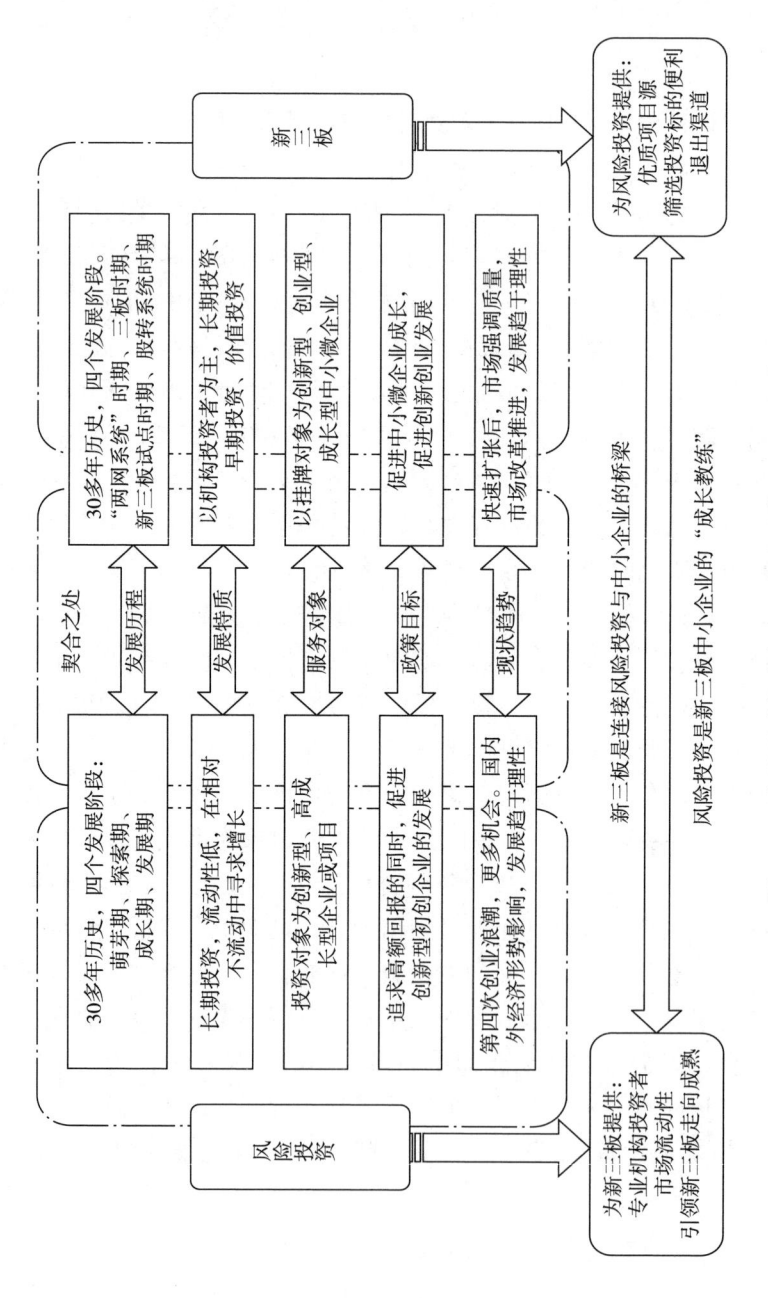

图 4.11 我国风险投资与新三板市场的互动关系

二 新三板为风险资本筛选优质项目提供平台与便利

首先，在新三板挂牌的企业其质量和治理水平优于普通中小微企业。中小微企业为了能在新三板挂牌，首先要进行股改，建立现代化的企业内部治理结构，以使公司治理和运营得到有效规范。主办券商还会协助拟挂牌企业解决一些历史遗留问题。企业挂牌以后成为非上市公众公司，信息公开和管理较以前规范。所以，相比非公众公司而言，很多风险投资机构可能更青睐新三板企业。

其次，在新三板挂牌的企业多为"双创—成长"中小微企业。这部分企业的特点是创新，这里所谓的创新不仅指技术创新，也包括产业模式创新和经营手段创新。新三板的市场包容性强，企业种类繁多，在我国多层次资本市场中新三板所容纳的企业数量最多，大多处于早期阶段，具备一定的发展潜力。因此，很多风险投资机构都将新三板企业纳入项目源。当前，风险投资在新三板主要投资于软件、IT 服务、环保、医药、网络服务、新材料等行业。

最后，新三板市场在经历蓬勃发展阶段后，挂牌企业的数量减少，摘牌企业的数量增加，不管是主动摘牌另寻出路，还是因治理不规范被动摘牌，新三板市场的发展逐渐回归理性。新三板为风险投资筛选优秀标的提供便利和平台。近年来，新三板的改革在不断地向前推进。随着新三板市场改革红利的进一步释放，风险投资机构将会更多地关注新三板。

三 新三板增加了风险投资实现资本退出的渠道

风险投资的目的不是控股，而是在企业成长起来后，在适当的时机从创业企业退出。退出环节是风险资本循环至关重要的一个环节。若风险资本退出渠道不畅，必然会影响风险投资募资、投资以及管理增值环节。目前，IPO、并购和股权转让是风险投资市场最重要的三种退出方式。近年来，风险投资退出案例增加，IPO 是风险投资市场最主要的退出方式。2008 年金融危机以后，全球股市遭受重创，我国风险投资市场也进入比较艰难的时期。为了稳定风险投资市场，我国政府出台了一系列政策支持和稳定风险投资市场的发展，风险投资获得复苏与成长。时至当前，众多的风险投资已经到了该退出的"年纪"，尽管 IPO 审核加速，但投资机构依旧面临较大的退出压力，IPO 远远无法满足风险投资机构的退出需求。另外，2019 年后由于中美贸易摩擦加剧、瑞幸造假事件影响等多方因素，中国赴境外上市的企业数量减少。国内风险投资机构退出的压力进一步显现。而此时新三板的完善无疑拓宽了风险投资的退出渠道。尽管如此，目前阶段通过新三板退出的风险投资案例数并不多。最主要的原因还是新三板市场流动性不足。随着精选层出台，转板机制推出，新三板流动性改善，将有更多的风险投资机构在新三板市场实现资本退出。

四 风险投资作为机构投资者有利于新三板市场成熟发展

在新三板挂牌的企业以"双创—成长"中小微企业为主，其各项财务指标低于上市公司，业绩波动大，抗风险能力弱。高技术行业技术更新换代快，市场变化趋势大。这一切意味着新三板挂牌企业面临较高的市场风险。新三板市场的信息披露制度不如A股市场严格，其较低的上市门槛使挂牌企业质量参差不齐，投资者与挂牌企业之间存在较大的信息不对称。这些特点决定新三板市场的投资者风险识别能力、风险承受能力要强于A股市场一般的散户投资者。因此，新三板是一个以机构投资者为主体的市场。个人投资者可以进入，但是有较高的进入资格门槛。[①] 新三板市场绝大多数交易由机构投资者完成。这是因为机构投资者资金规模较大，具备信息收集效率和信息处理专业能力，相比个人投资者而言更专业和理性，因此也具有较强的风险分散能力和风险承受能力。在以机构投资者为主体的投资者结构中，VC/PE机构又是最大的投资群体。2016年，我国共有3225家机构投资者参与新三板投资，其中投资公司有1785家，占55.35%，在所有机构投资者中居于首位（刘平安、闻召林，2017）。将来，新三板的市场参与者仍然是以VC/PE机构为主体的机构投资者，因为新三板不同于A股市场生态，新三板是一个长期投资市场和价值投资市场。只有机构投资者能理解其市场内涵，挖掘优质企业和项目。个人投资者则通过VC/PE这些专业的机构投资者，间接参与新三板市场的投资。在成熟的资本市场，机构投资者较为活跃。VC/PE机构的参与有利于新三板市场的健康发展，同时也引导其他板块向健康成熟的方向发展。

---

① 新三板对个人投资者设置了500万元证券类资产的资金门槛。

第六节　风险投资在新三板市场存在的问题

一　风险投资在新三板市场的投资规模较小

近年来，受经济下行压力影响，各行业面临更多的不确定性，早期投资机构在筹资时面临更大的困难。如图4.3所示，早期风险投资基金的募集情况更不容乐观，其规模呈大幅度缩减之势。募资端的情况必然直接反馈在投资端上。风险投资机构在投资的时候更倾向于盈利模式清晰，且收益见效快的中后期成熟企业，早期投资的规模较小（见图4.4）。新三板服务于"双创—成长"企业，在新三板挂牌的企业普遍存在挂牌年限短、成立时间短等特征。可以说，新三板市场是一个早期投资市场，当前阶段我国风险投资在新三板市场的投资规模较小。这个判断也在接下来的数据中得到印证。如图4.12所示，2019年新三板市场获得风险投资（含种子期、初创期、扩张期和成熟期）金额为428亿元，2019年我国风险投资总金额（含早期、VC和PE）为7631亿元。从图4.12中还可以看出，新三板市场获得的风险投资和风险投资总额呈现出同样的变化趋势，都是在2017年规模最大，2018年和2019年规模在减少。除受

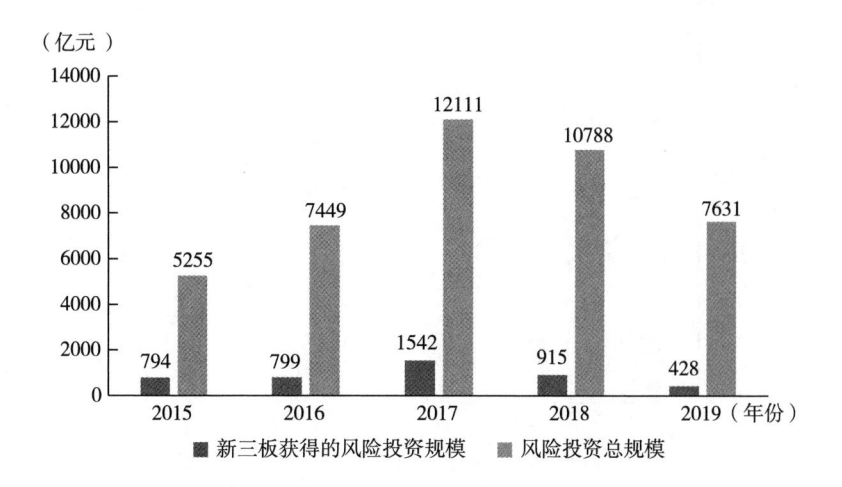

图4.12　新三板获得风险投资规模与风险投资总规模对比

资料来源：清科私募通。

整体经济环境和政策变动的影响外,新三板市场流动性不足,在一定程度上也影响了风险投资人的投资意愿。新三板作为一个早期投资市场也需要政府更多的引导和扶持。

二 风险投资以新三板为退出渠道的案例数量较少

新三板的扩容以及完善在一定程度上拓宽了风险投资的退出渠道,但是在新三板实现风险投资退出的案例数并不多。图4.13为2019年风险投资机构在IPO、并购、股权转让、回购、新三板五种退出途径上的表现。可以看到,2019年通过新三板退出的风险投资案例较少,仅有13家企业,一共20次,平均回报倍数为2.05倍。尽管新三板拓宽了风险投资的退出渠道,但事实上风险投资通过新三板退出的情况并不理想。最主要的原因还在于新三板市场的流动性一直没有改善,在一定程度上影响了市场信心。大多数风险投资机构为了保障投资收益尽快兑现,通常选择交易速度较快的股权转让方式退出,而不是在新三板挂牌。新三板市场流动性不足,意味着投资者退出和变现的难度会加大,投资者的投资动力会减弱,企业发行的意愿会降低,进而加剧流动性的不足,形成一个负面循环的过程。流动性不足也会影响企业的平均回报倍数。市场对股票的回报率取决于股票的市场流动性。Brennan和Tamarowski(2000)指

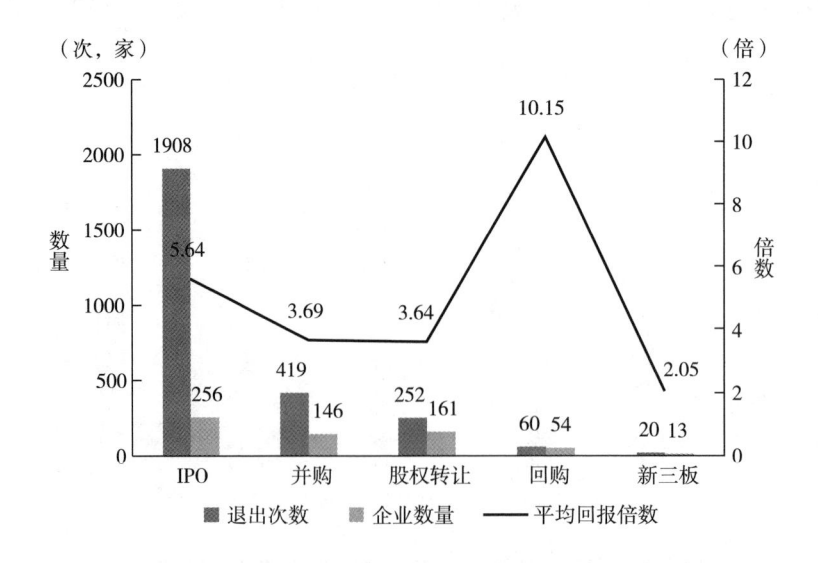

图4.13 2019年风险投资主要退出渠道统计结果

资料来源:清科私募通。

出如果市场流动性太低，大量投资者不愿交易，会贬损股票的估值。杨刚、高飞和张梦达（2016）也发现，与创业板相比，新三板股票价值受流动性的制约而被严重低估。Diamond 和 Verrecchia（1991）指出市场流动性的增强会提升股票价格，公司出售股票会从未来流动性的改善中受益。因此，要充分发挥新三板作为风险投资退出渠道的功能，提升平均回报倍数水平，市场流动性的改善实属关键。

第七节 本章小结

本章的目的是梳理历史、描述现状、分析关系和发现问题。主要包括以下内容：

（1）在风险投资的发展进程方面。研究发现，中国的风险投资大概经历了萌芽期（1986—1997 年）、探索期（1998—2008 年）、成长期（2009—2014 年）和发展期（2015 年至今）四个阶段，各个阶段的风险投资在其特定的历史背景下表现出不同的特点。总体上，我国风险投资从无到有，从小到大，从政府主导到市场引导，从美元市场到人民币市场，发展取得了明显的进步。

（2）对于风险投资的现状方面，经历了三十多年的发展，我国已发展成为全球第二大风险投资市场。

（3）新三板市场的发展历程。本研究将新三板市场的发展历程划分为四个阶段，分别是"两网系统"时期（1992—2000 年）、三板时期（2001—2005 年）、新三板试点时期（2006—2012 年）、股转系统时期（2013 年至今）。新三板在发展的过程中完成使命的变更，从最初完善退市机制，维护资本市场稳定，转变为中小微企业融资孵化的平台。

（4）新三板市场的发展现状。自 2013 年新三板全面扩容以来，经历了蓬勃发展以后，现在其发展趋势已放缓，市场强调质量且回归理性。

（5）我国风险投资与新三板在发展中存在很多契合之处。尤其在当前阶段，风险投资和新三板之间的内在联系更为显著。二者在发展历程、发展特质、服务对象、政策目标、现状趋势等方面都存在趋同之处。新三板为风险资本筛选优质项目提供平台，增加了风险投资实现资本退出的渠道。风险投资作为机构投资者有利于新三板市场成熟发展。

(6) 现阶段风险投资在新三板市场还存在一些问题，比如风险投资在新三板市场的投资规模较小，风险投资以新三板为退出渠道的案例数量较少，而这些问题的根源在于新三板市场的流动性不足。

　　本章从现实角度阐述了我国风险投资和新三板市场的演变历程、发展现状、互动关系和存在的问题。风险投资和新三板有密切的联系。风险投资在新三板市场也面临一些问题。风险投资怎样影响新三板市场中的企业？风险投资作用于新三板市场又将发挥怎样的溢出作用？这是后续章节需要回答的问题。本章为后续章节的研究提供了客观、准确的现实基础。

第五章 风险投资影响新三板企业价值及溢出效应的理论与机制

首先，从理论层面分析风险投资对新三板企业价值的影响，以及风险投资作用于新三板市场的溢出效应。其次，建立机制分析框架，深入探讨风险投资影响新三板企业价值的作用机制及溢出机制问题。主要包括以下内容：①风险投资影响新三板企业价值的理论分析。②风险投资作用于新三板溢出效应的理论分析。③风险投资影响新三板企业价值的作用机制。分析了治理作用机制、认证作用机制和支持作用机制三个机制。同时，结合新三板市场的实际情况和独特情景，分析风险投资作用机制有效运作的条件。④风险投资作用于新三板的溢出机制问题，分析了资源配置机制、竞争合作机制和协作链接机制三个机制。并结合新三板市场的实际情况，具体分析了溢出机制有效运作的条件。最后，尝试性借鉴经典生物数学 Lotka-Volterra 模型，对风险投资作用于新三板企业的溢出机制进行刻画。在探讨过程中通过绘制机制图呈现逻辑关系。本章为后续实证研究章节疏通逻辑关系和提供假设依据（见图5.1）。

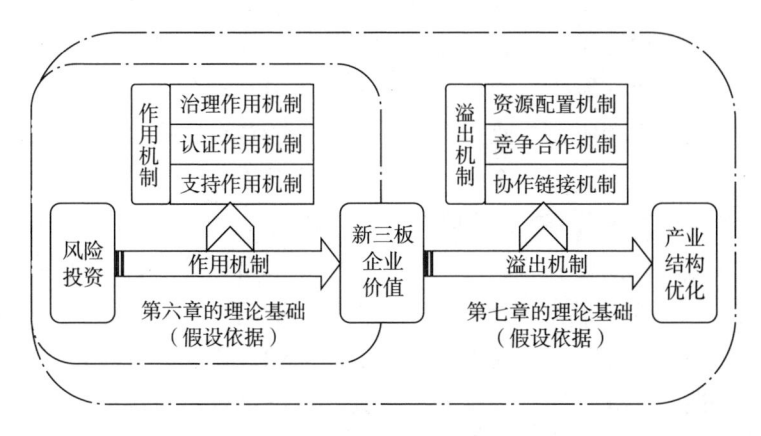

图5.1 本章内容与后续章节关系

第一节　风险投资影响新三板企业价值的理论分析

风险投资被称作"企业孵化器""风险调节器""资金放大器"。这也说明风险投资给被投企业带来很多影响。具体影响是什么？不同的理论假说给出不同观点。不同的实证模型、不同的国家地区、不同的企业性质、不同的数据样本结构，也会得出不同的实证结论。而这些观点和实证结论已在第二章中进行系统的梳理。本节主要依托三个理论——监督治理理论、信息认证理论和增值服务理论，探讨风险投资对新三板企业价值的影响。结合新三板特质进行更具体的分析，如风险投资如何影响新三板企业价值，影响机制有效运作是否需要条件，以及这种影响的实证结果是什么，将在后续研究进一步深入讨论。

一　基于监督治理理论视角的分析

监督治理理论认为，风险投资机构会监督被投企业，完善企业的经营管理，进而缓解企业内部控制人与外部投资者之间的委托代理冲突。即风险投资除提供资金支持外，风险投资机构还会派人任职于所持股公司的董事会，积极参与并监控企业的发展，而且风险投资机构会专门对某些特定的行业进行投资，以使企业的经验更专业化。由于风险投资机构的经济利益直接体现在被投企业中，企业的盈亏关系到风险投资机构的利益。如果企业盈利不好，风险投资机构无法实现资本增值，而且可能下一次也很难募集到资金，甚至影响到风险投资机构在这一行业的声誉和地位。因此，风险投资机构有充分的压力和动力，掌握企业真实情况，行使监督管理职责。依据监督治理理论的观点，风险投资对被投企业价值带来积极的影响，这种影响通过风险投资机构参与企业监督管理得以实现。企业价值是指企业的发展能力和成长性，其囊括的内涵丰富。风险投资进入被投企业后，与企业长期合作、目标统一，通过主动参与被投企业的监督和管理，为企业制定更强的战略目标，为企业带去更合理的财务结构，带领企业实现更高的运行效率，这意味着被投新三板企业的发展能力和成长性获得提升。因此，监督治理理论说明风险投资可以提升被投新三板企业价值。

二 基于信息认证理论视角的分析

认证理论认为，风险投资机构可以为被投企业提供价值论证。风险投资机构可以证明发行价格反映了所有可用和相关的内部信息。信息认证理论指出，风险投资可降低企业 IPO 抑价水平。有风险投资支持的公司能吸引更优质的承销商和审计师，以及更多的机构投资者。通过减少信息不对称，风险投资机构能降低企业上市的成本。风险投资机构的认证功能对初创、增长迅速、研发密集型公司更具吸引力。依据信息认证理论的观点，风险投资可以证明被投企业的真实价值，在一定程度上可以减少抑价，风险投资可以给被投企业价值带来积极影响。风险投资具备专业的信息处理能力和价值评估能力。同时，风险投资家也十分看重自身在业界的投资声誉，认为这是保持其持续竞争能力的重要源泉。大多数时候，风险投资以联合投资的方式向企业注资，除分散市场风险、增加资金实力，还起到加强信息认证的作用。当前，新三板企业和投资人之间依旧面临较大的信息不对称问题。风险资本投资新三板企业可以发挥信息效率，即提高股价中有效信息含量，增加股票的流动性，从而提高被投企业的市场价值。因此，信息认证理论说明风险投资可以提升被投新三板企业价值。

三 基于增值服务理论视角的分析

增值服务理论认为，风险投资与被投企业利益一致，会积极主动培育企业，利用自身的社会资本和业务关系网络为被投企业提供各种增值服务和支持作用。风险投资机构与 IPO 市场的各种参与者（承销商、机构投资者、分析师等）存在长期合作关系，这种关系可视为风险投资的"市场力量"。风险投资"市场力量"的存在使被投企业的股权（无论 IPO 还是二级市场）能获得更高的溢价。此外，风险投资还会促进其投资组合公司的战略联盟，意味着风险投资加强了企业与客户、联盟伙伴或其他潜在合作伙伴之间的联系，帮助其投资组合公司发展商业网络。风险投资还帮助企业家更快地成长。同时，联合风险投资为被投企业带来更多的网络、信息、资源。依据增值服务理论的观点，风险投资对被投企业价值带来积极的影响。当风险资本投向新三板企业时，除为企业提供资金支持外，更重要的是为企业带来各类资源，包括自身的项目运作经验、声誉、合作伙伴以及社会关系网络等。被投新三板企业在这一过程中，可能获得更多的发展资金、更多的技术投入、更强的研发能力以及更快的商品化进程，获得长期成长和更强的实力提升。因此，风险投资通过增值服务对新三板企业发挥积极作用，提升企业的价值。

第二节　风险投资作用于新三板溢出效应的理论分析

一　基于风险投资理论与溢出效应理论视角的分析

结合风险投资理论与溢出效应理论的观点，本书认为风险投资作用于新三板市场会产生产业结构优化溢出效应。这是因为风险投资对社会资本存在引导作用，以及在引导至目标企业后，企业价值提升，在行业间会形成一定的示范效应。在这个过程中，资源配置到成长性较好的企业，在一定意义上激发了知识技术的更新和流动，使在产业大系统中各企业的成长能力提升，意味着产业大系统也向更高的方向演进。首先，风险投资的信息认证理论认为，风险投资作为专业的机构投资者，其信息收集能力和信息评估能力优于普通投资者，风险投资可为创业企业提供有效的价值论证，可以引导社会资本流向目标企业，资源会向风险投资所选的企业配置。风险投资通常倾向于高科技、高成长性的创新型企业，这种导向会促进产业结构素质的提升。其次，风险投资的监督治理理论和增值服务理论表明，风险投资会将企业内部的资金、技术、信息、人力等要素有效地整合起来，促进各要素之间的流动与更新。被投企业效率提升，根据溢出效应理论的观点，会带动所在行业效率的提升。当然，现实情况是风险投资对社会资源的引导作用及整合作用需要一定的政策引导才得以发挥。因为，风险投资所涉足的领域虽然成长性高、创新性高、回报率高，但也蕴含较高的失败风险。风险投资自发引导资源流向新兴产业和优质企业存在一定的难度，政府的介入可促进该引导作用的发挥。

二　基于中小企业存在理论与溢出效应理论视角的分析

结合中小企业存在理论与溢出效应理论的观点，本书认为风险投资作用于新三板市场会产生产业结构优化溢出效应。在现实中，中小微企业受到多方面因素的挤压（银行贷款时的所有制歧视、规模歧视、技术人才稀缺且不稳定等），中小微企业可能较难获得发展，更难以引导产业结构变迁。但是，中小企业存在论的观点认为，中小企业存在自身的生存基础和竞争优势。马歇尔的"生物学理论"和罗宾逊"最佳规模理论"认为，小企业有自身的优越性。张伯伦和罗宾逊夫人的"不完全竞争理论"认为，中小企业在不完全竞争的市场环境中秉持各自的"产品差别性"，保持一定的竞争优势。中小企业存在理论认为，中小企业在激烈的市场环境中，并不总是被淘汰出局，而是具备一定的主动权。溢出效应理论的先驱 Marshall（1890）曾指出，中小企业可以利用大企业所营造的进步趋势下的各种知识和资源。在新三板挂牌的企业是真正的中小微企业，它们在主板、创业板、科创板达不到上市条件，但自身又具有融资需求和发展愿望。这部分企业的数量庞大。风险投资对新三板企业的支持在一定程度上，巩固了被投企业的优势地位。借鉴 Marshall 的思路，其他未获得风险资本支持的企业也可以充分利用这种进步趋势来巩固自身的"产品差异性"。随着创新的扩散和更迭，中小企业个体得以生存和壮大，中小企业种群向更高的方向成长，这意味着产业结构向更高的方向演进。

三 基于企业创新理论与溢出效应理论视角的分析

结合熊彼特"创新理论"与溢出效应理论的观点，本书认为风险投资作用于新三板市场会产生产业结构优化的溢出效应。首先，在新三板挂牌的企业以"双创—成长"为主，资金实力较为薄弱，缺乏抵押物，较难获得银行贷款，更渴望获得资金支持。风险投资进入新三板企业，在一定程度上缓解了被投企业的融资约束。而中小企业是创新创业的主体，风险投资支持的中小企业越多，意味着创新的数量越多。熊彼特认为，经济发展是创新的函数。创新使新产业得以产生，破坏了原有的产业格局，在此基础上创新不断涌现，已有的产业格局再次被打破，这个过程一直持续下去，产业结构向更高级的方向演进。熊彼特的这一分析过程与溢出效应理论的观点不谋而合。Romer（1986）将技术知识溢出的外部性视作"经济增长的引擎"。Arrow（1969）指出，未获得风险投资支持的企业可以学习技术知识以实现效率提升。在这个过程中大多数企业的效率获得改善，意味着以创新为主导的产业获得发展。其次，风险投资家除为企业带来资金，还具备很强的管理经验和网络资源。通常还会参与到被投企业的管理中，使创业企业家开展创新活动更具竞争力，少走弯路，加快创新产品的商业化进程。熊彼特认为，企业家活动的目标或结果是实现"新组合"或创新。创业企业家就是那个打破产业"僵局"的人。创业企业家通过不断地促成技术创新、知识创新在行业间扩散流动("干中学"),打破产业"僵局",使产业结构向更高的方向变迁。

四 基于企业成长理论与溢出效应理论视角的分析

结合企业成长理论和溢出效应理论的观点,本书认为风险投资作用于新三板市场也会产生产业结构优化的溢出效应。首先,风险投资与被投企业之间是长期合作关系。风险投资作为一种权益投资,其直接经济利益体现在被投企业的发展状况上。因此,风险投资有足够的动力帮助被投企业进行扩张。其次,按照科斯的观点,企业扩张的动力来源于交易费用的节约,企业规模的扩大通过横向边界的扩张以形成规模经济和纵向边界的扩张以形成产业链来实现,表现为先生存、后做大。在这个过程中,知识和技术扩散通过各种互动关系完成("干中学",Arrow,1969)。同时,Jacobs认为,行业多样化更有利于知识技术的外溢和扩散(Beaudry et al., 2009)。某一行业新的需求会刺激其他行业的发展,某一行业的创新促进了其他行业的创新活动。所以,规模经济和产业链的形成过程就是知识技术在行业间、产业间外溢的过程。最后,波特的关于竞争战略的论述表明,企业成长且保持竞争力的关键,在于通过"五力分析"结果制定长期战略和设计价值链,价值链的差异意味着竞争战略存在差异,这也是不同企业成长的基础。价值链分析(纵向一体化过程)对于初创企业难度较大。风险投资在这个过程中可以发挥积极的作用,促成其投资版图的企业间形成协作链接关系。各企业通过"干中学"实现知识、技术、资源的扩散和流动。因此,从企业成长理论角度出发,风险投资会通过整合产业资源发挥产业结构优化溢出效应。

第三节 风险投资影响新三板企业价值的作用机制分析

本节在前期理论分析的基础上,建立机制分析框架,深入研究风险投资影响新三板企业价值的作用机制(见图 5.2),以厘清风险投资影响新三板企业价值的工作原理。

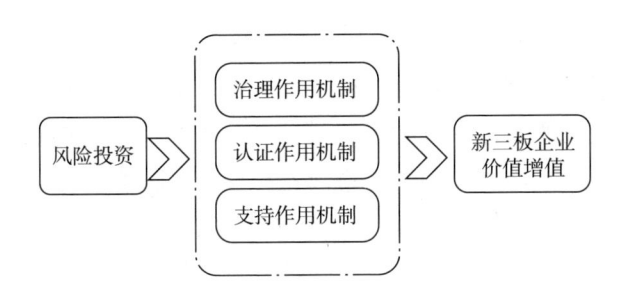

图 5.2　风险投资影响新三板企业价值作用机制

一　治理作用机制

根据监督治理理论，风险投资对被投企业的治理作用机制体现在以下方面：①长期合作，促进信息对称。风险投资是一种长期的股权投资，在这个过程中风险投资机构会一直跟踪企业的发展，加强对创业企业的监督和管理，从而提高项目经营管理水平和避免资金被滥用。②风险投资机构与被投企业分享股权，目标统一。创业企业的股权不是由分散的股东持有，而是由少数有投资专长和监管经验的风险投资机构与创业企业家共享，克服了分散股东所有权对经营权约束弱化的问题。③行之有效的约束激励机制。风险投资通过分段投资策略、中断投资威胁、追加投资激励、联合投资激励、金融契约设计等方式约束激励被投企业。一般情况下，风险投资的管理介入程度取决于被投企业的运行状况。若被投企业发展顺利，风险投资机构只协助企业制订发展规划、产品开发营销策划等，较少介入企业日常管理工作。若企业出现危机，则介入较多。众多学者对风险投资的治理作用机制进行实证研究，尚未形成统一的结论。部分学者认为，风险投资对被投企业可以发挥治理机制。然而，有的学者考虑到风险投资行业成熟度、证券市场环境、中小企业文化、市场投机心理等因素，认为风险投资对被投企业没有很好地发挥监督治理职能。大多数学者以上市公司为研究对象，探讨风险投资对被投公司的影响。Hellmann 和 Puri（2002）认为，风险投资对公司影响效果最大的时候是在公司尚未上市的早期阶段。在我国，新三板挂牌的企业多为创新型、创业型、成长型中小微企业，其普遍的特点是成立时间短、挂牌年限短、无形资产占比高、不确定性大，距离上市还有很长的路要走。结合监督治理理论的观点和我国新三板市场的实际情况，本研究认为风险投资对新三板挂牌企业可以发挥治理方面的积极作用。具体原因如下：

第一，新三板市场的内在特点决定风险投资对新三板企业扶持的心态大于减持变现的心态。风险投资是一种流动性小、周期长的投资。风险投资参股企业，以低流动性为特征，在相对不流动中寻求增长。从投资周期看，风险投资历时较长，且具有明显周期性。新三板市场的内在特点正好与风险投资的这些特点相吻合。新三板市场的投资侧重于长周期和早期投资。新三板市场的初心是扶持具备成长性的中小微企业发展，特别是初创型、创新型的中小微企业。新三板的市场定位是以机构投资者和高净值人士为参与主体。因此，其市场生态和以中小散户为参与主体的沪深股票市场有显著的区别，主板市场有较多的市场投机者和短期套利行为，新三板市场更多的是长期投资行为，可能更偏重价值投资。因此，风险资本投资于新三板不同于其投资于创业板、中小板或Pre-IPO阶段，风险资本对于企业培育扶持的心态大于减持变现投机的心态。作为积极的投资者，风险投资机构在新三板更倾向于价值投资，会积极主动培育企业，提高风险企业的治理水平和经营能力。新三板的内在特点和使命决定新三板市场不适合中短期套利，需要投资者看到其长期价值。因此，风险投资对新三板有积极的治理作用。

第二，新三板作为非上市公众公司，其治理水平优于一般的中小微企业。在一定程度上畅通了风险投资参与日常管理的渠道。中小微企业为了能在新三板挂牌，首先要进行股改，建立现代化的企业内部治理结构，以使公司治理和运营得到有效规范。主办券商还会协助拟挂牌企业解决一些历史遗留问题。对于新三板挂牌企业的监管体现在三个方面：一是主办券商；二是证券业协会；三是证监会。企业挂牌以后成为非上市公众公司，很多信息公开，管理较以前规范。很多风险投资机构都将新三板企业纳入项目源。相比未挂牌的中小企业（"人治"为主要治理模式），新三板具备更好的管理结构基础，有利于畅通风险资本机构参与管理和日常经营的渠道。因此，本书认为风险投资对新三板企业可以发挥治理的作用。

第三，新三板市场发展回归理性，挂牌企业注重自身质量的提升，这与风险投资目标不谋而合，双方更易达成一致合作的效果。新三板在发展之初出现一个迅速膨胀的阶段，2011年末只有143家，2013年扩容后到2017年末达到峰值11630家。许多中小企业挂牌目的不明朗，有的企业甚至举债挂牌，想今后通过套现或"卖壳"来实现获利。许多中小企业虽已挂牌但对资本市场陌生，缺乏对资本运作的了解。新三板挂牌规模迅速扩张，但流动性较差的问题却一直为投资者所诟病。这个时候，监管部门和券商都意识到追求数量的扩张远远不够，要把提升挂牌企业质量放在首位。这期间挂牌企业数量减少，不少已挂牌的企业摘牌退出新三板。退市机制使新三板市场主体更趋于理性，这部分企业对未来发展有长远打算，在细分领域有一定的影响力，希望能通过资本市场获得价值提升。在这种情况下，风险投资机构参与的机会增加，风险投资机构与创业企业的配合程度提高，风险投资机构的利益体现在创业企业中，创业企业希望获得风险投资的资金和管理。因此，本书认为风险投资在被投企业中会发挥积极的作用。

治理作用机制如图 5.3 所示。

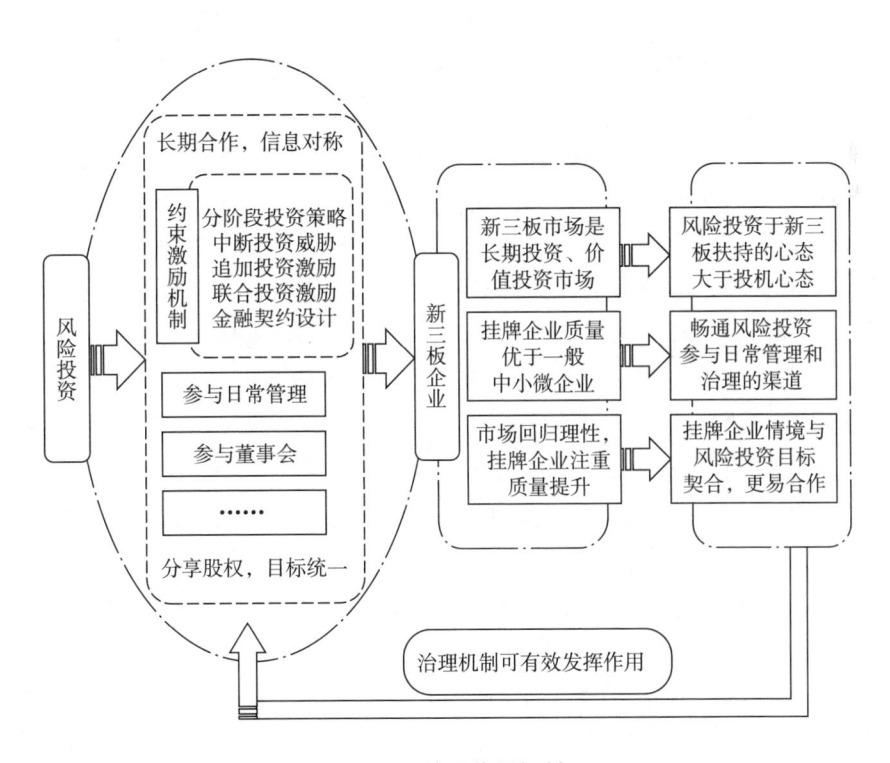

图 5.3 治理作用机制

资料来源：笔者绘制。

二 认证作用机制

逆向选择理论认为，创业企业融资市场也适用于 Akerlof（1970）所建立的"柠檬市场"模型。认证理论指出，为了减缓创业企业融资市场上投资者和创业企业之间信息不对称所引发的逆向选择问题，需要第三方认证机构传递有效的市场信号。而风险投资机构可以发挥这种作用，即风险投资机构可以为被投企业提供价值论证。根据认证理论，风险投资对被投企业的认证作用机制体现在以下方面：①风险投资可以降低创业公司 IPO 时市场抑价水平，使市场价值更接近企业的内在价值。②风险投资可以改善公司的股票流动性，证明公司的真实价值，提高公司的估值水平。③风险投资可以吸引其他机构投资者、个人投资者、证券分析师关注创业企业，使创业企业获得资本市场的认可。当前，新三板的上市条件、信息披露制度等决定新三板企业和投资者依旧面临较大的信息不对称问题。结合认证理论的观点和我国新三板市场的实际情况，本书认为，风险投资可以为新三板挂牌企业提供价值认证，减少企业与投资者之间的信息不对称程度。具体原因如下：

第一，风险投资行业竞争激烈，风险投资机构珍视声誉，以保持业界竞争实力。当前，国际环境恶化，国内经济进入结构转型升级和提质减速阶段，市场流动性不足。加之基金监管政策升级，我国风险投资机构的募资规模呈缩减之势，尤其是早期风险投资基金的规模缩减得更为厉害。风险投资募资市场流动性不足，给风险投资机构带来更大的生存压力，只有声誉良好、业绩优良的风险投资机构才能募集到风险基金，在募资市场不乐观的情形下实现"募资—投资—管理—退出—募资"的循环。2015 年至今，我国风险投资退出的案例逐年增加，退出方式仍以 IPO 为主且 IPO 呈递增趋势。IPO 是风险投资市场最主要和最受欢迎的退出方式。许多风险投资机构将 IPO 退出视为自己奋斗的目标和使命，不断地将投资组合中的公司推向市场。因此，风险投资机构有很强的动机建立一个值得信赖的声誉，以保持自身进入 IPO 市场的有利条件。若风险投资机构进入 IPO 市场的机会越大，对基金投资人和创业企业家的吸引力就越大，那么更容易实现"募资—投资—管理—退出—募资"的资金增值循环过程。当前风险投资行业竞争激烈，清科研究中心所发布的中国创投 50 强排名显示，2001 年上榜的 50 强到 2019 年依旧在 50 强榜单中的风险投资机构仅有9家。①在当前激烈的竞争格局下，风险投资机构格外珍视自己的声誉，也注重声誉的积累和提高。因此，风险投资机构的声誉可以为被投新三板企业提供有价值的认证。

第二，风险投资机构具备较高的信息效率，可以为被投新三板企业提供价值认证。首先，风险投资具有收集和处理信息的规模效益和专业实力。风险投资具备较高的信息效率水平。风险投资在筛选创业企业（项目）时将企业当前业绩、是否有可担保资产等视作次要考虑因素，而企业当前发展战略和未来发展潜力（"小而美"的企业）则视作首要考虑因素。风险投资机构会进行大量专业的调查、咨询和研究工作，并综合考察创业者素质、创业企业产品市场吸引力、创业企业价值增值能力等多方面因素。风险投资机构通常管理多个风险基金，同时投资多个行业、多个领域的风险投资项目，收集信息和筛选项目的专业水平和平均成本会随着投资项目数量的增加而提升和递减。即作为一个专业的机构投资者，风险投资机构收集、筛选、评估创业企业（项目）信息的能力高效且专业。这种专业化程度会得到外界投资者的认可。其次，联合投资也体现风险投资的信息效率，向市场发送积极信号，对被投企业有加强认证的作用。体现在以下三个方面：①多个风险投资机构对同一个创业项目进行投资，联合风险投资在相关行业知识和专业技能方面可实现互补。②风险投资在联合的过程中突破了彼此的边界限制，信息在更大的范围内得到共享和流通。联合风投促进各机构的投资组合实现多元化搭配，有利于分散风险和共享收益。③联合风投通过检查彼此的投资意向，共享信息。在众多充满不确定因素的潜在公司（项目）中选择较优的投资提案，即所谓的"第二意见加强认证作用"。从信息效率角度看，风险投资机构对被投新三板企业可以发挥认证方面的积极作用。

第三，由新三板自身特点决定，风险投资对被投新三板企业的价值而言是一个有效的认证信号。①新三板挂牌实行备案制，由主办券商直接向全国股转公司推荐挂牌。因此，主办券商有较大的自主判断权。实力较强的券商价格昂贵且要求高，可能推荐的企业实力相对强。实力较小的券商价格便宜且要求低，可能推荐的企业实力相对弱。当然这不是

---

① 9家风险投资公司为IDG资本、达晨创投、华登国际、天津泰达、英特尔资本、海纳亚洲、广东粤科、祥峰投资和联想创投。

判断新三板企业价值和规范程度的绝对标准。②新三板挂牌企业相对非公众公司而言其治理规范程度要好，但是相对上市公司而言，新三板挂牌条件①宽松，对挂牌企业的资产、股本、主营业务、盈利指标等均无限制。由于没有财务和规模条件的限制，新三板挂牌企业的质量差异较大。③新三板信息披露的原则是"适度披露"。新三板的信息披露制度，依托于主办券商对挂牌公司的信息披露和业务办理所进行的事前审查（持续督导和自律监管）和股转系统的事后审查，信息披露的内容与程序都得到了简化。主要表现在：一是主板、创业板公司要求强制披露公司季报，但是新三板公司可以不披露季报。二是主板、创业板较新三板履行临时报告义务的内容更多。三是新三板年报信息披露内容简略（江勤，2017）。新三板公司的信息披露义务远低于上市公司的披露标准。较少的信息披露，增加了新三板挂牌企业的道德风险和信息不对称程度。备案制、适度信息披露、较为宽松的上市条件使新三板企业和投资人之间存在很大的信息不对称。新三板企业需要第三方认证机构传递有效市场信号。由于风险投资机构与被投企业利益相融，且存在长期合作关系，较了解企业的真实情况。因此，若新三板企业有风险投资伙伴，风险投资在一定程度上可以为企业价值背书，发挥积极的认证作用。

认证作用机制如图5.4所示。

三　支持作用机制

增值服务理论认为，风险投资机构为了尽早顺利退出并获得更大投资回报率，会积极主动培育企业，为被投企业提供价值增值服务。根据增值服务理论，风险投资对被投企业的支持作用机制体现在以下方面。①风险资本机构和创业企业利益一致，不可独善其身。风险投资机构的利益与创业企业的利益息息相关，风险投资机构长期持有企业股权，不可能在资本市场随时套现，一旦创业企业面临困难，只能共同应对，没有马上用脚投票的机制。②风险投资是"智力"与"资金"的结合体。风险资本机构除为被投企业提供资金，还贡献自己的经验、知识、信息和能力为企业提供管理和咨询服务。③风险投资会发挥"市场力量"机制。风险投资机构利用自己的声誉资本为创业企业获取供应商、客户

---

① 股转系统规定公司符合下列条件即可挂牌：①依法设立且存续满两年；②业务明确，具有持续经营能力；③公司治理机制健全，合法规范经营；④股权明晰，股票发行和转让行为合法合规；⑤主办券商推荐并持续督导；⑥以及全国股份转让系统公司要求的其他条件。

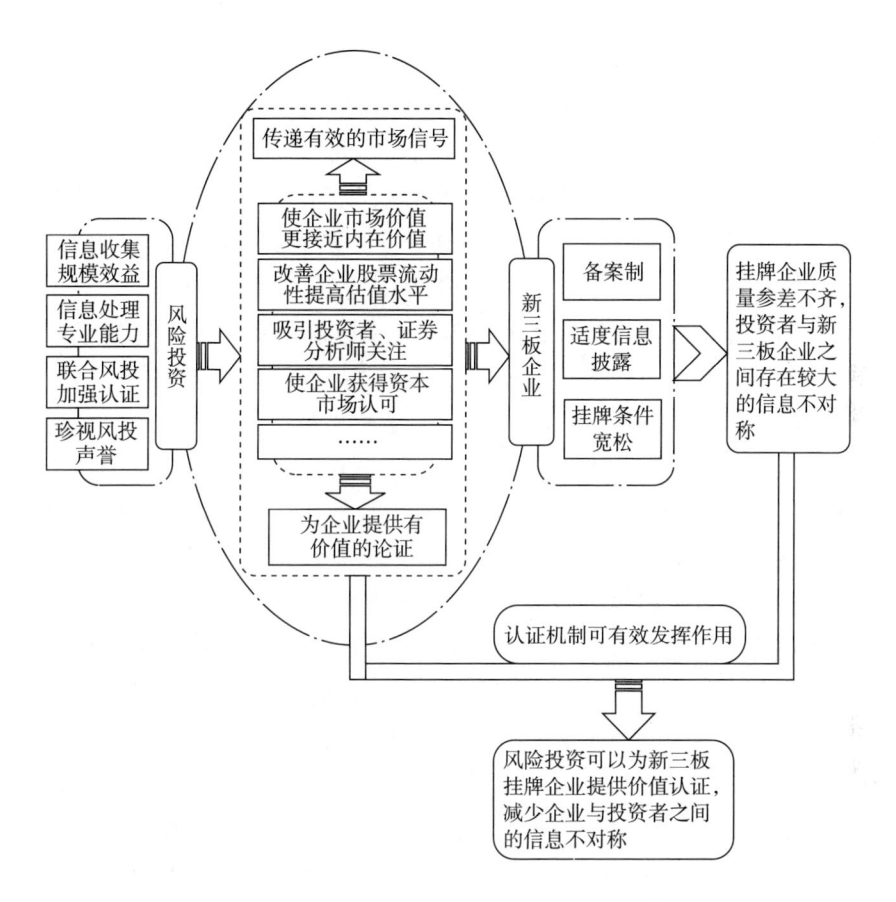

图 5.4　认证作用机制

资料来源：笔者绘制。

以及金融机构资源，吸引更多高质量的市场参与者（如机构投资者、券商、分析师等）与被投企业建立合作关系。当前，新三板市场已回归理性发展阶段，强调挂牌企业质量。新三板中创新型、创业型公司多，业务类型丰富，相对非公众公司其治理规范性好。风险投资可以在新三板这片肥沃的"试验田"中选择投资标的，达成合作关系，共谋发展。结合增值服务理论的观点和我国新三板市场的实际情况，本书认为风险投资对新三板挂牌企业可以发挥支持方面的积极作用。具体原因如下：

第一，从风险投资机构角度来看，为被投新三板企业提供网络支持服务是风险投资本性所致。风险投资是一种高附加值的投资。风险投资机构的经济利益体现在创业企业的盈亏上。如果创业企业盈利不好，风险投资机构下一轮募资难以成功，而且可能会影响到自己的前景和业内声誉。因此，风险投资机构有足够的动机关注被投企业的经营和发展。并在这个过程中提供监督管理和相应的支持帮助。当前，新三板为风险投资寻找投资标的提供了便利，主要体现在以下方面：①新三板号称中国资本市场的"基座"，其公司数量和类型都非常多。总体上，在新三板挂牌的企业以制造业、信息传输、软件和信息技术服务业[①]为主，对于新三板的制造业，股转系统对其的定位是绝大多数（80%以上）属于非传统制造业。②新三板企业估值整体偏低（2019年新三板市盈率为19.74倍[②]，中小板平均市盈率为28.47倍，创业板市盈率为47.01倍[③]），对风险投资机构具有一定的吸引力。③新三板企业作为非上市公众公司，经历过股份制改造，主办券商的推荐和持续督导，其治理的规范程度要好于非公众公司。很多风险投资机构将新三板企业纳入项目源。许多知名投资机构（如红杉资本、经纬资本、鼎晖创投等）在新三板市场上展开投资。英雄互娱于2015年6月成立借壳挂牌新三板，是国内最早提出移动竞技概念的公司，主营手游研发和发行。在创立之初，英雄互娱就获得红杉资本、真格基金、华兴资本的投资，知名投资人沈南鹏、包凡、徐小平领投，并同时加入其董事会和监事会。随后，普思资本也加入。华谊兄弟以及国内公募基金易方达也是其投资者。目前，在手游领域英雄互娱市场份额仅次于腾讯，这是大批知名风险资本入局谋划"移动电竞"的结果。可见，对于被投企业而言，风险投资的作用可不局限于投入的资金，它能带来更大的价值，即风险投资对新三板企业可发挥积极的支持作用。

第二，从被投企业的角度来看，在新三板挂牌的企业希望借助风险投资打开公司的经营局面，主观成长动力充足，风险投资的支持机制将起到积极的催化作用。在新三板挂牌的企业多为"双创—成长"中小微企业，大多数企业表现出成立时间短、挂牌年限短、轻资产、非国有等特点，在成长初期最渴望获得资金支持。在知识经济时代，企业没有形

---

① 按照全国中小企业股份转让系统公布的结果，制造业和信息业下的大类行业包括专用设备制造业、医药制造业、互联网及相关服务、非金属矿物制造业、计算机、通信和其他电子设备制造业等新三板战略性新兴产业。
② 资料来源：《全国中小企业股份转让系统2019年市场统计快报》。
③ 资料来源：《深圳证券交易所市场统计年鉴（2019）》。

式上的绝对大小区别。有道（知识、创新）乃大，无道乃小。风险资本家深知若在时代的风口抓住机遇，小企业会成长为大企业，弱企业会发展为强企业。因此，风险投资在判断投资标的时，是基于对未来的判断，更关注创业企业的成长性，关注企业的发展是否顺应时代的潮流。新三板的市场主体是创新型、创业型、成长型中小微企业，新三板的包容性比主板、中小板、创业板强。2015年前后新三板市场规模疯狂扩张，挂牌企业数量迅速突破1万家。至2017年这种趋势出现逆转，挂牌企业数量增加放缓，还有不少企业摘牌退出新三板，这些退出的企业一部分是因为公司治理不规范被强制摘牌，还有一部分是转板其他市场，还有一部分是基于主观原因摘牌。新三板从过去数量扩张的导向，转向质量提升的导向，优胜劣汰的结果是新三板市场各主体趋于理性，留下的企业是真正具有发展潜力和主观成长动力的企业，这部分企业希望借助资本市场获得融资，提高影响力和知名度，或者能寻求到并购或被并购的机会。这部分企业主观能动性强，具备较强的知识吸收能力，若成功吸引到风险投资者，会充分利用风险投资者的网络资源和市场力量。新三板市场不缺乏优质投资标的，能挂牌股转系统并持续到现在，说明企业治理水平在一定程度上是规范的、经营能力是可持续的，且具备一定的竞争优势和独特气质。风险投资的支持作用将满足它们快速发展的需求。

支持作用机制如图5.5所示。

四 作用机制有效运作的条件

（一）创业企业有信任风险投资的企业文化

创业企业在经营的过程中面临各种风险，如技术开发风险、市场开拓风险、政策风险等。创业企业在经营的过程中充满了不确定性。创业企业的成败决定风险投资的成败，创业企业和风险投资的利益是一致的。为了使创业企业经营成功，风险资本家尽量给予其扶持和支持。在这个过程中，风险资本家注重与企业建立合作关系，而且双方合作的好坏关乎企业经营的成败。风险投资家能否与企业顺利合作，关键在于风险投资家能否被创业企业管理层充分信任和接受。如果风险投资家无法融入企业，无法参与企业的日常经营、管理治理，那么后续的网络资源支持便无从谈起。Leeds（2015）指出：新兴市场的股权投资通常未得到充分利用和存在低估，发展中国家的绝大多数企业主不熟悉最基本的融资基础知识，经常不信任甚至害怕"局外人"，对吸引第三方资本的前景持怀

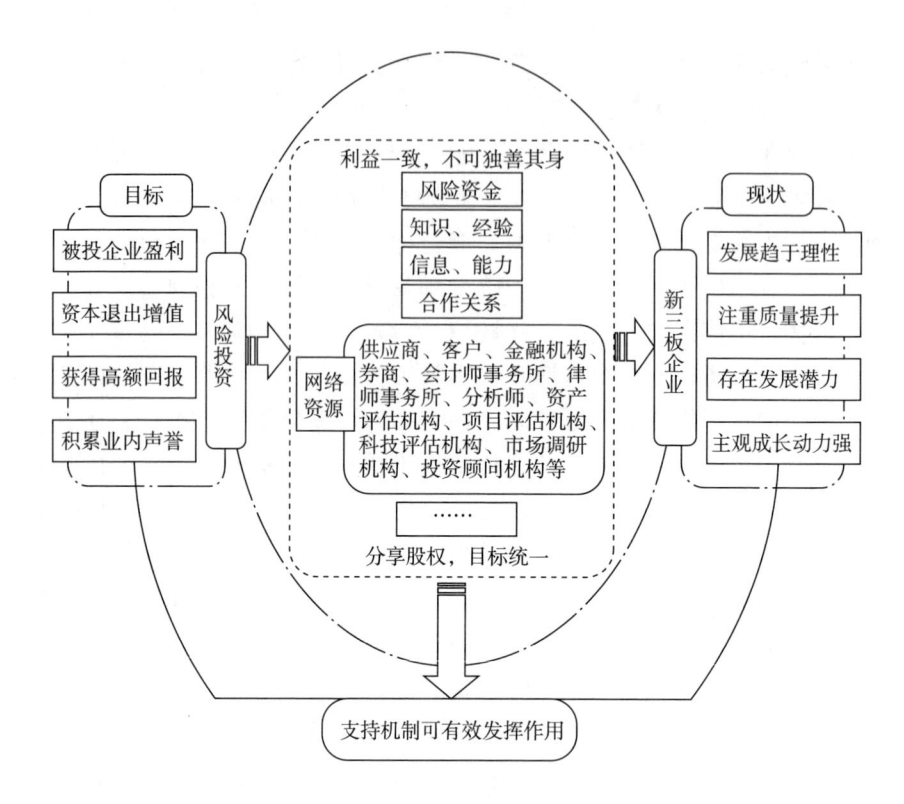

图 5.5　支持作用机制

疑态度。一些经验丰富的风险投资家表示，在新兴市场找到合适的投资是很棘手的。靳明与王娟（2010）指出，我国中小企业在管理过程中以创始人（管理者）意志为主导，缺少必要的制度规范。中国的中小企业家族治理观念严重，不信任外人；中国是一个关系社会，企业内部关系微妙复杂，增加了代理成本。以上观点说明，创业企业的态度及文化氛围很重要，决定风险投资能否发挥对创业企业的治理作用机制及其效果。

（二）风险投资人的声誉资本昂贵且失难复得

Megginson 和 Weiss（1991）指出，认证作用发挥的前提有三个条件，即为了使第三方认证对外部投资者来说是可信的，必须满足三个条件。第一个条件，认证人必须有珍贵的声誉资本，这一资本会因认证失败而告终。Megginson 和 Weiss 进一步指出，风险资本机构不断地将其投资组合公司推向市场，是 IPO 的反复参与者，有很强的动机建立一个值得信赖的声誉，以保持进入 IPO 市场的有利条件。认证作用发挥的第二个条件由 Sahlman（1990）提供。他认为：①成功的风险投资机构能够在相对有限的资本支出上获得非常高的回报；②这些回报与风险投资基金的年龄和历史表现以及投资组合的规模直接相关；③风险投资基金经理市场是一个相对小众、紧密和高效的劳动力市场，个人业绩受到监测和评价。因此，风险投资机构对声誉资本的投资使他们在风险投资业和资本市场上保持竞争力。此外，风险投资机构在要约发出后保留其所持股份，可以作为可靠认证的担保机制。第三个条件，认证人的服务对发行公司来说必须是昂贵的，成本结构必须使信息质量高的公司和信息质量低的公司之间达到分离平衡。以上三个条件满足，才能说明认证是成功的或在经济上存在价值。

（三）风险投资和创业企业能建立建设性的互动关系

风险投资是一种高附加值的投资，其作用大于银行等传统金融中介机构的作用。因为风险投资除为创业企业提供资金，更重要的是为创业企业带来各类社会资源和网络关系。风险投资对创业企业发挥支持作用的前提条件有三个。①创业企业和风险投资机构之间能建立起友好的合作关系。两个企业的合作说到底是两个团队的合作，是人与人之间的互动。风险投资在筛选评估创业企业时，除考察创业企业的产品新颖性、市场吸引力、技术创新性等因素，还重点考察创业企业家的管理能力和人格魅力。若创业企业家较为固执，难以合作，风险投资介入企业会支出额外的沟通协调成本，风险投资对企业支持的意愿和力度都会减弱。②风险投资机构有足够的经验和资源帮助被投企业成长。Gompers（1996）提出的逐名理论认为，成立时间短的风险投资机构为建立声誉，急于催促被支持公司尽快上市，其中不乏过度粉饰和包装的成分，导致被投企业表现出更多的不确定性或负面影响。而成立时间长，较为成熟的风险投资机构，不会如此急功近利，给被投企业带来的负面影响小。且较为成熟的风险投资机构拥有较好的声誉和网络中心地位，能较好地发挥支持作用。③创业企业有较强的主观发展愿望和主动沟通意识。创业企业所涉领域五花八门，具有较强的专业性和创新性。创业企业家更了解自己的技术开发能力、产品竞争优势及商业运作模式。只有通过不断的沟通，风险投资机构才能真正了解创业企业的欠缺之处，并为其提供相应的支持。

第四节 风险投资作用于新三板市场的溢出机制分析

本节依托前期理论，重点分析风险投资作用于新三板市场的三个溢出机制（见图5.6），并借鉴经典生物数学 Lotka-Volterra 模型对溢出机制进行刻画，以揭示风险投资发挥溢出效应的原理。

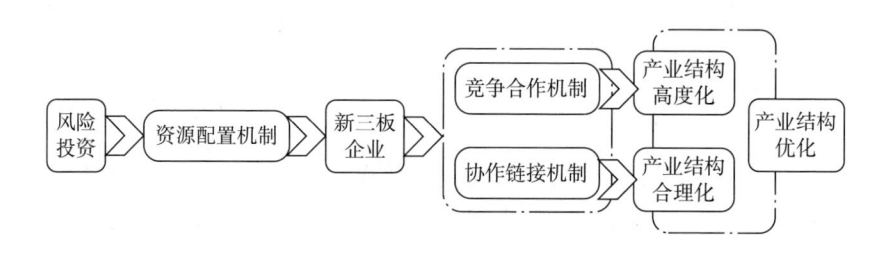

图 5.6　风险投资作用于新三板市场的溢出机制

一　资源配置机制

资源配置是指资源在不同用途之间的分配，即经济中的各类要素（如人力、资本、信息等）通过一定的调节机制，在各种用途和方向上分配。投资是一种资源配置方式，不同的投资决定不同的社会产品构成，同时对应不同的产业结构。投资端的结果会向产业端溢出，影响产业结构的变迁。也就是说，投资方向不同，投资比例不同，投资内容不同都会给产业结构带来改变。可见，投资以特定的方式影响产业结构，向产业端发挥溢出效应。风险投资不仅有投资对产业结构溢出的普遍意义，还有自身特别之处。风险投资发挥产业结构溢出效应的资源配置机制表现在两个层面：

（1）风险投资作为一种市场化的资源配置机制，引导资金流向成长优良且资金匮乏的企业。首先，在我国中小微企业是市场主体的重要组成部分，也是创新创业的主力军。创业企业相对于成熟企业而言，经营风险高，且缺乏必要的抵押担保品，很难获得银行信贷资金的支持。但其中不乏一些创新能力强、成长性好的企业和项目，这正是风险投资机构所看中的。风险投资机构完全以企业未来的成长潜力和效率作为投资

第五章　风险投资影响新三板企业价值及溢出效应的理论与机制 / 117

选择的原则。风险投资善于挖掘一些"小而美""大而精"的企业。无论是小微企业、初创企业还是民营企业，风险投资机构看中的是发展潜力和产品市场。一旦挖掘到这些优势，风险投资机构会引导社会闲散资金流向这类企业，也就是说将稀缺资源配置给最有效率的产业和最有潜力的产业，进而会改变产业的结构和效率。其次，风险投资是真正的价值投资。风险投资是一种股权投资，其资金是直接进入实体经济为企业创造价值，同时为企业带去做大做强的模式。这是它与股票投资的区别，很多情况下，股票投资的资金在虚拟经济中打转，并没有进入实体企业。从这个意义上讲，风险投资是真正的价值投资，它可以真正地影响产业结构。最后，风险投资基金能带来规模经济。风险投资基金可以有效地动员社会闲散资金并向生产性投资转化，尤其是吸引众多中小投资人参与金融市场的投资，加速了资本的形成。风险投资通过引导资金流向，促进高新技术企业发展。由此可见，风险投资作用于企业会产生产业结构优化的溢出效应。

（2）风险投资作为一种积极的资源配置机制，引导各种要素在企业内部有机整合。风险投资资源配置机制的成功之处，不仅在于将社会闲散资金集合起来向新兴技术产业的生产性投资转化，还在于风险投资在企业内部将资金、技术、信息和人力四种资源有机地整合起来。这是其他投资模式所不具备的优势。监督理论指出，风险资本能否实现增值，关键在于管理环节。这意味着风险投资机构和创业企业的利益是捆绑的。风险投资机构有充分的压力和动力对企业进行监督和管理。风险投资在企业内配置资源的机制具体表现为风险投资机构与创业企业之间设定的激励机制和约束机制。这种制度创新和管理创新有效激发了创业企业和风险投资机构的人力资源，有效地减少了信息不对称，确保资本的使用效率，为技术创新营造良好的企业环境。因此，一个成功的投资项目背后必然有风险投资团队与企业创业团队的精诚合作，风险投资团队提供资金、金融财务知识、声誉担保、社会网络资源，企业创业团队贡献独特的创业理念和技术。正是双方的通力合作，将资金、技术、信息和人力四种要素有机整合，推动科技创新与企业的发展。成思危先生在第五届中国软科学学术年会上的讲话中指出研究成果要想发挥经济作用，需要一个"R"（Research）和三个"D"（Development, Demonstration, Diffusion）的支持，三个"D"分别是开发、试点和推广，中间的"D"即试点尤其需要金融的支持。而风险投资的资源配置机制通过整合企业内部资源可以很好地发挥这种作用（成思危，2006）。

综上所述，风险投资通过引导资金流向成长优良且资金匮乏的企业，以及通过引导各种要素在企业内部有机整合，推动创新型中小微企业发展，影响产业结构变迁，进而推动经济的发展。2013年国务院发布《关于全国中小企业股份转让系统有关问题的决定》，明确指出新三板主要为创新型、创业型、成长型中小微企业发展服务。风险资本投向新三板市场会更好地激发市场主体（中小微企业）的活力，促进创新，改善就业，对产业结构优化有积极的调整作用。

资源配置机制如图5.7所示。

二　竞争合作机制

中小微企业是市场主体的重要组成部分，在市场经济环境中，中小微企业之间存在各种各样的竞争关系，而竞争正是风险投资发挥溢出效应的有效机制。当风险投资进入一个企业时，根据认证理论、监督理论和支持理论的观点，风险投资为企业提供有效的价值论证，使被投企业获得更多的市场认可和关注，风险投资为被投企业提供管理经验和各种社会网络资源，促进被投企业的技术创新，加快创新产品商业化进程，被投企业的价值提升，竞争能力增强。根据溢出效应理论的观点，竞争机制会触发以下反应：

（1）模仿。在这个过程中，未获得风险投资支持的企业感受到竞争压力，为了不被挤出市场，开始模仿竞争对手（风险投资支持企业）的技术与经营模式，如学习对方的经营理念、管理模式、研究对方的产品和创意等。模仿是企业面对竞争压力所做出的被动应激反应。

（2）吸收与创新。更进一步，企业在竞争的威胁下会主动吸收和创新。如增加研发投入，改善管理，引进人才和技术，建立创新机制和鼓励创新等，以提升竞争力。当然，中小微企业通常资金实力较弱，面临较大的融资约束，即便加大研发投入，这部分资金总量仍然比较微小，不能产生较大的效益。但这并不意味着中小微企业在竞争的压力中不能进行改变。马歇尔的"生物学理论"和罗宾逊"最佳规模理论"认为，小企业有自身的优越性。张伯伦和罗宾逊夫人的"不完全竞争理论"认为，在不完全竞争的市场环境中，正是"产品差别性"使中小企业得以存在，还能形成一定的竞争优势。总之，如果企业有能力吸收风险投资

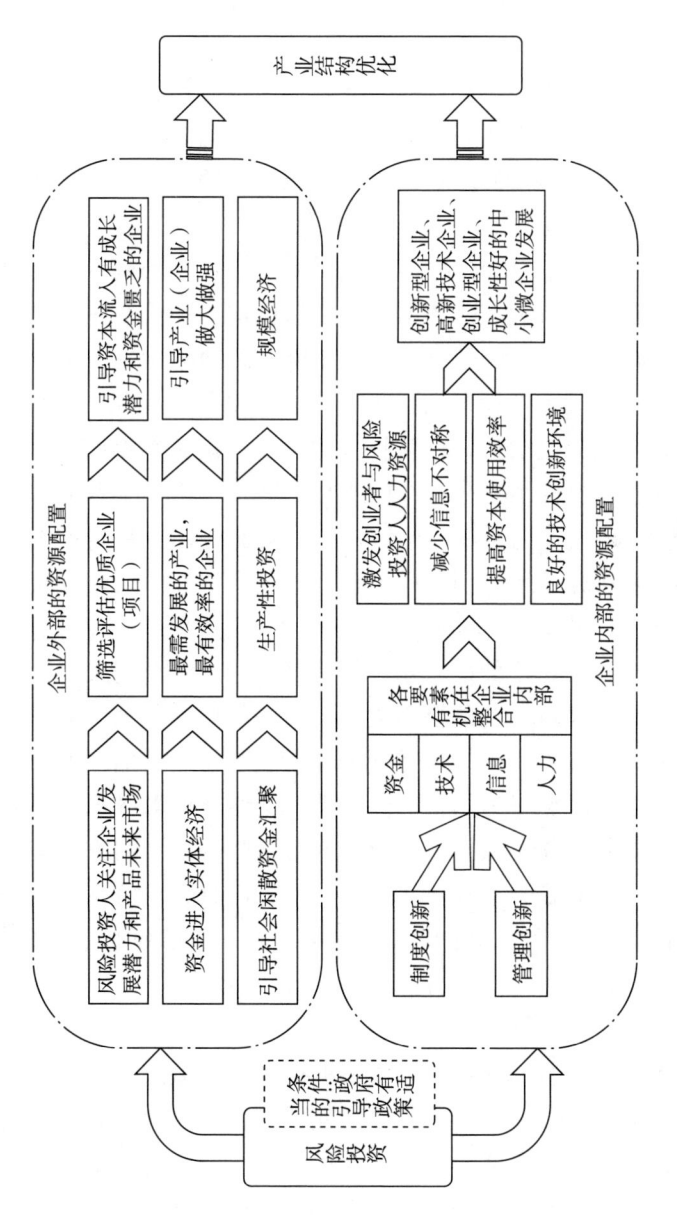

图 5.7 资源配置机制

支持公司所带来的溢出效应，那么整个行业可能会获得正的外部性（如业绩提升、产业结构升级、就业质量提高或就业结构改善、创新能力提升等），即风险投资引入的竞争压力可能会给整个行业或地区带来正的外部性。

（3）挤出效应。如果没有获得风险投资的企业无法跟上新技术和竞争压力的步伐，那么被投企业效率的飞速提升可能会将竞争对手挤出市场，表现为部分效益不佳的企业面临破产或被兼并的结果。在某种程度上，竞争的优胜劣汰促进了产业结构的优化。

除风险投资支持企业和未获风险投资支持企业之间的竞争，风险投资机构之间也存在竞争关系。通常风险投资机构与被投企业的利益是一致的，在不存在联合投资的情况下，被投企业之间的竞争关系也反映在风险投资机构之间。风险投资和创业企业的利益是捆绑的，只有创业企业成长起来，实现价值增值，风险投资才可能退出并获得回报。在这种情况下，风险投资机构作为一个"利己主义者"，会帮助被投企业迅速扩张，挤出竞争对手，甚至形成垄断市场，也会影响产业结构的变迁。此外，学者的大量研究结果表明，风险投资在很多情况下还促成企业与企业之间的合作。Lindsey（2008）指出，风险投资人促进企业与客户、联盟伙伴或其他潜在合作伙伴的联系，帮助其投资组合公司发展网络。他发现，在拥有共同风险机构的公司之间，战略联盟的频率更高。无论是扶持被投企业参与市场竞争，还是帮助被投企业搭建战略联盟，风险投资的目的是企业实现更好地增值。除企业间会结成联盟关系，风险投资机构之间也会建立合作关系。风险投资通常以联合投资的方式向投资组合公司注资，一方面是为了分散风险，另一方面是为了获得信息分享效应。联合风险投资的目的也是更好地培育企业，使被投企业价值提升，更具竞争优势。

综上所述，风险投资作用于被投企业，通过竞争合作机制向同一行业中的其他企业发挥影响作用。尽管，被投企业价值的改善对产业结构的影响比较微弱，但被投企业所释放的外部性被行业内企业吸收会进一步影响产业结构。风险投资通过竞争合作机制在同一行业不同企业之间释放溢出效应。新三板中挂牌企业的定位是"双创—成长"（创新型、创业型、成长型），以中小微企业为主。这里所谓的创新不仅指技术创新，也包括产业模式创新、经营手段创新。风险投资作用于新三板，意味着以创新为基础的成长型中小企业会得到发展，会影响同行业企业发展，进而影响战略性新兴产业、现代服务业的附加值和科技含量得到提升，产业结构的素质得到提升，进而导致产业结构高度化。

竞争合作机制如图 5.8 所示。

三　协作链接机制

迈克尔·波特将企业成长和企业竞争优势归于企业的市场力量与产业拓展（王京刚，2015）。他认为为了实现差异化、低成本和集聚，企业通常需要进行价值链分析，即考虑纵向一体化过程①。风险投资与被投企业之间是长期合作关系。风险投资作为一种权益投资，其直接经济利益体现在被投企业的发展状况上。因此，风险投资有足够的动力促使被投企业做大做强，形成规模效应。当然，风险投资基于自身利益追求，也希望投资版图上的企业间形成协作链接关系，进而加快布局投资生态圈，占据关键资源。因此，协作链接是风险投资发挥溢出效应的另一个机制。协作链接机制体现在以下两个方面：

（1）被投企业主动与上下游供应商协作，完善产业链。新制度学派认为，在市场竞争不完全，存在市场失灵的情况下，内部化交易可以降低企业成本，提高企业的利润水平。科斯 1937 年在论文《企业的性质》中进行了具体的阐述。科斯认为，企业扩张的动力是为了减少交易费用。当企业组织管理费用较低，而市场交易费用较高时，一部分市场被企业替代。随着市场交易费用的下降，以及企业组织管理费用的提升，市场被企业替代的部分越来越小，直到两者的费用相等时，企业不再扩大规模。产业链扩张是企业规模扩大的一种重要方式。随着被投企业发展到一定阶段，向外扩张的动力会显现出来，而风险投资的发展也必须寻找实体产业的支持。在这种情况下，风险投资可能会参股或控股或并购上下游企业，完善产业链的同时，形成产业链闭环，让关键的业务都在自己的体系内完成。被投企业与上下游企业形成产业链后，企业间的协作能力加强，产业间的协同水平提高。风险投资对上下游企业的投资，不仅是资金的注入，还同时引入先进的管理经验。对成为供应链一环的新企业而言，在产品技术、质量、环保等方面也提出新的要求。供应商基于这个融入产业链的契机，会提高企业的经营管理水平，把供应链中更

---

① 在某一企业范围内把技术上存在差异的生产、销售或其他经济过程结合起来。

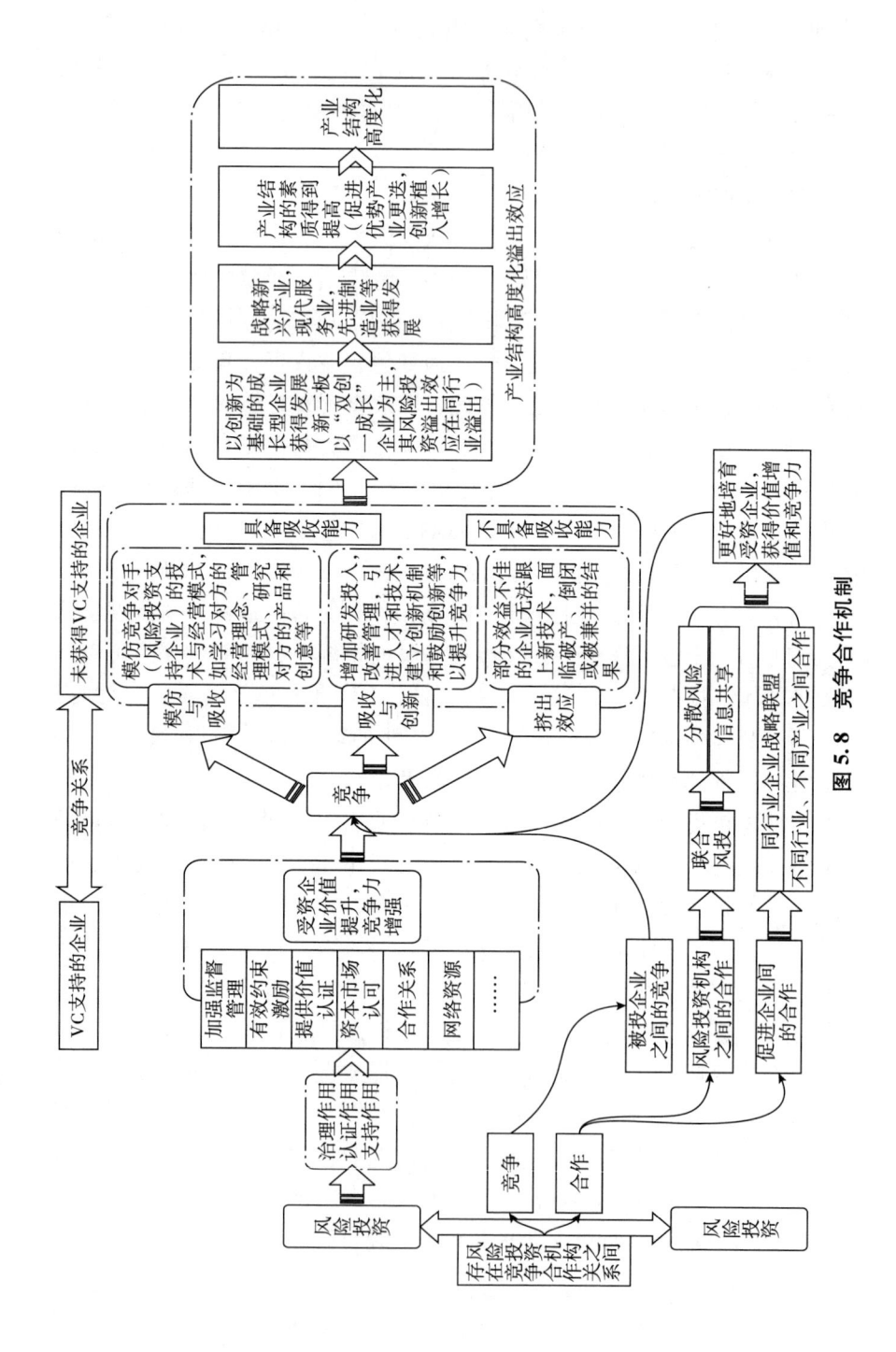

122 / 风险投资对新三板企业价值的影响及溢出效应

图 5.8 竞争合作机制

高更新的技术标准与企业自身的发展结合起来,主动进行学习和创新。Arrow(1969)认为,厂商通过新的投资获得知识、信息、技术等经验,在此过程中知识被积累沉淀下来,厂商的劳动生产率获得提高。由于知识具有扩散效应,也会引致其他厂商生产效率的提高。根据 Arrow 的观点,随着产业链企业之间的协作互动加强,人才、信息、知识等方面的流动性会加强,促进了不同产业间溢出效应的形成。

(2)关联企业主动改进技术、产品质量,希望获得风险投资关注,成为供应链中的一环。罗斯托(1988)认为,无论在任何时期,经济增长的关键原因,在于少数主导产业部门成长与扩大,同时带动其他产业部门的发展,这是主导产业部门发挥扩散效应的结果。扩散效应包括回顾效应、旁侧效应和前向效应。风险投资提升了被投企业的价值,加速被投企业创新产品商业化的进程。按照罗斯托产业扩散效应理论,被投企业在风险投资过程中所获得的好处会向关联企业扩散和溢出。比如 Criliches(1992)提出的租金溢出(Rent Spillovers),具有创新知识含量的新商品作为其他企业生产过程的投入时,其他企业从产品创新中获得溢出效应。风险投资在帮助被投企业寻找供应链伙伴的过程中,会综合对比众多上下游企业的经营状况,对经营较差的供应商予以摒弃,选择有品牌信誉的供应商进行合作。上下游企业在高品质供应链的要求下,以及想获得风投关注的动力下,除吸收关联企业所释放的知识溢出效应,还会在此基础上进行主动的创新,包括产品创新、技术创新、商业模式创新、制度创新、流程创新、市场创新等,加强企业内部管理,提升工作效率和产品质量。这既是希望获得产业链接纳的过程,也是提升自身发展战略规划的过程。

综上所述,风险投资作用于被投企业,通过协作链接机制向不同行业、不同产业中的其他企业发挥影响作用。协作链接机制发挥作用的动力在于风险投资对自身利益的诉求,以及风险投资机构和被投企业之间的利益趋同关系。风险投资基于协作链接机制发挥的产业溢出效应,某种程度上等同于整合产业链与并购的结果。产业链整合意味着产业之间的协调能力和关联水平提高,供给和需求之间的适应程度提高,有利于促进产业结构的动态平衡。风险投资通过协作链接机制可以促进优秀企业做大做强，形成规模效应[①]，进而提升产业系统的聚合质量，促进产业结构的合理化水平。目前阶段，风险投资对新三板企业的投入金额较小，且新三板市场流动性不足，影响资本市场的价格发现功能。因此，风险投资通过协作机制发挥溢出效应的功能可能会被削弱。

协作链接机制如图 5.9 所示。

四 溢出机制有效运作的条件

（一）政府有适当的引导政策

在市场经济条件下，资源配置机制实质上由价值规律支配，表现形式为价格。当商品价格上升，生产者会增加供给，资源更多地流入这一领域。反之，当商品价格下降时，生产者相应地减少供给，一些资源从这一领域流出。风险投资是高风险与高收益并存的投资。风险投资的对象是高新技术中小企业的技术创新活动，具有很大的不确定性，虽然成功率极低，而一旦成功，则收益丰厚。风险投资是一种流动性很小、周期很长的投资。鉴于风险投资风险大、流动性低、周期长的特点，资金很难自发地从其他部门汇集到风险投资行业。因为大部分投资者为风险规避者，而且被投企业的价值充满不确定性，难以通过价格机制体现。上文所述风险投资具有导向功能，能通过资源配置机制，发挥产业结构优化溢出效应，但这一机制的运行不完全是自发的，需要政府的帮扶和引导。在资源配置机制运作之初，政府引导基金、税收减免政策、扶持中小企业、鼓励创新、发展资本市场等方面的政策都十分重要。风险投资机构也要具备专业的筛选能力和项目评估水平，通过分阶段投资策略、中断投资威胁、追加投资激励、联合投资激励、金融契约设计（可转换优先股或其他衍生工具）等有效地约束和激励被投企业，有效控制风险和分散风险。政府要加大监管力度，让金融真正服务于实体经济，投资者应具备股权投资的基本素养，摒弃投机心理，理解股权投资的长期性和低流动性，以及风险和收益的关系，在一定程度上接纳这种"勇敢而耐心的资本"。

（二）市场环境存在适度的竞争

适度的竞争主要表现在中小企业之间存在竞争关系，且垄断市场没有形成，中小企业没有被大量地挤出市场。竞争不一定促使风险投资发

---

① Helpman（1984）认为，规模经济是溢出效应的一种形式。

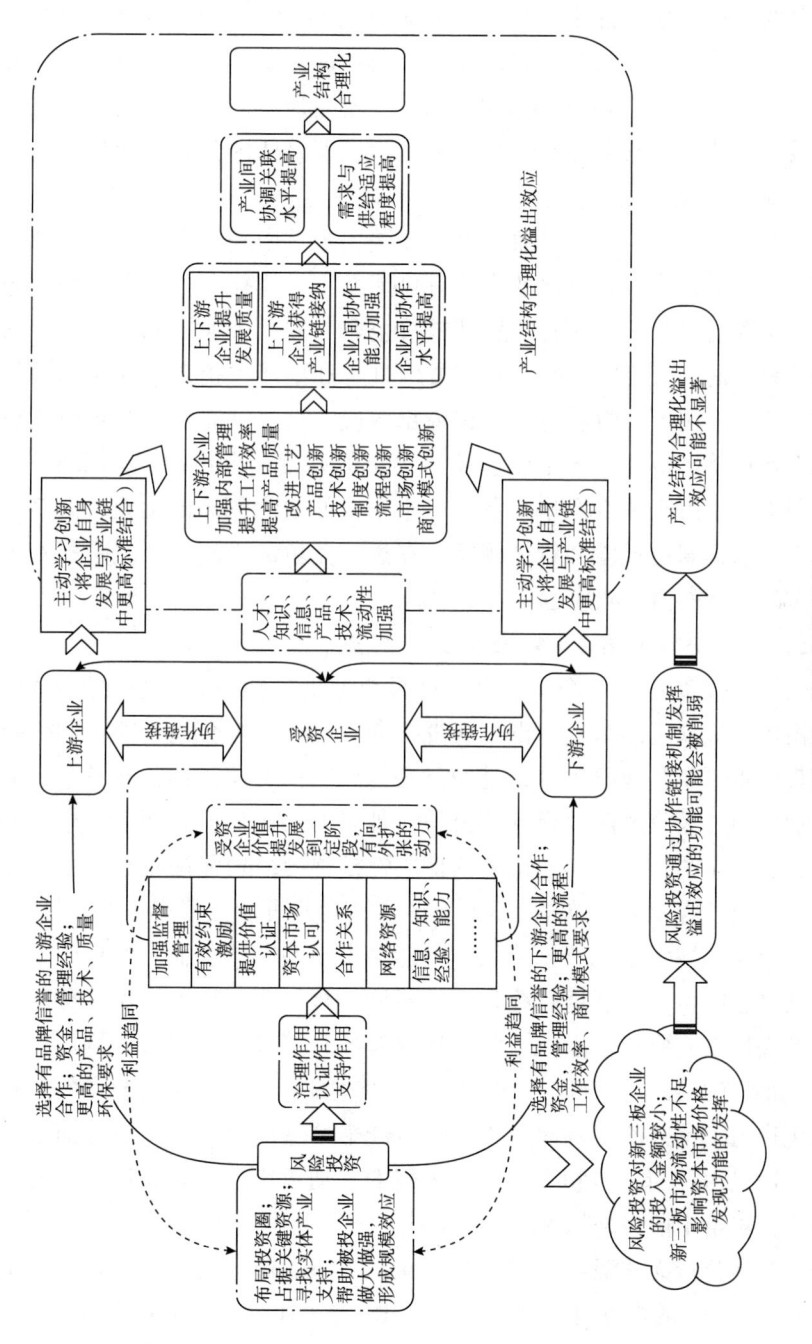

第五章 风险投资影响新三板企业价值及溢出效应的理论与机制 / 125

图 5.9 协作链接机制

生溢出效应，只有充分的、适当的竞争才能促使风险投资产生溢出效应。不充分的竞争使中小企业之间的关联减少，彼此之间不存在相互学习、相互模仿的关系，不能形成促进对方创新的动力。这一点类似对外投资中的"飞地效应"。Kokko（1994）认为，不是所有的对外投资都会发生溢出效应。外国公司有时可能在"飞地"经营，外国公司的产品和技术都与当地公司没有太多的共同之处，不存在竞争关系。在这种情况下，学习的空间可能很小，溢出效应可能无法实现。当外国子公司和当地公司相互竞争更直接时，溢出效应才有可能发生。风险资本投资于创业企业若想发挥溢出效应，就必须保证被投企业与同行企业之间存在适度的竞争关系，同一行业中某些公司的技术进步和生产率提高会影响到其他公司，其他公司可以吸收这种知识溢出效应。而过度竞争又会导致大量中小企业被挤出市场，挤出效应超过一定的程度，会出现"一家独大"的垄断现象。由于缺少竞争机制，中小企业便缺少创新的动力，大多数情况下会选择规避风险和维持现状。在过度竞争的环境中，风险资本投资于被投企业的溢出效应也很难发挥。

（三）中小微企业具备吸收能力

当风险投资进入一个企业时，被投企业价值提升，竞争能力增强。根据溢出效应理论的观点，没有获得投资的企业可能会通过模仿和创新来实现技术更新和效率提升，进而与获得风险投资支持的公司竞争。如果企业有能力吸收风险投资支持公司所带来的溢出效应，那么整个行业可能会获得正的外部性。如果未获得风险投资的公司无法吸收被投企业释放的溢出效应，那么被投企业效率的飞速提升可能会将竞争对手挤出。如果竞争对手被大量地挤出市场，可能会出现垄断的局面。如果中小企业缺乏吸收能力，不能进行模仿，更不能进行创新，风险投资优化产业结构的溢出效应便无法发挥。学者研究对外直接投资溢出效应问题，给本研究很好的启示。Kokko（1994）在研究本地企业与外资企业竞争过程中的生产力溢出效应问题时，指出竞争产生的溢出效应不仅由外国公司决定，而是由外国公司和当地公司之间的互动决定。有时大量存在的外国公司并未给本国带来积极的溢出效应，反而导致当地工业薄弱的现象。因为，当地公司无法吸收任何生产力溢出效应，被迫向外国公司提供市场份额。Kokko的观点也有借鉴意义。风险投资通过竞争机制发挥溢出效应的前提是，中小企业之间的差距不是太大，中小企业有适当的吸收能力，能模仿被投企业的先进之处，并在此基础上创新，二者的互动形成正反馈的良性循环。

（四）资本市场体系健全完善

风险投资机构的最终目的是带着丰厚利润和显赫功绩从风险企业退出。退出环节是风险投资机构规划中至关重要的一部分。风险投资从进入创业企业起就开始规划如何退出。风险投资能否成功退出关系到风险投资能否可持续地存活下去。风险投资从风险企业退出的渠道有IPO、并购、股权转让、回购、破产清算等。在众多的退出方式中IPO当属首选。但资本市场的完善程度又影响风险资本能否顺利通过IPO退出。若资本市场不完善，退出渠道不畅，必然会影响风险投资募资、投资以及管理增值环节。资本市场不完善还影响到风险投资协作链接溢出机制的发挥，并购或产业链整合都需要在资本市场的框架下运作。资本市场不健全，风险投资也无从通过资本运营进行兼并收购。当前我国已建成多层次"正金字塔"形资本市场格局，但资本市场的建设还存在一些问题，如主板、创业板上市门槛较高，申报程序复杂，费时较长；创业板和科创板虽为注册制，上市门槛高；新三板流动性匮乏。因此，完善多层次资本市场建设，是风险投资存在和发挥增值作用、溢出效应的前提。

五　基于 Lotka-Volterra 模型的溢出机制分析

生物数学经典洛特卡—沃尔泰拉模型（Lotka-Volterra 模型）由美国生态学家 Lotka 和意大利数学家 Volterra 共同提出，被用于描述生物种群间的动态竞争情形。企业经济活动类似于生物种群的动态发展，学者将 Lotka-Volterra 模型应用于人类社会经济管理活动，取得了丰硕成果（杨萍等，2015）。Lotka-Volterra 模型主要分析系统中主体的竞争关系和竞争演化过程。系统中的主体可以是物种（生物竞争），也可以是产品或企业（市场竞争）。胡军燕与饶志燕（2014）借助 Lotka-Volterra 模型，探讨研发资源配置竞争下产学研合作与企业内部研发关系。杨萍等（2015）借助 Lotka-Volterra 模型，研究企业专利竞争的内在关系。赵黎明与张涵（2015）借助 Lotka-Volterra 模型，研究孵化器与创投之间的竞合关系。这些成果为本书探讨风险投资通过竞争与协作机制发挥溢出效应提供很好的借鉴。

郑维敏（1998）将 Lotka-Volterra 竞争系统模型的表达式设定如下：

$$\frac{dx_i}{dt} = r_i\left(x_i - \frac{x_i^2}{k_i} - \sum_{j \neq i} k_{ij} x_i x_j\right), \quad i = 1, 2, \cdots, n \tag{5.1}$$

其中，x_i 是物种群体 i，k_i 是物种 i 的环境承载容量，k_{ij} 是物种 j 对物种 i 的影响，r_i 是物种 i 的增长率。$k_{ij}>0$ 表示竞争，即物种 j 与物种 i 争夺资源。$k_{ij}<0$ 表示协作，即物种 j 促进了物种 i 的增长。

借鉴郑维敏（1998）Lotka-Volterra 模型，以及祝波（2006）的分析思路，获得风险投资 VC 支持的企业与未获得风险投资（VC）支持的企业之间会发生竞争与协作关系。随着 VC 资本进入一个企业，没有获得投资的企业可能会被迫利用新技术和实践来提高效率，与效率更高的 VC 支持企业竞争。VC 资本也有可能促进被投企业与上下游企业的关联与协作，形成互惠互利关系。假设在市场大系统中包括很多子系统，其中获得 VC 支持的企业是 A 子系统，未获得 VC 支持的企业是 B 子系统。A 子系统与 B 子系统会不断增长，即它们的增长率都为正。A 子系统与 B 子系统之间的竞争是典型的正反馈非线性系统。A 子系统与 B 子系统又会受到市场容量承载能力的限制。A 子系统与 B 子系统因竞争而相互影响，可建立模型：

$$\dot{x}_1 = r_1 x_1 \left(1 - \frac{x_1}{k_1} - k_{12} x_2\right) \tag{5.2}$$

$$\dot{x}_2 = r_2 x_2 \left(1 - \frac{x_2}{k_2} - k_{21} x_1\right) \tag{5.3}$$

其中，x_1 代表获得 VC 支持企业（A 子系统）的成长能力，x_2 代表未获得 VC 支持企业（B 子系统）的成长能力。r_1 与 r_2 表示 A 子系统与 B 子系统的增长率。k_1 与 k_2 表示环境对 A 子系统与 B 子系统的承载能力。k_{21} 表示获得 VC 支持企业对未获得 VC 支持企业的影响，且 $k_{21}>0$，表示获得 VC 支持企业与未获得 VC 支持企业竞争。同理，k_{12} 表示未获得 VC 支持企业对获得 VC 支持企业的影响，且 $k_{12}>0$，表示未获得 VC 支持企业与获得 VC 支持企业竞争。对式（5.2）至式（5.3）求不动点，做稳定性分析，可以得到竞争的不同结果。

若式（5.2）、式（5.3）等于 0，可以求得四个不动点，分别是：

$x_1=0$，$x_2=0$，即点 $(0, 0)$ \hfill (5.4)

$x_1=k_1$，$x_2=0$，即点 $(k_1, 0)$ \hfill (5.5)

$x_1=0$，$x_2=k_2$，即点 $(0, k_2)$ \hfill (5.6)

第五章 风险投资影响新三板企业价值及溢出效应的理论与机制 / 129

$$x_1 = \frac{k_1(1-k_{12}k_2)}{(1-k_1k_2k_{12}k_{21})}, \quad x_2 = \frac{k_2(1-k_{21}k_1)}{(1-k_1k_2k_{12}k_{21})}, \tag{5.7}$$

即点 $\left(\dfrac{k_1(1-k_{12}k_2)}{(1-k_1k_2k_{12}k_{21})}, \dfrac{k_2(1-k_{21}k_1)}{(1-k_1k_2k_{12}k_{21})}\right)$ (5.8)

Jacobian 矩阵是多元微分函数的一阶导数矩阵,表示状态的转移方向。

记 $\begin{cases} y_1(x_1, x_2) = \dot{x}_1 \\ y_2(x_1, x_2) = \dot{x}_2 \end{cases}$,则 Jacobian 矩阵是

$$A = \begin{bmatrix} \dfrac{\partial y_1}{\partial x_1} & \dfrac{\partial y_1}{\partial x_2} \\ \dfrac{\partial y_2}{\partial x_1} & \dfrac{\partial y_2}{\partial x_2} \end{bmatrix} \tag{5.9}$$

其中,$\dfrac{\partial y_1}{\partial x_1} = \dfrac{\partial\left(r_1x_1 - \dfrac{r_1}{k_1}x_1^2 - r_1k_{12}x_1x_2\right)}{\partial x_1} = r_1\left(1 - \dfrac{2x_1}{k_1} - k_{12}x_2\right)$ (5.10)

$\dfrac{\partial y_1}{\partial x_2} = \dfrac{\partial\left(r_1x_1 - \dfrac{r_1}{k_1}x_1^2 - r_1k_{12}x_1x_2\right)}{\partial x_2} = -r_1k_{12}x_1$ (5.11)

$\dfrac{\partial y_2}{\partial x_1} = \dfrac{\partial\left(r_2x_2 - \dfrac{r_2}{k_2}x_2^2 - r_2k_{21}x_1x_2\right)}{\partial x_1} = -r_2k_{21}x_2$ (5.12)

$\dfrac{\partial y_2}{\partial x_2} = \dfrac{\partial\left(r_2x_2 - \dfrac{r_2}{k_2}x_2^2 - r_2k_{21}x_1x_2\right)}{\partial x_2} = r_2\left(1 - \dfrac{2x_2}{k_2} - k_{21}x_1\right)$ (5.13)

则

$$A = \begin{bmatrix} \dfrac{\partial \dot{x}_1}{\partial x_1} & \dfrac{\partial \dot{x}_1}{\partial x_2} \\ \dfrac{\partial \dot{x}_2}{\partial x_1} & \dfrac{\partial \dot{x}_2}{\partial x_2} \end{bmatrix} = \begin{bmatrix} r_1\left(1 - \dfrac{2x_1}{k_1} - k_{12}x_2\right) & -r_1k_{12}x_1 \\ -r_2k_{21}x_2 & r_2\left(1 - \dfrac{2x_2}{k_2} - k_{21}x_1\right) \end{bmatrix} \tag{5.14}$$

对 Jacobian 矩阵 A 做稳定性分析。稳定性分析是根据 Jacobian 矩阵进行判断,计算其特征值。

对于二阶矩阵 $\begin{bmatrix} a_{11} & a_{12} \\ a_{21} & a_{22} \end{bmatrix}$，行列式 $\Delta = a_{11}a_{22} - a_{12}a_{21}$，(5.15)

特征值是特征方程 $|A-\lambda I| = 0$ 的解。(5.16)

$$|A-\lambda I| = \begin{vmatrix} a_{11}-\lambda & a_{12} \\ a_{21} & a_{22}-\lambda \end{vmatrix} = (a_{11}-\lambda)(a_{22}-\lambda) - a_{12}a_{21} = 0 \quad (5.17)$$

$$|A-\lambda I| = \lambda^2 - \lambda(a_{11}+a_{22}) + (a_{11}a_{22}-a_{12}a_{21}) = 0 \quad (5.18)$$

令 $a_{11}+a_{22} = \tau$ (5.19)

$$|A-\lambda I| = \lambda^2 - \lambda(a_{11}+a_{22}) + (a_{11}a_{22}-a_{12}a_{21}) = \lambda^2 - \lambda\tau + \Delta = 0 \quad (5.20)$$

$$\lambda = \frac{\tau \pm \sqrt{\tau^2-4\Delta}}{2} \quad (5.21)$$

不动点的稳定性取决于 $\text{Re}(\lambda)$，即特征值 λ 的实数部分：

若 $\text{Re}(\lambda) > 0$，为不稳定点；(5.22)

若所有 $\text{Re}(\lambda) < 0$，为稳定点；(5.23)

若 $\text{Re}(\lambda)$ 有正有负，为鞍点；(5.24)

若 $\text{Re}(\lambda) = 0$，为中性。(5.25)

对 Jacobian 矩阵 A 求特征值，判断特征值 λ 的实数部分的正负，以判断不动点的稳定性。

情形（1）点（0, 0）

$$A = \begin{bmatrix} r_1 & 0 \\ 0 & r_2 \end{bmatrix} \quad (5.26)$$

$$\tau = r_1 + r_2, \ \Delta = r_1 r_2, \ \tau^2 - 4\Delta = (r_1+r_2)^2 - 4r_1 r_2 = (r_1-r_2)^2 \quad (5.27)$$

$$\lambda = \frac{\tau \pm \sqrt{\tau^2-4\Delta}}{2} = \frac{(r_1+r_2) \pm (r_1-r_2)}{2}, \quad (5.28)$$

由于 $\lambda_1 = r_1 > 0$, $\lambda_2 = r_2 > 0$，

所以（0, 0）点为不稳定点。(5.29)

情形（2）点（k_1, 0）：

$$A = \begin{bmatrix} -r_1 & -r_1 k_{12} k_1 \\ 0 & r_2(1-k_{21}k_1) \end{bmatrix} \quad (5.30)$$

$\tau = -r_1 + r_2(1-k_{21}k_1), \ \Delta = -r_1 r_2(1-k_{21}k_1)$ (5.31)

$$\lambda = \frac{\tau \pm \sqrt{\tau^2-4\Delta}}{2} \quad (5.32)$$

$$\lambda = \frac{-r_1 + r_2(1 - k_{21}k_1) \pm \sqrt{[-r_1 + r_2(1 - k_{21}k_1)]^2 + 4r_1 r_2(1 - k_{21}k_1)}}{2} \quad (5.33)$$

$$\lambda_1 = r_2(1 - k_{21}k_1), \quad \lambda_2 = -r_1 \quad (5.34)$$

若 $(1 - k_{21}k_1) > 0$,$\lambda_1 = r_2(1 - k_{21}k_1) > 0$,同时已有 $\lambda_2 = -r_1 < 0$, (5.35)

则 $(k_1, 0)$ 点为鞍点。 (5.36)

若 $(1 - k_{21}k_1) < 0$,$\lambda_1 = r_2(1 - k_{21}k_1) < 0$,同时已有 $\lambda_2 = -r_1 < 0$, (5.37)

则 $(k_1, 0)$ 点为稳定点。 (5.38)

情形(3) 点 $(0, k_2)$:

$$A = \begin{bmatrix} r_1(1 - k_{12}k_2) & 0 \\ -r_2 k_{21} k_2 & -r_2 \end{bmatrix} \quad (5.39)$$

$$\tau = r_1(1 - k_{12}k_2) - r_2, \quad \Delta = -r_1 r_2 (1 - k_{12}k_2) \quad (5.40)$$

$$\lambda = \frac{\tau \pm \sqrt{\tau^2 - 4\Delta}}{2} \quad (5.41)$$

$$\lambda = \frac{r_1(1 - k_{12}k_2) - r_2 \pm \sqrt{[r_1(1 - k_{12}k_2) - r_2]^2 + 4r_1 r_2(1 - k_{12}k_2)}}{2} \quad (5.42)$$

$$\lambda_1 = r_1(1 - k_{12}k_2), \quad \lambda_2 = -r_2 \quad (5.43)$$

若 $(1 - k_{12}k_2) > 0$,$\lambda_1 = r_1(1 - k_{12}k_2) > 0$,同时已有 $\lambda_2 = -r_2 < 0$, (5.44)

则 $(0, k_2)$ 点为鞍点。 (5.45)

若 $(1 - k_{12}k_2) < 0$,$\lambda_1 = r_1(1 - k_{12}k_2) < 0$,同时已有 $\lambda_2 = -r_2 < 0$, (5.46)

则 $(0, k_2)$ 点为稳定点。 (5.47)

情形(4) 点 $\left(\dfrac{k_1(1 - k_{12}k_2)}{(1 - k_1 k_2 k_{12} k_{21})}, \dfrac{k_2(1 - k_{21}k_1)}{(1 - k_1 k_2 k_{12} k_{21})}\right)$ (5.48)

$$A = \begin{bmatrix} \dfrac{-r_1(1 - k_{12}k_2)}{(1 - k_1 k_2 k_{12} k_{21})} & \dfrac{-r_1 k_{12} k_1 (1 - k_{12}k_2)}{(1 - k_1 k_2 k_{12} k_{21})} \\ \dfrac{-r_2 k_{21} k_2 (1 - k_{21}k_1)}{(1 - k_1 k_2 k_{12} k_{21})} & \dfrac{-r_2(1 - k_{21}k_1)}{(1 - k_1 k_2 k_{12} k_{21})} \end{bmatrix} \quad (5.49)$$

$$\tau = \frac{-r_1(1 - k_{12}k_2) - r_2(1 - k_{21}k_1)}{(1 - k_1 k_2 k_{12} k_{21})} \quad (5.50)$$

$$\Delta = \frac{r_1 r_2 (1 - k_{12}k_2)(1 - k_{21}k_1)}{(1 - k_1 k_2 k_{12} k_{21})}, \quad \lambda = \frac{\tau \pm \sqrt{\tau^2 - 4\Delta}}{2} \quad (5.51)$$

若 $(1-k_{12}k_2)>0$ 且 $(1-k_{21}k_1)>0$，则 $\tau<0$，$\Delta>0$，$0<\sqrt{\tau^2-4\Delta}<|\tau|$， (5.52)

则点 $\left(\dfrac{k_1(1-k_{12}k_2)}{(1-k_1k_2k_{12}k_{21})},\dfrac{k_2(1-k_{21}k_1)}{(1-k_1k_2k_{12}k_{21})}\right)$ 为稳定点。 (5.53)

若 $(1-k_{12}k_2)<0$ 且 $(1-k_{21}k_1)<0$，则 $\tau>0$，$\Delta<0$， (5.54)

$(\tau\pm\sqrt{\tau^2-4\Delta})$ 的符号可能为正也可能为负， (5.55)

则点 $\left(\dfrac{k_1(1-k_{12}k_2)}{(1-k_1k_2k_{12}k_{21})},\dfrac{k_2(1-k_{21}k_1)}{(1-k_1k_2k_{12}k_{21})}\right)$ 为鞍点。 (5.56)

综合上述对不动点稳定性的分析，发现当 $k_{21}k_1>1$ 或 $k_{12}k_2>1$ 时 [情形（2）和情形（3）]，系统中有两个稳定点，为 $(k_1,0)$ 和 $(0,k_2)$，说明有一方会胜出，另一方被挤出，有可能是未获得 VC 支持的企业子系统 B 被完全挤出市场。① 现实情况是，如果没有获得风险投资的企业无法跟上新技术步伐，那么被投企业效率的飞速提升可能会将竞争对手挤出市场，表现为部分效益不佳的企业面临破产或被兼并的结果。竞争的结果促使 A 子系统和 B 子系统向更高水平运作，即竞争的优胜劣汰促进了产业结构的优化，风险投资的溢出效应得到体现。

当 $k_{12}k_2<1$ 且 $k_{21}k_1<1$ 时 [情形（4）]，系统中只有一个稳定点，获得 VC 支持企业与未获得 VC 支持企业在竞争中共存。A 子系统和 B 子系统通过竞争向更高的方向发展。原因在于，B 子系统感受到来自 A 子系统的竞争压力，为了不被挤出市场，B 子系统开始模仿竞争对手（A 子系统）的技术与经营模式，B 子系统在具备一定吸收能力的条件下，可以吸收 A 子系统所带来的溢出效应。更进一步，B 子系统在竞争的威胁下会主动吸收和创新。A 子系统和 B 子系统通过竞争向动态均衡的方向发展，实现企业大系统整体实力的提升。因此，风险投资引入的竞争压力可能会给整个产业或地区带来正的溢出效应。

Aldatmaz（2013）以赫兹（Hertz）汽车租赁公司的收购为例，说明两个子系统在竞争共存下的演化方向与演化结果。2005 年底，由凯雷投资集团、美林证券的投资部门以及克莱顿·杜比里尔与赖斯公司（Clayton Dubilier & Rice）组成的风险投资财团以 140 亿美元的价格收购了

---

① 马歇尔提出"生物学理论"，张伯伦和罗宾逊夫人提出"不完全竞争理论"，罗宾逊提出"最佳规模理论"。他们从不同角度论证中小企业的存在性。

Hertz 公司。收购后，Hertz 公司进行了重大改革以削减成本和提高运营效率。例如，在收购之前，一辆车被送到一个租赁地点前，需在不同的工作站进行清洁和加油。新的管理者意识到这个过程低效且浪费时间，为了提高效率，清洁站被移到加油站附近，使每小时可处理的汽车数量增加一倍。除了业务上的变化，这家 VC 集团还改变公司的治理结构，开始更为密切地监控管理层。在 VC 财团收购 Hertz 公司后，Hertz 公司的两大竞争对手 Avis Budget 和 Dollar Thrifty 的业绩也取得显著增长。例如，2006 年 Avis Budget 引入一项名为"卓越绩效"的过程改进倡议，旨在提高车辆租赁过程的效率、降低成本以及提高客户的租赁体验。同时，Dollar Thrifty 也推出几项节约成本的措施，包括信息技术外包，加大对现有 IT 系统的投资以提高效率等。这些努力很可能是对 Hertz 公司竞争压力的反应，说明竞争机制会产生溢出效应。2006 年到 2007 年，Avis Budget 和 Dollar Thrifty 的利润率分别增长了 10% 和 7%，以每名员工销售额衡量的劳动生产率也分别增长了 5% 和 6%。这个例子说明，竞争压力使 VC 财团支持公司提高效率的实践和技术会在一定时间内蔓延到同一行业的其他公司，并导致未获得 VC 支持的公司业绩提高。说明竞争可以促进各子系统的演化，各子系统的演化促进了企业大系统（产业）的整体进步。

A 子系统（获得 VC 支持企业）与 B 子系统（未获得 VC 支持企业）之间除了竞争共存机制发挥作用，协作共生机制亦会发生影响。协作在一定意义上是竞争的另一种表现形式，因为很多情况下，子系统之间协作共生是为了获得更好的竞争优势。如式（5.57）、式（5.58）所示，$k_{21}<0$，说明获得 VC 支持企业没有抢占未获得 VC 支持企业的资源（市场份额），B 子系统存在一次正反馈 $|k_{21}|x_1$，即 A 子系统促进了 B 子系统的发展。$k_{12}<0$，说明未获得 VC 支持企业没有抢占获得 VC 支持企业的资源（市场份额），A 子系统存在一次正反馈 $|k_{12}|x_2$，即 B 子系统促进了 A 子系统的发展。A 子系统与 B 子系统从竞争共存转变为协作共生。A 子系统与 B 子系统之间的协作共生模型为：

$$\dot{x}_1 = r_1 x_1 \left(1 - \frac{x_1}{k_1} - k_{12} x_2\right) = r_1 x_1 \left(1 - \frac{x_1}{k_1} + |k_{12}|x_2\right) \tag{5.57}$$

$$\dot{x}_2 = r_2 x_2 \left(1 - \frac{x_2}{k_2} - k_{21} x_1\right) = r_2 x_2 \left(1 - \frac{x_2}{k_2} + |k_{21}|x_1\right) \tag{5.58}$$

A 子系统获得风险资本的支持，风险投资与 A 子系统之间是长期合

作关系。风险投资的直接经济利益体现在 A 子系统的发展状况上。风险投资有足够的动力促使 A 子系统做大做强，形成规模效应。A 子系统发展到一定阶段，它与 B 子系统之间的竞争会加剧，A 子系统也会受到越来越多负反馈 $\left(-\dfrac{r_1 x_1^2}{k_1}\right)$ 的制约，如竞争对手的制约、市场承载能力的约束、企业自身的发展瓶颈等因素。负反馈因素使 A 子系统的发展放缓，A 子系统需要寻找新的发展模式。在这种情况下，A 子系统趋向于与 B 子系统达成协作共生关系。风险投资可能会协助 A 子系统参股或控股或并购上下游企业，完善产业链，形成产业链闭环，让关键的业务都在自己的体系内完成。A 子系统与上下游企业形成产业链后，企业间的协作能力加强，产业间的协同水平提高。风险投资对 A 子系统上下游企业的投资，不仅是资金的注入，还同时引入先进的管理经验，对成为供应链一环的新企业而言，在产品技术、质量、环保等方面也提出新的要求。供应商基于融入产业链的契机，会提高企业的经营管理水平，把供应链中更高更新的技术标准与企业自身的发展结合起来，主动进行学习和创新。因此，对于 A 子系统而言，获得 $|k_{12}|x_2$ 正反馈（B 子系统为达到融入产业链的要求，创新产品技术、提高经营管理水平，从而更好地配合 A 子系统运作），对于 B 子系统而言，获得 $|k_{21}|x_1$ 正反馈（A 子系统构建产业链，与 B 子系统的协作能力加强，产业间的协同水平提高）。A 子系统与 B 子系统之间形成一些协作关系，人才、信息、知识等要素会在两个系统中流动，促进 A 子系统与 B 子系统之间的相互学习和创新，企业大系统（产业）在这个过程中实现进化和更合理地发展。这便是风险投资发挥溢出效应的另一个溢出机制。值得注意的是，A 子系统与 B 子系统之间的协作，需要较大规模的资金支持。现实中，企业的并购重组整合确实需要较大规模的资金支持。A 子系统与 B 子系统之间的协作共生能力，取决于投入 A 子系统的风险资本规模以及风险投资市场、资本市场的成熟程度。

第五节　本章小结

首先，从理论层面分析风险投资对新三板企业价值的影响，以及风险投资作用于新三板市场的溢出效应。其次，建立机制分析框架，深入探讨风险投资影响新三板企业价值的作用机制及溢出机制问题。机制分析框架是本章的研究重点，是在理论分析的基础上结合现实基础对所研究问题的详细探讨。

风险投资影响新三板企业价值的三个作用机制分别是治理作用机制、认证作用机制和支持作用机制。①治理作用机制：风险投资对新三板企业可发挥治理作用。新三板市场的内在特点决定风险投资对新三板企业扶持的心态大于减持变现的心态；新三板作为非上市公众公司，其治理水平优于一般的中小微企业。新三板在一定程度上畅通了风险投资参与日常管理的渠道；新三板市场发展回归理性，挂牌企业注重自身质量的提升，与风险投资目标不谋而合，双方更易达成一致合作的效果。②认证作用机制：新三板的备案制、适度信息披露、较为宽松的上市条件使新三板企业和投资人之间存在很大的信息不对称。新三板企业需要第三方认证机构传递有效市场信号。风险投资在一定程度上可以为企业价值背书，发挥积极的认证作用。③支持作用机制：在新三板挂牌的企业希望借助风险投资打开公司的经营局面，主观成长动力充足，风险投资的支持机制将起到积极的催化作用。作用机制有效运作的条件为：创业企业有信任风险投资的企业文化，风险投资人的声誉资本昂贵且易失难得，风险投资和创业企业能建立建设性的互动关系。

风险投资作用于新三板的三个溢出机制为资源配置机制、竞争合作机制和协作链接机制。①资源配置机制。风险投资通过引导资金流向成长优良且资金匮乏的企业，以及通过引导各种要素在企业内部有机整合，推动创新型中小微企业发展，影响产业结构的优化和变迁。②竞争合作机制。未获得风险资本支持的企业通过模仿、吸收、创新来应对竞争压力。同时，风险投资在很多情况下还促成企业与企业之间的合作。风险投资通常以联合投资的方式向投资组合公司注资。③协作链接机制。风险投资基于协作链接机制发挥的产业溢出效应在某种程度上等同于整合产业链与并购的结果。目前阶段，风险投资对新三板企业的投入金额较小且分散。因此，风险投资通过协作机制发挥溢出效应的功能可能会被削弱。溢出机制发挥作用的条件为：政府有适当的引导政策；市场环境存在适度的竞争；中小微企业具备吸收能力；资本市场体系健全完善。进一步，利用 Lotka-Volterra 模型分析风险投资溢出效应的内在机制。竞争共存与协作共生促进了各子系统的进化与成长，企业大系统（产业）在这一过程中向更高的方向发展。

第六章 风险投资影响新三板企业价值及作用机制的实证分析

本章从微观层面探讨风险投资对新三板企业价值的影响及作用机制，是对第五章作用机制理论推演的实证检验。主要包括以下内容：①筛选样本，进行变量说明和描述性统计分析，获得初步统计结论。②设定中介效应模型，分别检验风险投资影响新三板企业价值的治理作用、认证作用和支持作用。考虑到风险投资的自选择效应问题，运用PSM法和PSM-DID法进行内生性分析。此外，进行多轮稳健性测试，以进一步验证实证结论的可靠性。③考虑到新三板市场的全新情景和独特规则，进一步考虑新三板挂牌企业的异质性因素。探讨新三板挂牌企业异质性对风险投资作用效果的影响，通过实证结论获得政策启示。

第一节 变量说明及基本统计分析

一 变量构造与数据说明

（一）数据来源与样本筛选

新三板是中国多层次资本市场中发展速度最快、挂牌公司最多的一个板块。2001—2013年三板市场经历了从"老三板"到"新三板"再到"全国中小企业股份转让系统"三个阶段。从2013年全面扩容到现在，新三板先后推出做市交易、分层制度、竞价交易等配套制度。新三板的推出和完善对支持创新型中小企业发展、探索场外交易市场改革有重要的现实意义。对于风险投资而言，新三板不仅是它们实现资本退出的新渠道，还是它们挑选潜在公司进行投资的目标场所。考虑到以上背景资料，选取2010—2017年作为研究的时间窗口。以2017年底已在新三板成功挂牌的 9628 家①企业作为初始样本，并按照如下标准进行筛选：①剔除 ST 企业 140 家；②剔除制造业和信息服务业以外行业的 2937 家企业②；③剔除数据不完整的企业 3468 家。最后得到 3083 家企业，合计 4710 个观测值③。研究中所涉及的数据来源于 Wind 金融数据库和 Choice 金融数据库。数据处理及实证检验过程均通过 Stata16.1 实现。为了消除离群值的影响，在 1% 显著性水平应用 Winsorize 方法对相关连续变量进行双边缩尾处理。

（二）变量定义与度量

（1）被解释变量：$Tobin\_Q$④。借鉴夏立军和方轶强（2005）、金永红等（2016）等的方法，以 $Tobin\_Q$ 来描述企业的年末价值。James Tobin 于 1969 年提出 $Tobin\_Q$ 比值，即公司市场价值与公司重置成本的比例，可作为企业价值的度量指标。由于企业的重置成本难以获得，用年末资产总额代替重置成本。$Tobin\_Q$ 所代表的价值是企业的发展能力和成长性，衡量公司创造价值与投入成本的关系，沟通虚拟经济和实体经济。$Tobin\_Q>1$，企业为财富创造者；$Tobin\_Q=1$，企业为财富低效者；$Tobin\_Q<1$，企业为财富缩水者。$Tobin\_Q=$ 公司市场价值/公司重置成本 =（年末

---

① 不包含已经摘牌或通过 IPO 在主板、中小板、创业板上市的企业。

② 据统计，制造业和信息业涵盖了新三板中绝大多数企业（2017 年占 70%），风险投资也主要投资于这两大门类企业（2017 年末 VC 投资于制造业和信息业两大门类企业占其投资于所有企业的比例为 81.5%）。因此，选择这两大门类的企业作为分析样本。

③ 之所以得到这样的结果，是因为多数新三板企业数据缺漏严重，在数据筛选环节剔除缺漏值会使有的企业只有一年度数据、有的企业只有两年度数据等，数据结构为非平衡面板数据，由于该实证模型不涉及滞后一期的变量，因此笔者没有剔除只有一年度或两年度数据的企业。

④ 关于 $Tobin\_Q$ 中市值公允性的说明：样本期间新三板正在实行的交易转让制度为协议转让和做市转让。对于做市转让形成的价格通常可认为它具备公允性。对于协议转让形成的价格不排除特殊交易动机下的价格严重偏离公司合理价值的情形，但新三板的市场定位是以机构投资者和高净值人士为参与主体，因此其市场生态和以中小散户为参与主体的沪深股市有显著区别（沪深股市投机性较强，新三板投机性弱，可能更偏重价值投资）。协议转让价格也并非交易双方完全非理性的协商结果，大多数情况下，协议转让方式也体现定价的市场化（协商谈判、买卖自愿）。针对协议转让的企业，笔者通过数据处理过程（删除缺漏值、处理离群值）尽量接近市值的公允性。当前阶段探讨风险投资对新三板挂牌企业价值的影响及作用机制，可视为一种有益的尝试，为分析影响效果、厘清作用机制提供一种分析思路。随着新三板市场的不断完善与深化，$Tobin\_Q$ 将越来越适用于新三板的实际情况。

总市值+年末总负债)①/年末总资产。

(2)解释变量：①风险投资支持（VC）。若样本企业在被观测年度获得过一轮风险投资则取1，未获得任何风险投资则取0。新三板企业获得风险投资支持的信息主要来源于Wind数据库下中国PE/VC子库及Choice数据库下新三板专题中PE/VC机构投资明细。借鉴张学勇与廖理（2011）、王秀军与李曜（2016）、冯慧群（2016）、刘刚等（2018）将风险投资（VC）和私募股权投资（PE）均当作风险投资的处理方法，在筛选投资事件时，将VC和PE均视作风险投资。②联合风险投资支持（VCunion）。即样本企业在被观测年度获得风险投资支持机构的数量。该指标可以反映新三板挂牌企业被联合风险投资②关注的程度（吴超鹏等，2012）。

(3)中介变量：①公司治理中介变量反映治理作用。风险资本进入企业后，为保证收益，可能会参与被投资企业的公司治理活动。借鉴前期研究成果，用以下指标衡量企业的公司治理状况。a. 前十大股东持股比例合计（$Top10$），该指标衡量企业的股权集中程度（陈德萍和陈永圣，2011）；b. 独立董事占比（$Independ$），即独立董事人数/董事会人数，该指标反映公司治理的规范程度（祝继高等，2015）；②流动性中介变量反映认证作用。借鉴陈辉（2017）、陈辉与顾乃康（2017）、孟为与陆海天（2018）的做法，采用以下指标衡量公司股票的流动性。a. 区间换手率（$Turnover$），即公司股票在年度内转手买卖的频率；b. 区间成交量（$Volume$），即股票在年度内的成交股数；③融资能力中介变量反映支持作用。Hochberg等（2007）指出，VC机构与其他VC机构之间的业务关系网络以及网络的信息传递功能会给企业带来额外融资。借鉴方明月（2011）、李燕与安烨（2018）的做法，采用a. 年度增发募资金额合计（$Issue$）和b. 资产负债比（$Leverage$）来分别衡量企业的直接融资能力和间接融资能力。

---

① 之所以将总负债考虑到公司市场价值中，首先，是借鉴了夏立军与方轶强（2005）、金永红等（2016）两篇文章中的做法。其次，根据MM理论，在满足一些假设下，公司资本结构与公司市场价值无关，企业价值表现为企业的市场价值，即企业股票市值与债务市值之和。最后，笔者认为公司市场价值应考虑公司的负债，因为负债越多，意味着公司的可抵押资产越高，公司的价值越高。此外，负债可以减轻公司税负，可以增加公司的价值。

② 若上市公司的十大股东中有两家或两家以上风险投资机构，则认为该公司被风险投资机构联合投资。

（4）控制变量：参照以往文献对企业价值影响因素的研究（薛菁与林莉，2017；罗琦与罗洪鑫，2018；陈洪天与沈维涛，2018；黄福广与王建业，2019；等等），结合数据的可获得性、完整性，选取资产规模（Size）、营业收入同比增长率（Grow）、总资产周转率（Operate）、资本密度（Fixed）、无形资产占比（Invisible）、产权性质（Ownership）、企业年龄（Build_age）、挂牌年龄（List_age）以及行业和年度哑变量为控制变量。其中行业哑变量为制造业和信息服务业下的大类行业，一共33个行业。表6.1列示了主要变量的含义和计算方法。

表 6.1　　　　　　　　　　主要变量及说明

变量设置及类型			变量代号	解释和计算方法
被解释变量	企业价值		Tobin_Q	（年末总市值+年末总负债）/年末总资产
解释变量	风险投资支持		VC	挂牌企业在当年获得风险投资取1，否取0
	联合风险投资支持		VCunion	挂牌企业当年获得风险投资支持机构的数量
中介变量	公司治理	股权集中度	Top10	前十大股东持股比例合计
		独立董事占比	Independ	独立董事人数/董事会人数
	流动性	区间换手率	Turnover	年度挂牌企业股票换手率
		区间成交量	Volume	ln（1+年度挂牌企业股票的成交量）
	融资能力	财务杠杆	Leverage	资产负债率
		增发规模	Issue	ln（1+年度增发募资金额）
控制变量	企业规模		Size	ln（年末企业资产总额）
	增长能力		Grow	营业收入同比增长率
	运营能力		Operate	总资产周转率
	资本密度		Fixed	年末固定资产/资产总额
	无形资产占比		Invisible	年末无形资产/资产总额
	产权性质		Ownership	国有控股取1，否取0
	企业年龄		Build_age	企业成立至今的年数
	挂牌年龄		List_age	企业挂牌至今的年数

二　描述性统计与分析

各变量的描述性统计如表6.2所示，①2010—2017年被观测新三板挂牌企业的年末价值的均值为1.627，最小值为0.642，最大值为9.400，说明样本中企业具备成长潜力。②风险投资支持的均值为0.051，说明当前阶段风险资本对新三板企业支持的力度较弱，还有很大的上升空间。③股权集中度的均值为0.937，说明新三板挂牌企业股权相对集中，这与新三板当前股权结构的现实状况相吻合；独立董事占比的均值为0.065，说明新三板挂牌企业治理的规范程度有待提高。④新三板挂牌企业年度平均换手率为11.37%，年度成交量对数的平均水平为5.307，这与新三板市场流动性不足的现实相吻合。⑤杠杆率的均值为0.396，说明新三板挂牌企业的资产负债率平均为39.6%，符合当前中小企业融资不易，平均杠杆率低于国有企业或重工业企业的事实。[1] ⑥资本密度的均值为18.438%，说明新三板挂牌企业以轻资产公司居多。产权性质的均值为0.040，说明新三板挂牌企业中民营企业居多。挂牌年龄的均值为0.652年，说明大部分企业挂牌年限较短。

表6.2　　　　　　　　　　变量的描述性统计

变量	均值	中位数	标准差	最小值	最大值
$Tobin\_Q$	1.627	1.000	1.43	0.642	9.400
VC	0.051	0.000	0.22	0.000	1.000
$VCunion$	0.078	0.000	0.44	0.000	11.000
$Top10$	0.937	0.989	0.10	0.505	1.000
$Independ$	0.065	0.000	0.19	0.000	0.750
$Turnover$	11.370	0.000	27.16	0.000	151.834
$Volume$	5.307	0.000	6.93	0.000	17.620
$Leverage$	0.396	0.396	0.20	0.036	0.848
$Issue$	4.388	0.000	7.40	0.000	18.950
$Size$	18.438	18.455	1.08	16.078	21.053
$Grow$	0.275	0.121	0.66	−0.607	4.101
$Operate$	0.867	0.767	0.49	0.108	2.681
$Fixed$	0.184	0.153	0.15	0.003	0.611
$Invisible$	0.058	0.036	0.07	0.000	0.355

[1] 在非金融部门中，国有企业的负债率一直高于私营企业。2017年国有企业资产负债率为65.7%，规模以上工业企业资产负债率为55.5%。资料来源：张晓晶等：《中国去杠杆进程报告（2017年度）》，国家金融与发展实验室，http://www.nifd.cn/Activity/Past/506。

续表

变量	均值	中位数	标准差	最小值	最大值
Ownership	0.040	0.000	0.20	0.000	1.000
Build_age	10.599	10.000	4.79	1.000	50.000
List_age	0.652	0.000	1.54	0.000	11.000
样本数（N）			4710		

第二节 研究假设与计量模型设定

一 研究假设回顾

在第五章第三节"风险投资影响新三板企业价值的作用机制分析"中，笔者结合风险投资理论、企业理论以及风险投资和新三板市场发展的现实基础，对风险投资影响新三板企业价值的机制进行探讨。认为在新三板挂牌的企业多为初创企业，规模小且不确定性大。此时，风险投资更多地表现为早期投资、价值投资和创新投资，充当新创企业成长教练的角色，更关注企业的长期收益。除提供资金支持，它们还会积极参与公司治理，行使内部人职能，降低企业的不确定性，提升企业的专业化运作能力；它们会向市场传递积极信号，将更多有效的信息渗入股价，提高股票的透明度；它们还会为企业带来各类社会资本，缓解企业融资约束，提高被投企业的社会嵌入能力，协助企业开拓市场。风险资本投入新三板企业会积极发挥上述作用以实现企业价值增值，以期在退出时获得丰厚的回报。因此提出：

假设 H6-1：风险投资对新三板企业价值提升有正向促进作用。

假设 H6-2：风险资本可以改善新三板企业的公司治理状况，进而正向影响企业价值增值。即风险投资影响新三板企业价值增值的过程中，存在治理作用的中介效应。

假设 H6-3：风险投资可以提高新三板股票的流动性，进而正向影响企业价值增值。即风险投资影响新三板企业价值增值的过程中，存在认证作用的中介效应。

假设 H6-4：风险投资可以增强新三板挂牌企业的融资能力，进而正向影响企业价值增值。即风险投资影响新三板企业价值增值的过程中，存在支持作用的中介效应。

二 计量模型设定

温忠麟等（2004）认为，若所有变量为显变量，可建立递归模型（Recursive Model）对方程进行分别回归，代替路径分析。借鉴 Baron 和 Kenny（1986）及温忠麟等（2004）提出的中介效应检验方法，进行如下递归模型的构造，识别中介变量是否具有中介效应。

$$Tobin\_Q_{it} = \alpha_0 + \alpha_1 VC_{it} + \sum Control_{it} + \sum Industry + \sum Year + \varepsilon_{it} \quad (6.1)$$

$$M_{it} = \beta_0 + \beta_1 VC_{it} + \sum Control_{it} + \sum Industry + \sum Year + \varepsilon_{it} \quad (6.2)$$

$$Tobin\_Q_{it} = \gamma_0 + \gamma_1 VC_{it} + \gamma_2 M_{it} + \sum Control_{it} + \sum Industry + \sum Year + \varepsilon_{it} \quad (6.3)$$

模型（6.1）为中介效应检验的第一步，即总效应模型，对式（6.1）中除中介变量以外的其他变量进行回归，考察不存在中介变量情况下，风险投资支持对企业价值的影响效果。若 α_1 不显著，VC 和 $Tobin\_Q$ 相关性不显著，停止中介效应分析；若 α_1 显著，说明风险投资确实影响企业价值，可以进行下一步。模型（6.2）为中介效应检验的第二步，M 分别代表公司治理中介变量（$Top10$，$Independ$）、公司股票流动性中介变量（$Turnover$，$Volume$）以及企业融资能力中介变量（$Leverage$，$Issue$），以 VC 为自变量，逐个检验风险投资支持对各个中介变量的影响。模型（6.3）为中介效应检验的第三步，将各中介变量分别加入模型（6.1）中，得到对应的模型（6.3）。若 β_1 和 γ_2 显著，且 γ_1 也显著，说明风险投资支持对企业价值的影响有一部分是由中介变量 M 的中介效应产生的；若 β_1 和 γ_2 显著，且 γ_1 不显著，说明在风险投资与企业价值的关系中，中介变量 M 产生了完全中介效应；若 β_1 和 γ_2 至少有一个不显著，则做 Sobel[①] 检验。相应地，将自变量风险投资支持（VC）换成联合风险投资支持（$VCunion$），可检验风险投资机构数与企业价值关系中的中介效应

---

① 检验的统计量 $z = \hat{\beta}_1 \hat{\gamma}_2 / s_{\beta_1 \gamma_2}$，其中 $\hat{\beta}_1$ 和 $\hat{\gamma}_2$ 是 β_1 和 γ_2 的估计，$s_{\beta_1 \gamma_2} = \sqrt{\hat{\beta}_1^2 s_{\gamma_2}^2 + \hat{\gamma}_2^2 s_{\beta_1}^2}$ 是 $\hat{\beta}_1 \hat{\gamma}_2$ 的标准误，s_{β_1} 和 s_{γ_2} 是 $\hat{\beta}_1$ 和 $\hat{\gamma}_2$ 的标准误。若 z 值显著，则中介效应显著，反之则不显著。

第六章　风险投资影响新三板企业价值及作用机制的实证分析 / 143

状况。按照相同的方法构造递归模型进行检验。

$$Tobin\_Q_{it} = \alpha_0 + \alpha_1 VCunion_{it} + \sum Control_{it} + \sum Industry + \sum Year + \varepsilon_{it} \tag{6.4}$$

$$M_{it} = \beta_0 + \beta_1 VCunion_{it} + \sum Control_{it} + \sum Industry + \sum Year + \varepsilon_{it} \tag{6.5}$$

$$Tobin\_Q_{it} = \gamma_0 + \gamma_1 VCunion_{it} + \gamma_2 M_{it} + \sum Control_{it} + \sum Industry + \sum Year + \varepsilon_{it} \tag{6.6}$$

第三节　计量模型估计结果分析

一　治理作用中介效应检验

在风险投资影响新三板挂牌企业价值的关系中，治理作用中介效应的检验结果如表6.3（对应模型6.1、模型6.2和模型6.3）所示。表6.3中，（1）—（3）是Top10（股权集中度）为公司治理中介变量时风险投资影响新三板企业价值的作用机制检验。表6.3中（4）—（6）是Independ（独立董事占比）为公司治理中介变量时风险投资影响新三板企业价值的作用机制检验。它们旨在验证在风险投资影响新三板挂牌企业价值的关系中，公司治理的作用机制是否存在。表6.3（1）报告了风险投资支持对新三板企业价值的影响，系数α_1为0.239，在5%显著性水平下显著。说明在控制其他因素的影响下，风险投资对企业价值有显著的正向作用，假设H6-1得到验证。同时，可以进行中介效应检验的第二步。表6.3（2）显示，VC对Top10的系数$\beta_1 = -0.041$，说明风险投资可降低企业股权集中程度，且它在1%显著性水平下显著，说明风险投资确实对公司治理有显著影响。表6.3（3）显示，Top10与$Tobin\_Q$的系数$\gamma_2 = -0.841$在1%显著性水平下显著，同时VC与$Tobin\_Q$的系数$\gamma_1 = 0.205$在5%显著性水平下显著，说明股权集中度在此表现出部分中介效应。表6.3（4）的结论与（1）相同。表6.3（5）中VC对Independ的系数$\beta_1 = 0.029$，在5%显著性水平下显著。说明风险投资可以提升独立董事占比，进而改善企业的治理状况。表6.3（6）显示，Independ与$Tobin\_Q$的系数$\gamma_2 = 0.461$在1%显著性水平下显著，同时VC与$Tobin\_Q$的系数$\gamma_1 = 0.226$在

5%显著性水平下显著,说明独董占比在此仍表现出部分中介效应。所以,在风险投资影响新三板价值增值过程中,存在治理作用的中介效应,假设 H6-2 得到验证。

表 6.3　风险投资影响新三板企业价值的公司治理中介效应检验

变量	(1) Tobin_Q	(2) Top10	(3) Tobin_Q	(4) Tobin_Q	(5) Independ	(6) Tobin_Q
VC	0.239** (2.56)	-0.041*** (-6.88)	0.205** (2.19)	0.239** (2.56)	0.029** (2.51)	0.226** (2.42)
M			-0.841*** (-3.66)			0.461*** (3.95)
Size	0.066*** (3.15)	-0.034*** (-25.84)	0.037* (1.65)	0.066*** (3.15)	0.067*** (25.62)	0.035 (1.56)
Grow	0.130*** (4.05)	-0.005** (-2.30)	0.126*** (3.93)	0.130*** (4.05)	0.004 (1.08)	0.128*** (3.99)
Operate	-0.324*** (-7.14)	0.017*** (5.76)	-0.310*** (-6.81)	-0.324*** (-7.14)	0.023*** (4.03)	-0.335*** (-7.37)
Fixed	-0.373** (-2.37)	0.018* (1.79)	-0.358** (-2.28)	-0.373** (-2.37)	-0.024 (-1.20)	-0.362** (-2.31)
Invisible	-0.606** (-2.02)	-0.014 (-0.72)	-0.617** (-2.07)	-0.606** (-2.02)	0.001 (0.02)	-0.606** (-2.03)
Ownership	-0.328*** (-3.17)	0.034*** (5.11)	-0.300*** (-2.90)	-0.328*** (-3.17)	-0.017 (-1.30)	-0.320*** (-3.10)
Build_age	-0.011** (-2.54)	-0.000 (-1.44)	-0.012*** (-2.62)	-0.011** (-2.54)	0.001** (2.28)	-0.012*** (-2.68)
List_age	0.202*** (11.54)	-0.017*** (-15.61)	0.187*** (10.44)	0.202*** (11.54)	-0.000 (-0.03)	0.202*** (11.56)
行业	是	是	是	是	是	是
年份	是	是	是	是	是	是
常数项	0.131 (0.30)	1.554*** (55.59)	1.437** (2.54)	0.131 (0.30)	-1.149*** (-20.86)	0.660 (1.44)
N	4710	4710	4710	4710	4710	4710
R^2	0.106	0.292	0.109	0.106	0.168	0.109

注:***、**、*分别表示在1%、5%、10%显著性水平下显著,括号内为 t 值。

表 6.4（对应模型 6.4、模型 6.5 和模型 6.6）为联合风险投资（VCunion）对新三板企业价值作用机制的检验。表 6.4 中（1）—（3）是 Top10（股权集中度）为公司治理中介变量时联合风险投资（VCunion）影响新三板企业价值的作用机制检验。表 6.4 中（4）—（6）是 Independ（独立董事占比）为公司治理中介变量时联合风险投资（VCunion）影响新三板企业价值的作用机制检验。表 6.4 的分析过程同表 6.3，得到同样的结论。假设 H6-2 依旧成立。

表 6.4　联合风险投资影响新三板企业价值的公司治理中介效应检验

变量	(1) Tobin_Q	(2) Top10	(3) Tobin_Q	(4) Tobin_Q	(5) Independ	(6) Tobin_Q
VCunion	0.094** (2.01)	−0.012*** (−3.95)	0.084* (1.80)	0.094** (2.01)	0.015** (2.51)	0.088* (1.87)
M			−0.868*** (−3.79)			0.463*** (3.97)
Size	0.069*** (3.31)	−0.035*** (−26.49)	0.038* (1.72)	0.069*** (3.31)	0.067*** (25.80)	0.038* (1.70)
Grow	0.130*** (4.07)	−0.005** (−2.43)	0.126*** (3.94)	0.130*** (4.07)	0.004 (1.07)	0.128*** (4.01)
Operate	−0.327*** (−7.20)	0.017*** (5.98)	−0.312*** (−6.85)	−0.327*** (−7.20)	0.023*** (4.00)	−0.338*** (−7.43)
Fixed	−0.382** (−2.43)	0.020** (1.99)	−0.365** (−2.32)	−0.382** (−2.43)	−0.024 (−1.24)	−0.371** (−2.36)
Invisible	−0.613** (−2.05)	−0.011 (−0.59)	−0.623** (−2.08)	−0.613** (−2.05)	0.001 (0.02)	−0.614** (−2.05)
Ownership	−0.335*** (−3.24)	0.035*** (5.32)	−0.304*** (−2.94)	−0.335*** (−3.24)	−0.017 (−1.33)	−0.327*** (−3.16)
Build_age	−0.012*** (−2.60)	−0.000 (−1.23)	−0.012*** (−2.67)	−0.012*** (−2.60)	0.001** (2.25)	−0.012*** (−2.73)
List_age	0.202*** (11.56)	−0.018*** (−15.71)	0.187*** (10.44)	0.202*** (11.56)	−0.000 (−0.02)	0.202*** (11.58)
行业	是	是	是	是	是	是

续表

变量	(1)	(2)	(3)	(4)	(5)	(6)
	$Tobin\_Q$	$Top10$	$Tobin\_Q$	$Tobin\_Q$	$Independ$	$Tobin\_Q$
年份	是	是	是	是	是	是
常数项	0.089	1.565***	1.446**	0.089	-1.151***	0.622
	(0.20)	(55.90)	(2.56)	(0.20)	(-20.94)	(1.36)
N	4710	4710	4710	4710	4710	4710
R^2	0.106	0.288	0.109	0.106	0.168	0.109

注：***、**、*分别表示在1%、5%、10%显著性水平下显著，括号内为t值。

二 认证作用中介效应检验

在风险投资影响新三板挂牌企业价值的关系中，认证作用中介效应的检验结果如表6.5（对应模型6.1、模型6.2和模型6.3）所示。表6.5中（1）—（3）是 $Turnover$（区间换手率）为股票流动性中介变量时风险投资影响新三板企业价值的作用机制检验。表6.5中（4）—（6）是 $Volume$（区间成交量）为股票流动性中介变量时风险投资影响新三板企业价值的作用机制检验。它们旨在验证在风险投资影响新三板挂牌企业价值的关系中，信息认证的作用机制是否存在。表6.5中（1）的分析与表6.3中（1）的分析结果相同，假设H6-1成立。表6.5中（2）汇报了风险投资支持对新三板挂牌企业股票换手率指标的影响，系数为15.004，在1%显著性水平下显著。表6.5中（3）的回归结果显示，中介变量 $Turnover$ 的系数为0.014，在1%显著性水平下显著，与其相对应风险投资与企业价值的回归系数不显著，说明流动性指标（$Turnover$）在风险投资影响新三板企业价值的关系中表现出完全中介效应。意味着风险资本投入新三板企业后会发挥信息效率下的认证作用，改善新三板企业股票的流动性，使股价更接近企业的内在价值。表6.5中（4）的结论与（1）相同。表6.5中（5）中 VC 对 $Volume$ 的系数 $\beta_1=2.746$，在1%显著性水平下显著。说明风险投资可以改善新三板挂牌企业的股票流动性，进而发挥认证作用。表6.5中（6）显示 $Volume$ 与 $Tobin\_Q$ 的系数 $\gamma_2=0.105$ 在1%显著性水平下显著，同时 VC 与 $Tobin\_Q$ 的系数 γ_1 不显著，说明流动性指标（$Volume$）在此仍表现出完全中介效应。所以在风险投资影响新三板价值增值过程中，存在认证作用的完全中介效应，假设H6-3得到验证。

表 6.5　　风险投资影响新三板企业价值的流动性中介效应检验

变量	(1) Tobin_Q	(2) Turnover	(3) Tobin_Q	(4) Tobin_Q	(5) Volume	(6) Tobin_Q
VC	0.239** (2.56)	15.004*** (8.79)	0.033 (0.36)	0.239** (2.56)	2.746*** (6.78)	-0.048 (-0.58)
M			0.014*** (17.77)			0.105*** (34.82)
Size	0.066*** (3.15)	4.541*** (11.92)	0.003 (0.15)	0.066*** (3.15)	1.880*** (20.79)	-0.131*** (-6.77)
Grow	0.130*** (4.05)	1.200** (2.05)	0.113*** (3.65)	0.130*** (4.05)	0.168 (1.21)	0.112*** (3.93)
Operate	-0.324*** (-7.14)	-3.475*** (-4.18)	-0.276*** (-6.27)	-0.324*** (-7.14)	-1.326*** (-6.72)	-0.185*** (-4.56)
Fixed	-0.373** (-2.37)	-13.609*** (-4.73)	-0.186 (-1.22)	-0.373** (-2.37)	-3.002*** (-4.39)	-0.059 (-0.42)
Invisible	-0.606** (-2.02)	-11.502** (-2.10)	-0.447 (-1.54)	-0.606** (-2.02)	-2.080 (-1.60)	-0.388 (-1.45)
Ownership	-0.328*** (-3.17)	-10.693*** (-5.65)	-0.181* (-1.80)	-0.328*** (-3.17)	-2.122*** (-4.73)	-0.106 (-1.15)
Build_age	-0.011** (-2.54)	-0.185** (-2.24)	-0.009** (-2.04)	-0.011** (-2.54)	-0.003 (-0.16)	-0.011*** (-2.78)
List_age	0.202*** (11.54)	5.374*** (16.82)	0.128*** (7.32)	0.202*** (11.54)	1.822*** (24.02)	0.011 (0.66)
行业	是	是	是	是	是	是
年份	是	是	是	是	是	是
常数项	0.131 (0.30)	-84.445*** (-10.52)	1.294*** (3.01)	0.131 (0.30)	-31.456*** (-16.51)	3.424*** (8.51)
N	4710	4710	4710	4710	4710	4710
R^2	0.106	0.176	0.163	0.106	0.288	0.291

注：***、**、*分别表示在1%、5%、10%显著性水平下显著，括号内为t值。

表 6.6（对应模型 6.4、模型 6.5 和模型 6.6）为联合风险投资（VCunion）对新三板企业价值认证作用的机制检验。表 6.6 中（1）—（3）

是 *Turnover*（区间换手率）为股票流动性中介变量时联合风险投资（*VCunion*）影响新三板企业价值的作用机制检验。表6.6中（4）—（6）是 *Volume*（区间成交量）为股票流动性中介变量时联合风险投资（*VCunion*）影响新三板企业价值的作用机制检验。表6.6的分析过程同表6.5，得到同样的结论，即股票流动性依旧表现出完全中介效应。说明联合风险投资能积极改善企业股票的流动性（第二意见加强认证作用，Brander et al.，2002），从而正向作用于企业价值。综上，企业股票的流动性在风险投资作用于新三板企业价值的过程中扮演了完全中介效应的角色，该结论支持假设H6-3，也再次印证一个重要的事实，即改善新三板挂牌企业股票流动性对企业价值提升具有积极的作用。

表6.6　联合风险投资影响新三板企业价值的流动性中介效应检验

变量	(1) *Tobin_Q*	(2) *Turnover*	(3) *Tobin_Q*	(4) *Tobin_Q*	(5) *Volume*	(6) *Tobin_Q*
VCunion	0.094** (2.01)	3.605*** (4.18)	0.045 (0.99)	0.094** (2.01)	0.615*** (3.01)	0.030 (0.72)
M			0.014*** (17.87)			0.104*** (34.87)
Size	0.069*** (3.31)	4.890*** (12.81)	0.001 (0.07)	0.069*** (3.31)	1.947*** (21.54)	−0.135*** (−6.95)
Grow	0.130*** (4.07)	1.332** (2.26)	0.112*** (3.61)	0.130*** (4.07)	0.194 (1.39)	0.110*** (3.86)
Operate	−0.327*** (−7.20)	−3.774*** (−4.52)	−0.275*** (−6.25)	−0.327*** (−7.20)	−1.383*** (−6.99)	−0.183*** (−4.49)
Fixed	−0.382** (−2.43)	−14.415*** (−4.98)	−0.184 (−1.20)	−0.382** (−2.43)	−3.154*** (−4.60)	−0.053 (−0.38)
Invisible	−0.613** (−2.05)	−12.602** (−2.29)	−0.440 (−1.52)	−0.613** (−2.05)	−2.294* (−1.76)	−0.374 (−1.40)
Ownership	−0.335*** (−3.24)	−11.326*** (−5.96)	−0.179* (−1.78)	−0.335*** (−3.24)	−2.243*** (−4.98)	−0.100 (−1.09)
Build_age	−0.012*** (−2.60)	−0.209** (−2.52)	−0.009** (−2.02)	−0.012*** (−2.60)	−0.008 (−0.39)	−0.011*** (−2.72)

续表

变量	(1) Tobin_Q	(2) Turnover	(3) Tobin_Q	(4) Tobin_Q	(5) Volume	(6) Tobin_Q
List_age	0.202***	5.447***	0.127***	0.202***	1.836***	0.010
	(11.56)	(16.94)	(7.30)	(11.56)	(24.12)	(0.63)
行业	是	是	是	是	是	是
年份	是	是	是	是	是	是
常数项	0.089	-89.296***	1.317***	0.089	-32.386***	3.470***
	(0.20)	(-11.07)	(3.07)	(0.20)	(-16.96)	(8.63)
N	4710	4710	4710	4710	4710	4710
R^2	0.106	0.166	0.163	0.106	0.282	0.291

注：***、**、*分别表示在1%、5%、10%显著性水平下显著，括号内为t值。

三　支持作用中介效应检验

在风险投资影响新三板挂牌企业价值的关系中，支持作用中介效应的检验结果如表6.7（对应模型6.1、模型6.2和模型6.3）所示。表6.7中（1）—（3）是 Issue（增发规模）为融资能力中介变量时风险投资影响新三板企业价值的作用机制检验。表6.7中（4）—（6）是 Leverage（财务杠杆）为融资能力中介变量时风险投资影响新三板企业价值的作用机制检验。它们旨在验证在风险投资影响新三板挂牌企业价值的关系中，网络支持的作用机制是否存在。表6.7中（1）的分析与表6.3中（1）的分析结果相同，假设H6-1成立。表6.7中（2）显示，风险投资VC与增发规模 Issue 的系数在1%显著性水平下显著为正（$\beta_1 = 7.695$）。表6.7中（3）显示，中介变量增发规模 Issue 与企业价值 Tobin_Q 的系数 $\gamma_2 = 0.057$，在1%显著性水平下显著。同时，风险投资 VC 与企业价值 Tobin_Q 的系数 γ_1 在5%显著性水平下显著。可知，直接融资能力（增发规模）在风险投资与新三板企业价值的关系中表现为部分中介效应。表6.7中（4）的结论与（1）相同。表6.7中（5）显示 VC 对 Leverage 的系数 $\beta_1 = -0.058$，在1%显著性水平下显著。说明风险投资影响新三板企业的杠杆率，风险投资拓宽新三板企业融资渠道，与企业间接融资形成互补替代关系。表6.7中（6）显示，Leverage 与 Tobin_Q 的系数 $\gamma_2 = -1.342$ 在1%显著性水平下显著，同时 VC 与 Tobin_Q 的系数 $\gamma_1 = 0.161$，在10%

显著性水平下显著。可知，间接融资能力（财务杠杆）在风险投资与新三板企业价值的关系中表现为部分中介效应。所以，在风险投资影响新三板价值增值过程中，存在支持作用的部分中介效应，假设 H6-4 得到验证。

表 6.7　风险投资影响新三板企业价值的融资能力中介效应检验

变量	(1) Tobin_Q	(2) Issue	(3) Tobin_Q	(4) Tobin_Q	(5) Leverage	(6) Tobin_Q
VC	0.239**	7.695***	-0.202**	0.239**	-0.058***	0.161*
	(2.56)	(16.68)	(-2.19)	(2.56)	(-4.80)	(1.75)
M			0.057***			-1.342***
			(20.14)			(-12.10)
Size	0.066***	1.180***	-0.002	0.066***	0.047***	0.129***
	(3.15)	(11.46)	(-0.10)	(3.15)	(17.39)	(6.08)
Grow	0.130***	0.418***	0.106***	0.130***	-0.015***	0.110***
	(4.05)	(2.64)	(3.44)	(4.05)	(-3.61)	(3.47)
Operate	-0.324***	-0.918***	-0.272***	-0.324***	0.088***	-0.206***
	(-7.14)	(-4.09)	(-6.22)	(-7.14)	(14.96)	(-4.49)
Fixed	-0.373**	-4.260***	-0.129	-0.373**	0.171***	-0.144
	(-2.37)	(-5.48)	(-0.85)	(-2.37)	(8.33)	(-0.93)
Invisible	-0.606**	-3.449**	-0.408	-0.606**	0.128***	-0.434
	(-2.02)	(-2.33)	(-1.42)	(-2.02)	(3.29)	(-1.47)
Ownership	-0.328***	-2.722***	-0.172*	-0.328***	0.014	-0.310***
	(-3.17)	(-5.33)	(-1.73)	(-3.17)	(1.02)	(-3.04)
Build_age	-0.011**	-0.070***	-0.007*	-0.011**	-0.001**	-0.013**
	(-2.54)	(-3.13)	(-1.73)	(-2.54)	(-2.09)	(-2.95)
List_age	0.202***	0.815***	0.155***	0.202***	-0.014***	0.183***
	(11.54)	(9.44)	(9.15)	(11.54)	(-6.16)	(10.58)
行业	是	是	是	是	是	是
年份	是	是	是	是	是	是
常数项	0.131	-18.978***	1.217***	0.131	-0.578***	-0.645
	(0.30)	(-8.75)	(2.87)	(0.30)	(-10.12)	(-1.48)
N	4710	4710	4710	4710	4710	4710
R^2	0.106	0.189	0.178	0.106	0.225	0.134

注：***、**、*分别表示在 1%、5%、10% 显著性水平下显著，括号内为 t 值。

表6.8（对应模型6.4、模型6.5和模型6.6）为联合风险投资（VCunion）对新三板企业价值支持作用的机制检验。表6.8中（1）—（3）是 Issue（增发规模）为融资能力中介变量时联合风险投资（VCunion）影响新三板企业价值的作用机制检验。表6.8中（4）—（6）是 Leverage（财务杠杆）为融资能力中介变量时联合风险投资（VCunion）影响新三板企业价值的作用机制检验。表6.8的分析过程同表6.7，发现 Issue（增发规模）和 Leverage（财务杠杆）在联合风险投资影响企业价值的过程中表现出完全中介效应。说明风险资本通过影响新三板企业的外源融资能力进而影响其价值，意味着风险投资会发挥社会关系网络的支持作用，缓解新三板企业的外部融资约束，且风险投资机构数量的增加会加强社会网络资源的互补支持效果。与假设 H6-4 的预期相符。

表 6.8 联合风险投资影响新三板企业价值的融资能力中介效应检验

变量	(1) Tobin_Q	(2) Issue	(3) Tobin_Q	(4) Tobin_Q	(5) Leverage	(6) Tobin_Q
VCunion	0.094** (2.01)	2.722*** (11.59)	−0.059 (−1.30)	0.094** (2.01)	−0.024*** (−3.97)	0.062 (1.34)
M			0.056*** (20.12)			−1.347*** (−12.15)
Size	0.069*** (3.31)	1.302*** (12.51)	−0.005 (−0.23)	0.069*** (3.31)	0.046*** (17.20)	0.131*** (6.23)
Grow	0.130*** (4.07)	0.450*** (2.80)	0.105*** (3.41)	0.130*** (4.07)	−0.015*** (−3.63)	0.110*** (3.48)
Operate	−0.327*** (−7.20)	−1.024*** (−4.50)	−0.269*** (−6.17)	−0.327*** (−7.20)	0.089*** (15.06)	−0.207*** (−4.52)
Fixed	−0.382** (−2.43)	−4.576*** (−5.80)	−0.124 (−0.82)	−0.382** (−2.43)	0.173*** (8.43)	−0.150 (−0.96)
Invisible	−0.613** (−2.05)	−3.778** (−2.52)	−0.400 (−1.39)	−0.613** (−2.05)	0.130*** (3.33)	−0.439 (−1.49)
Ownership	−0.335*** (−3.24)	−2.959*** (−5.71)	−0.168* (−1.69)	−0.335*** (−3.24)	0.015 (1.12)	−0.314*** (−3.09)
Build_age	−0.012*** (−2.60)	−0.079*** (−3.48)	−0.007* (−1.68)	−0.012*** (−2.60)	−0.001** (−2.00)	−0.013*** (−2.99)

续表

变量	(1) Tobin_Q	(2) Issue	(3) Tobin_Q	(4) Tobin_Q	(5) Leverage	(6) Tobin_Q
List_age	0.202*** (11.56)	0.837*** (9.56)	0.155*** (9.15)	0.202*** (11.56)	-0.014*** (-6.20)	0.183*** (10.60)
行业	是	是	是	是	是	是
年份	是	是	是	是	是	是
常数项	0.089 (0.20)	-20.634*** (-9.39)	1.252*** (2.95)	0.089 (0.20)	-0.569*** (-9.97)	-0.678 (-1.55)
N	4710	4710	4710	4710	4710	4710
R^2	0.106	0.165	0.177	0.106	0.224	0.133

注：***、**、*分别表示在1%、5%、10%显著性水平下显著，括号内为t值。

第四节　内生性分析

一　倾向得分匹配法（PSM）

在研究风险投资对新三板企业价值的影响和作用机制问题时，内生性问题是不可避免的问题，比如互为因果问题。究竟是风险投资的参与提升了新三板企业价值，还是价值较高、质地优良的新三板企业吸引了风险投资参与？在建立模型前，若忽略内生性问题，不能明确因变量和自变量的因果关系，会引起模型设立偏误问题，导致估计系数有偏。在此借鉴 Heckman（1976）的倾向得分匹配法（Propensity Score Matching，PSM），最大限度地消除新三板企业本身价值高低以及异质性因素对 VC 存在不同的吸引力这一影响因素，即消除自选择效应问题，仅研究风险投资对新三板企业价值的作用。PSM 不依赖于明确的模型设立假设，在反事实框架下（Rubin，1977），PSM 为"处理组"构造出相似的"控制组"，从而估计平均处理效应（Average Treatment Effect on the Treated，ATT）。以此缓解模型设立偏误引起的内生性问题。假设 1 为有 VC 支持的样本组，即"处理组"；0 为无 VC 支持的样本组，即"控制组"。$Y(1)$ 为有 VC 支持的样本组的新三板企业价值，$Y(0)$ 为无 VC 支持的样本组的新三板企业价值。两种状态下的差异为 ATT。

$$ATT = E[Y(1) - Y(0) | VC = 1] = E[Y(1) | VC = 1] - E[Y(0) | VC = 1]$$
(6.7)

事实上，$E[Y(0) | VC = 1]$ 是不可以观测到的，因为已经发生的"处理组"无法再提供未受到实验干预的数据。这类数据被称作"反事实"，无法通过观测获得。所以，使用与"处理组"特征相似，并且未受到实验干预的样本作为"控制组"来提供反事实数据。即为在没有获得 VC 支持的企业中，选出与获得 VC 支持企业相似的样本。控制参数 X 为企业特征集合，根据条件独立性假设有：

$$E[Y(0) | VC = 1, X = x] = E[Y(0) | VC = 0, X = x]$$
(6.8)

当式（6.8）成立时有：

$$ATT = E[Y(1) | VC = 1, X = x] - E[Y(0) | VC = 0, X = x]$$
(6.9)

当一系列反映特征的参数 X 相同时，根据有条件的独立性假设，两种状态下（有无 VC 支持）的差异 ATT 可以表示为当所有反映特征的参数 X 无显著差异时，有无 VC 支持的企业价值之差。事实上，反映特征的参数 X 较难获得，即"控制组"很难获得。PSM 法解决了这一问题，它用倾向得分来代替企业基于参数 X 特征的概率 $b(x)$。$b(x)$ 等同于反映特征的参数 X。

$$\begin{aligned}ATT = & E[Y(1) | VC = 1, b(X) = b(x)] - \\ & E[Y(0) | VC = 0, b(X) = b(x)]\end{aligned}$$
(6.10)

$$\begin{aligned}ATT = & E[Y(1) | VC = 1, b(X_1, X_2, \cdots, X_n) = b(x_1, x_2, \cdots, x_n)] - \\ & E[Y(0) | VC = 0, b(X_1, X_2, \cdots, X_n) = b(x_1, x_2, \cdots, x_n)]\end{aligned}$$
(6.11)

采用 PSM 方法基于式（6.11）可降低"处理组"和"控制组"的差异，使它们具有可比性，验证新三板企业在其他特征变量相似的前提下，风险投资支持更有可能促进公司价值提升。选取企业规模、收入增长能力、运营能力、资本密度、无形资产占比、产权性质、企业年龄、挂牌年龄等变量对新三板企业是否获得风险投资的哑变量进行 Logit 回归，得到倾向匹配得分（新三板企业获得风险投资支持的概率），然后进行最近邻匹配、卡尺匹配和核匹配，分别得到风险投资影响企业价值的平均处理效应（ATT）。PSM 结果如表 6.9 所示，匹配前 $ATT = 0.482$，1% 显著性水平下显著；匹配后，最近邻匹配 $ATT = 0.298$，卡尺匹配 $ATT = 0.301$，

核匹配 ATT = 0.297，且它们都在 1% 显著性水平下显著。匹配后平均处理效应有所下降但依然显著。说明控制新三板企业特征变量后，有 VC 支持企业的价值显著高于无 VC 的企业（非自选择效应的结果）。由此可知，风险投资对新三板企业价值存在显著的提升效应。

表 6.9　PSM 估计结果

变量	样本匹配	处理组	控制组	ATT	标准误	t 值
Tobin_Q	未匹配	2.084	1.603	0.482	0.094	5.10***
	最近邻匹配	2.079	1.781	0.298	0.128	2.34***
	卡尺匹配	2.079	1.779	0.301	0.115	2.62***
	核匹配	2.079	1.782	0.297	0.115	2.58***

注：***表示在 1% 显著性水平下显著。

图 6.1 呈现了最近邻匹配方式下控制变量的标准化偏差。匹配后各个控制变量在处理组和控制组之间的偏差明显减小。利用表 6.10 进一步可分析匹配效果是否较好地平衡了数据。匹配后，全部变量的标准化偏差小于 10%，t 检验的伴随概率表明处理组与对照组的差异不显著，说明平衡性假设得到满足，上述匹配过程有效。

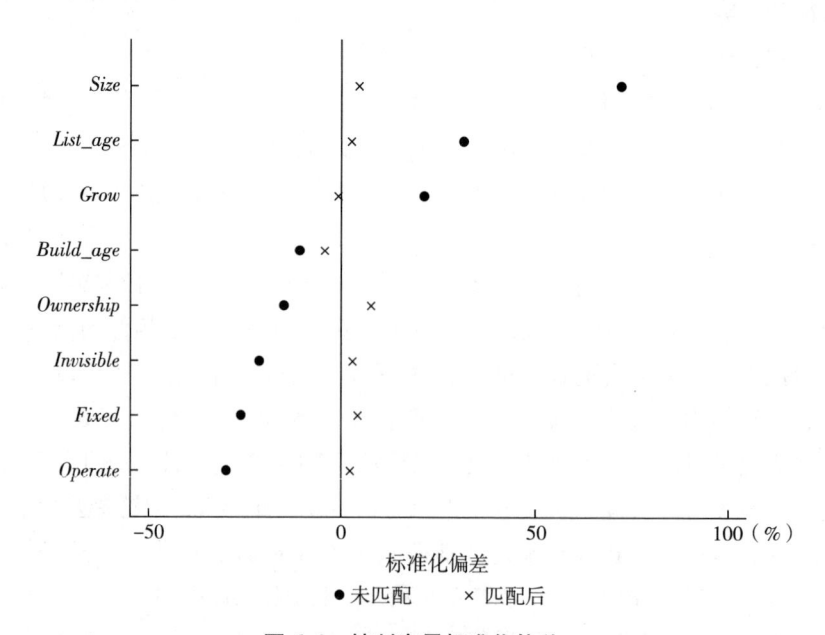

图 6.1　控制变量标准化偏差

表 6.10　　　　　　　　倾向评分匹配平衡性检验结果

变量	样本匹配	均值 处理组	均值 控制组	标准化偏差（%）	标准偏差减少幅度（%）	t 值	p 值
$Size$	匹配前	19.142	18.4	72.1	93.8	10.48	0.000
	匹配后	19.126	19.08	4.5		0.51	0.611
$Grow$	匹配前	0.426	0.267	21.2	95.7	3.64	0.000
	匹配后	0.408	0.415	-0.9		-0.09	0.931
$Operate$	匹配前	0.739	0.873	-29.8	93.3	-4.15	0.000
	匹配后	0.743	0.734	2.0		0.25	0.803
$Fixed$	匹配前	0.148	0.186	-25.9	83.5	-3.77	0.000
	匹配后	0.149	0.143	4.3		0.51	0.611
$Invisible$	匹配前	0.046	0.059	-21.1	86.8	-2.86	0.004
	匹配后	0.046	0.044	2.8		0.36	0.716
$Ownership$	匹配前	0.017	0.042	-14.8	49.1	-1.90	0.057
	匹配后	0.017	0.004	7.5		1.35	0.178
$Build\_age$	匹配前	10.121	10.624	-10.9	59.1	-1.58	0.114
	匹配后	10.105	10.311	-4.5		-0.50	0.615
$List\_age$	匹配前	1.105	0.628	31.2	92.2	4.67	0.000
	匹配后	1.101	1.064	2.4		0.21	0.833

注：该表为最近邻匹配前后差异对比结果。

二　双重差分倾向得分匹配（PSM-DID）

由于风险投资与新三板企业价值之间可能存在内生性，即并非风险投资提升了公司价值，而是价值较高、成长较好的企业吸引了风险投资。为了解决以上问题，进一步验证结论的稳健性，使研究结果不受自选择效应的干扰，采用 PSM-DID 方法验证新三板企业在其他特征变量相似的前提下，风险投资支持更有可能促进公司价值提升。首先，采用 PSM 方法选择与获得风险投资支持的新三板企业类似的控制组企业，以消除自选择效应。其次，结合双重差分法（Different in Different，DID）估计风险投资对新三板企业价值影响的真实效应。DID 法（又叫倍差法）是政策评估中常用的计量方法。风险资本进入新三板企业后，新三板企业受到的影响来源于两部分：一是随时间自然增长或经济发展趋势而形成的"时间效应"部分；二是由于风险资本进入企业而引起的"实验处理效应"部分。在这里要注意将随时间自然增长而引起的变化从风险投资支持这一"实验处理效应"中分离出来。DID 法可有效分离这两种效应。式（6.12）为一般的双重差分基准模型，适用于两期的情形。VC_{it} 代表风险投资支持虚拟变量，$Time_{it}$ 代表时间虚拟变量，$VC_{it} \times Time_{it}$ 代表衡量风险投资支持对新三板企业价值影响的净效应。$Control_{it}$ 为控制变量。

$$Tobin\_Q_{it} = \alpha_0 + \alpha_1 VC_{it} \times Time_{it} + \alpha_2 VC_{it} + \alpha_3 Time_{it} + \sum Control_{it} + u_i + \tau_t + \varepsilon_{it} \quad (6.12)$$

考虑到 VC 的时期为多期，不同企业获得 VC 支持的年份不同，因此将模型（6.12）改为多期双重差分模型（6.13）（Bertrand and Mullainathan，1999；刘晔等，2016；王敏等，2020）。

$$Tobin\_Q_{it} = \beta_0 + \beta_1 VC_{it} \times Time_{it} + \sum Control_{it} + u_i + \tau_t + \varepsilon_{it} \quad (6.13)$$

其中，u_i 为个体固定效应，τ_t 为时间固定效应，ε_{it} 为随机扰动项。处理组为在研究期内获得风险投资支持的新三板企业，虚拟变量为 1。控制组为与 VC 支持的新三板企业类似的企业，由 PSM 方法获得，虚拟变量取 0。对于 $Time_{it}$ 虚拟变量的设置，如果样本内新三板企业处于首次获得 VC 支持之前年份，$Time_{it}$ 取值为 0，如果样本内企业处于首次获得 VC 支持之后年份，$Time_{it}$ 取值为 1。DID 表明，交叉项 $VC_{it} \times Time_{it}$ 的系数 β_1 反映了风险投资前后新三板挂牌企业价值变化的真实效应。运用 DID 方法，需满足处理组与对照组具有共同变化趋势的假定。但现实中受不可控因素的干扰，该假定难以满足。PSM-DID 法可以消除系统误差对处理组和对照组的变化趋势带来的影响。首先，选取企业规模、收入增长能力、运营能力、资本密度、无形资产占比、产权性质、企业年龄、挂牌年龄等协变量对新三板企业是否获得风险投资的哑变量进行 Logit 回归，得到倾向匹配得分（新三板企业获得 VC 支持的概率），然后进行匹配。检验协变量在处理组和控制组之间是否平衡。基于新的处理组和对照组对式（6.13）进行回归，结果如表 6.10 所示。经匹配后，全部变量的标准化偏差小于 10%，t 检验的伴随概率表明处理组与对照组的差异不显著，说明匹配效果较好地平衡了数据。表 6.11 中（1）和（2）为采用 PSM-DID 法进行的回归。其中（1）为不加入控制变量的模型，（2）为加入控制变量的模型。加入控制变量后，$VC_{it} \times Time_{it}$ 的估计系数下降近一半，原因可能是一部分风险投资影响新三板企业价值的效应被控制变量吸收，导致 $VC_{it} \times Time_{it}$ 的估计系数下降。（1）和（2）的估计结果均显示，新三板挂牌企业在获得风险投资支持后，企业价值呈现显著的正向提升（DID 的系数显著为正）。PSM-DID 可以使结论更加稳健。

表 6.11　　　　　　　　　　　双重差分回归结果

变量	（1）	（2）
	$Tobin\_Q$	$Tobin\_Q$
DID	0.420***	0.240**
	(4.41)	(2.51)
$Size$		0.064***
		(2.74)
$Grow$		0.130***
		(3.89)
$Operate$		-0.318***
		(-6.24)
$Fixed$		-0.496***
		(-2.81)
$Invisible$		-0.768**
		(-2.21)
$Ownership$		-0.453***
		(-3.34)
$Build\_age$		-0.012**
		(-2.36)
$List\_age$		0.203***
		(11.03)
行业	是	是
年份	是	是
常数项	1.096***	0.200
	(4.75)	(0.42)
N	4323	4323
R^2	0.066	0.107

注：***、**分别表示在1%和5%显著性水平下显著，括号内为 t 值。

第五节 稳健性检验

为了确保前文估计结果的可靠性，需要进行稳健性测试。$Tobin\_Q$在计算时以净资产账面价值代替公司重置成本，这种处理方法存在欠妥之处。在此采用企业的其他估值指标替代$Tobin\_Q$进行中介效应的稳健性测试。

一 稳健性检验 I：每股净资产（BPS）

选择新三板企业每股净资产（BPS）替代$Tobin\_Q$进行中介效应的稳健性测试。每股净资产（BPS）=（归属母公司股东的权益-其他权益工具）/报告期末实收资本。数据来源于 Choice 数据库。每股净资产（BPS）体现股东的资产状况，代表挂牌公司的资产质地，若这一指标逐年增加，说明挂牌企业在不断扩张，价值在不断成长。风险投资者均为机构投资者，作为标的企业的股东很关心每股净资产所代表的账面权益。稳健性检验时，在每种中介效应的测试中选择一个有代表性的中介变量进行结果汇报，当然，其他中介变量的测试也和前文实证主体一致（下同）。这里用区间非0交易日（Non_zero）作为衡量股票流动性的中介变量，进行稳健性检验。稳健性测试 I 的结果如表 6.12 所示。首先，就总效应而言，风险投资对企业价值的代理变量（BPS）的影响系数 $\alpha_1 = 0.307$，在1%显著性水平下显著。其次，（2）中风险投资对公司治理（独立董事占比）、流动性（非0交易日）、融资能力（增发规模）三个中介变量都有显著影响，系数 β_1 分别为 0.029、27.915 和 7.685。再次，（3）中报告的中介变量（Independ、Non_zero、Issue）的系数 γ_2 分别为 0.395、-0.001 和 0.007，显著性水平分别为1%、10%、1%。（3）中风险投资支持（VC）的系数 γ_1 分别为 0.296、0.329 和 0.252，且均在1%显著性水平下显著。说明公司治理、流动性、融资能力在风险投资与新三板企业价值（BPS）的关系中发挥中介作用，进一步验证实证结论的稳健性。

二 稳健性检验 II：总市值（Mvalue）

选择新三板企业总市值（Mvalue[①]）替代$Tobin\_Q$进行中介效应的稳健性测试。总市值（Mvalue）为用股东权益修正的总市值，即当挂牌企业

---

① $Mvalue = \ln(1+新三板企业总市值)$。

第六章　风险投资影响新三板企业价值及作用机制的实证分析 / 159

表 6.12　风险投资影响新三板挂牌企业价值中介效应的稳健性检验 I

<table>
<tr><th rowspan="2">变量</th><th colspan="3">公司治理中介效应</th><th colspan="3">流动性中介效应</th><th colspan="3">融资能力中介效应</th></tr>
<tr><th>(1)
BPS</th><th>(2)
Independ</th><th>(3)
BPS</th><th>(1)
BPS</th><th>(2)
Non_zero</th><th>(3)
BPS</th><th>(1)
BPS</th><th>(2)
Issue</th><th>(3)
BPS</th></tr>
<tr><td>VC</td><td>0.307***
(4.01)</td><td>0.029**
(2.46)</td><td>0.296***
(3.87)</td><td>0.307***
(4.01)</td><td>27.915***
(9.97)</td><td>0.329***
(4.25)</td><td>0.307***
(4.01)</td><td>7.685***
(16.66)</td><td>0.252***
(3.20)</td></tr>
<tr><td>M</td><td></td><td></td><td>0.395***
(4.12)</td><td></td><td></td><td>-0.001*
(-1.95)</td><td></td><td></td><td>0.007***
(2.94)</td></tr>
<tr><td>Size</td><td>0.632***
(36.92)</td><td>0.067***
(25.66)</td><td>0.606***
(33.16)</td><td>0.632***
(36.92)</td><td>11.873***
(18.98)</td><td>0.642***
(36.10)</td><td>0.632***
(36.92)</td><td>1.192***
(11.56)</td><td>0.624***
(35.94)</td></tr>
<tr><td>Grow</td><td>-0.028
(-1.06)</td><td>0.004
(1.04)</td><td>-0.030
(-1.13)</td><td>-0.028
(-1.06)</td><td>0.535
(0.56)</td><td>-0.028
(-1.05)</td><td>-0.028
(-1.06)</td><td>0.417***
(2.64)</td><td>-0.031
(-1.18)</td></tr>
<tr><td>Operate</td><td>0.077**
(2.06)</td><td>0.023***
(4.04)</td><td>0.068*
(1.82)</td><td>0.077**
(2.06)</td><td>-5.746***
(-4.21)</td><td>0.073*
(1.94)</td><td>0.077**
(2.06)</td><td>-0.914***
(-4.06)</td><td>0.084**
(2.24)</td></tr>
<tr><td>Fixed</td><td>-1.002***
(-7.72)</td><td>-0.023
(-1.16)</td><td>-0.993***
(-7.66)</td><td>-1.002***
(-7.72)</td><td>-17.409***
(-3.67)</td><td>-1.015***
(-7.81)</td><td>-1.002***
(-7.72)</td><td>-4.209***
(-5.39)</td><td>-0.972***
(-7.47)</td></tr>
<tr><td>Invisible</td><td>-0.832***
(-3.38)</td><td>-0.000
(-0.00)</td><td>-0.832***
(-3.39)</td><td>-0.832***
(-3.38)</td><td>-19.157**
(-2.13)</td><td>-0.847***
(-3.44)</td><td>-0.832***
(-3.38)</td><td>-3.801**
(-2.57)</td><td>-0.804***
(-3.27)</td></tr>
</table>

续表

	公司治理中介效应			流动性中介效应			融资能力中介效应		
变量	(1)	(2)	(3)	(1)	(2)	(3)	(1)	(2)	(3)
	BPS	Independ	BPS	BPS	Non_zero	BPS	BPS	Issue	BPS
Ownership	-0.389***	-0.018	-0.383***	-0.389***	-10.462***	-0.398***	-0.389***	-2.739***	-0.370***
	(-4.59)	(-1.35)	(-4.51)	(-4.59)	(-3.37)	(-4.68)	(-4.59)	(-5.36)	(-4.35)
Build_age	0.021***	0.001**	0.020***	0.021***	-0.035	0.021***	0.021***	-0.071***	0.021***
	(5.63)	(2.26)	(5.50)	(5.63)	(-0.26)	(5.62)	(5.63)	(-3.17)	(5.76)
List_age	0.001	-0.000	0.001	0.001	10.538***	0.009	0.001	0.814***	-0.005
	(0.08)	(-0.04)	(0.08)	(0.08)	(20.10)	(0.63)	(0.08)	(9.42)	(-0.33)
行业	是	是	是	是	是	是	是	是	是
年份	是	是	是	是	是	是	是	是	是
常数项	-9.567***	-1.155***	-9.111***	-9.567***	-227.456***	-9.745***	-9.567***	-19.144***	-9.430***
	(-26.52)	(-20.91)	(-24.19)	(-26.52)	(-17.26)	(-26.19)	(-26.52)	(-8.81)	(-25.95)
N	4688	4688	4688	4688	4688	4688	4688	4688	4688
R^2	0.297	0.169	0.300	0.297	0.309	0.298	0.297	0.190	0.299

注：***、**、*分别表示在1%、5%、10%显著性水平下显著，括号内为t值。

收盘价与总股本之积不为空时，总市值为收盘价与总股本相乘；当挂牌企业收盘价与总股本之积为空时，总市值为最近报告期的归属母公司股东权益。数据来源于 Choice 数据库。稳健性检验时，在每种中介效应的测试中选择一个有代表性的中介变量进行结果汇报。稳健性Ⅱ测试的结果如表 6.13 所示。首先，就总效应而言，风险投资对企业价值的代理变量（Mvalue）的影响系数 α_1 = 0.243，在 1%显著性水平下显著。其次，（2）中风险投资对公司治理（股权集中度）、流动性（区间换手率）、融资能力（财务杠杆）三个中介变量都有显著影响，系数 β_1 分别为-0.043、15.317 和-0.054。再次，（3）中报告的中介变量（Top10、Turnover、Leverage）的系数 γ_2 分别为-0.92、0.009 和-2.197，均在 1%显著性水平下显著，（3）中风险投资支持（VC）的系数 γ_1 也显著，分别为 0.204、0.103 和 0.124。说明在风险投资影响新三板企业价值（Mvalue）的关系中，存在治理作用、认证作用、支持作用的中介效应，得到与前文一致的结论，保持了较好的稳健性。

三　稳健性检验Ⅲ：每股价值（p_value）

选择新三板企业每股价值（p_value）替代 Tobin_Q 进行中介效应的稳健性测试。每股价值（p_value）为新三板企业年末总市值与年末总股本之比。其中，企业总市值为用股东权益修正的总市值。数据来源于 Choice 数据库。稳健性Ⅲ测试的结果如表 6.14 所示。首先，就总效应而言，风险投资对企业价值的代理变量（p_value）的影响系数 α_1 = 1.093，在 1%显著性水平下显著。其次，（2）中风险投资对公司治理（股权集中度）、流动性（区间换手率）、融资能力（财务杠杆）三个中介变量都有显著影响，β_1 分别为-0.043、15.307 和-0.054。再次，（3）中报告的中介变量（Top10、Turnover、Leverage）的系数 γ_2 分别为-1.842、0.045 和-5.655，显著性水平分别为 5%、1% 和 1%。（3）中风险投资支持（VC）的系数 γ_1 分别为 1.014、0.401 和 0.785，显著性水平分别为 1%、不显著和 5%。说明公司治理、流动性、融资能力在风险投资影响新三板企业价值（p_value）的过程中发挥中介作用，其中流动性依然发挥完全中介作用。与前文结论一致，进一步验证实证结论的稳健性。

四　稳健性检验Ⅳ：东部地区

由于在新三板挂牌的企业主要集中于东部地区，其对所选样本有很强的代表性，可以进一步验证前文结果。采用公司所在地位于东部的 3456 家新三板企业的数据进行中介效应的稳健性检验，结果如表 6.15 所示。

表6.13 风险投资影响新三板挂牌企业价值中介效应的稳健性检验 II

变量	公司治理中介效应 (1) Mvalue	(2) Top10	(3) Mvalue	流动性中介效应 (1) Mvalue	(2) Turnover	(3) Mvalue	融资能力中介效应 (1) Mvalue	(2) Leverage	(3) Mvalue
VC	0.243*** (4.39)	−0.043*** (−6.86)	0.204*** (3.68)	0.243*** (4.39)	15.317*** (8.64)	0.103* (1.93)	0.243*** (4.39)	−0.054*** (−4.40)	0.124** (2.55)
M			−0.920*** (−6.85)			0.009*** (20.24)			−2.197*** (−37.19)
Size	0.983*** (79.22)	−0.035*** (−25.13)	0.951*** (72.02)	0.983*** (79.22)	4.775*** (12.04)	0.939*** (77.87)	0.983*** (79.22)	0.047*** (17.10)	1.087*** (97.28)
Grow	0.076*** (4.06)	−0.004** (−2.05)	0.072*** (3.86)	0.076*** (4.06)	1.201** (2.00)	0.065*** (3.63)	0.076*** (4.06)	−0.016*** (−3.77)	0.042** (2.53)
Operate	−0.315*** (−11.61)	0.018*** (5.80)	−0.299*** (−11.03)	−0.315*** (−11.61)	−3.540*** (−4.08)	−0.283*** (−10.87)	−0.315*** (−11.61)	0.091*** (15.08)	−0.115*** (−4.72)
Fixed	−0.470*** (−4.97)	0.020* (1.93)	−0.451*** (−4.79)	−0.470*** (−4.97)	−14.507*** (−4.80)	−0.337*** (−3.72)	−0.470*** (−4.97)	0.170*** (8.06)	−0.096 (−1.16)
Invisible	−0.450** (−2.53)	−0.015 (−0.77)	−0.464*** (−2.62)	−0.450** (−2.53)	−11.639** (−2.05)	−0.343** (−2.02)	−0.450** (−2.53)	0.149*** (3.76)	−0.122 (−0.78)

第六章　风险投资影响新三板企业价值及作用机制的实证分析 / 163

续表

变量	公司治理中介效应			流动性中介效应			融资能力中介效应		
	(1)	(2)	(3)	(1)	(2)	(3)	(1)	(2)	(3)
	Mvalue	Top10	Mvalue	Mvalue	Turnover	Mvalue	Mvalue	Leverage	Mvalue
Ownership	-0.212***	0.038***	-0.177***	-0.212***	-10.158***	-0.119**	-0.212***	-0.006	-0.225***
	(-3.42)	(5.48)	(-2.86)	(-3.42)	(-5.13)	(-2.00)	(-3.42)	(-0.41)	(-4.16)
Build_age	0.000	-0.000	-0.000	0.000	-0.194**	0.002	0.000	-0.001**	-0.003
	(0.00)	(-1.56)	(-0.16)	(0.00)	(-2.28)	(0.70)	(0.00)	(-2.38)	(-1.34)
List_age	0.150***	-0.017***	0.135***	0.150***	5.442***	0.100***	0.150***	-0.016***	0.114***
	(14.46)	(-14.46)	(12.74)	(14.46)	(16.42)	(9.80)	(14.46)	(-7.05)	(12.55)
行业	是	是	是	是	是	是	是	是	是
年份	是	是	是	是	是	是	是	是	是
常数项	0.027	1.566***	1.468***	0.027	-88.387***	0.836***	0.027	-0.582***	-1.251***
	(0.10)	(53.76)	(4.40)	(0.10)	(-10.63)	(3.32)	(0.10)	(-10.02)	(-5.45)
N	4429	4429	4429	4429	4429	4429	4429	4429	4429
R^2	0.668	0.293	0.671	0.668	0.182	0.696	0.668	0.231	0.747

注：***、**、*分别表示在1%、5%、10%显著性水平下显著，括号内为t值。

表 6.14 风险投资影响新三板挂牌企业价值中介效应的稳健性检验 III

<table>
<tr><th rowspan="2">变量</th><th colspan="3">公司治理中介效应</th><th colspan="3">流动性中介效应</th><th colspan="3">融资能力中介效应</th></tr>
<tr><th>(1) p_value</th><th>(2) Top10</th><th>(3) p_value</th><th>(1) p_value</th><th>(2) Turnover</th><th>(3) p_value</th><th>(1) p_value</th><th>(2) Leverage</th><th>(3) p_value</th></tr>
<tr><td>VC</td><td>1.093*** (3.24)</td><td>-0.043*** (-6.92)</td><td>1.014*** (2.99)</td><td>1.093*** (3.24)</td><td>15.307*** (8.62)</td><td>0.401 (1.21)</td><td>1.093*** (3.24)</td><td>-0.054*** (-4.40)</td><td>0.785** (2.37)</td></tr>
<tr><td>M</td><td></td><td></td><td>-1.842** (-2.23)</td><td></td><td></td><td>0.045*** (16.17)</td><td></td><td></td><td>-5.655*** (-14.01)</td></tr>
<tr><td>Size</td><td>1.622*** (21.49)</td><td>-0.035*** (-25.06)</td><td>1.558*** (19.31)</td><td>1.622*** (21.49)</td><td>4.782*** (12.03)</td><td>1.406*** (18.87)</td><td>1.622*** (21.49)</td><td>0.047*** (17.04)</td><td>1.889*** (24.77)</td></tr>
<tr><td>Grow</td><td>0.460*** (4.02)</td><td>-0.004** (-2.10)</td><td>0.452*** (3.95)</td><td>0.460*** (4.02)</td><td>1.194** (1.98)</td><td>0.406*** (3.65)</td><td>0.460*** (4.02)</td><td>-0.015*** (-3.69)</td><td>0.373*** (3.32)</td></tr>
<tr><td>Operate</td><td>-0.664*** (-4.02)</td><td>0.018*** (5.87)</td><td>-0.631*** (-3.81)</td><td>-0.664*** (-4.02)</td><td>-3.535*** (-4.07)</td><td>-0.504*** (-3.14)</td><td>-0.664*** (-4.02)</td><td>0.091*** (14.98)</td><td>-0.151 (-0.91)</td></tr>
<tr><td>Fixed</td><td>-3.016*** (-5.21)</td><td>0.021* (1.95)</td><td>-2.978*** (-5.14)</td><td>-3.016*** (-5.21)</td><td>-14.635*** (-4.80)</td><td>-2.355*** (-4.17)</td><td>-3.016*** (-5.21)</td><td>0.173*** (8.12)</td><td>-2.040*** (-3.57)</td></tr>
<tr><td>Invisible</td><td>-2.642** (-2.44)</td><td>-0.016 (-0.81)</td><td>-2.672** (-2.47)</td><td>-2.642** (-2.44)</td><td>-11.631** (-2.04)</td><td>-2.117** (-2.01)</td><td>-2.642** (-2.44)</td><td>0.149*** (3.74)</td><td>-1.801* (-1.70)</td></tr>
</table>

第六章 风险投资影响新三板企业价值及作用机制的实证分析

续表

变量	公司治理中介效应 (1) p_value	公司治理中介效应 (2) Top10	公司治理中介效应 (3) p_value	流动性中介效应 (1) p_value	流动性中介效应 (2) Turnover	流动性中介效应 (3) p_value	融资能力中介效应 (1) p_value	融资能力中介效应 (2) Leverage	融资能力中介效应 (3) p_value
Ownership	-1.365*** (-3.62)	0.038*** (5.46)	-1.296*** (-3.43)	-1.365*** (-3.62)	-10.160*** (-5.12)	-0.907** (-2.47)	-1.365*** (-3.62)	-0.005 (-0.39)	-1.396*** (-3.79)
Build_age	-0.013 (-0.82)	-0.000 (-1.60)	-0.014 (-0.87)	-0.013 (-0.82)	-0.194** (-2.27)	-0.005 (-0.29)	-0.013 (-0.82)	-0.001** (-2.41)	-0.021 (-1.35)
List_age	0.624*** (9.90)	-0.017*** (-14.49)	0.593*** (9.20)	0.624*** (9.90)	5.440*** (16.38)	0.379*** (6.00)	0.624*** (9.90)	-0.016*** (-7.02)	0.532*** (8.58)
行业	是	是	是	是	是	是	是	是	是
年份	是	是	是	是	是	是	是	是	是
常数项	-27.247*** (-17.22)	1.563*** (53.87)	-24.368*** (-11.94)	-27.247*** (-17.22)	-88.494*** (-10.62)	-23.251*** (-14.93)	-27.247*** (-17.22)	-0.580*** (-10.00)	-30.528*** (-19.49)
N	4415	4415	4415	4415	4415	4415	4415	4415	4415
R²	0.191	0.294	0.192	0.191	0.182	0.237	0.191	0.230	0.226

注：***，**，*分别表示在1%、5%、10%显著性水平下显著，括号内为t值。

166 / 风险投资对新三板企业价值的影响及溢出效应

表 6.15　风险投资影响新三板挂牌企业价值中介效应的稳健性检验 Ⅳ

变量	公司治理中介效应 (1) Tobin_Q	公司治理中介效应 (2) Independ	公司治理中介效应 (3) Tobin_Q	流动性中介效应 (1) Tobin_Q	流动性中介效应 (2) Non_zero	流动性中介效应 (3) Tobin_Q	融资能力中介效应 (1) Tobin_Q	融资能力中介效应 (2) Issue	融资能力中介效应 (3) Tobin_Q
VC	0.202* (1.77)	0.032** (2.40)	0.190* (1.66)	0.202* (1.77)	23.188*** (7.00)	0.042 (0.37)	0.202* (1.77)	7.759*** (14.46)	−0.281** (−2.49)
M			0.386*** (2.66)			0.007*** (11.95)			0.062*** (17.82)
Size	0.076*** (2.96)	0.065*** (21.69)	0.050* (1.85)	0.076*** (2.96)	11.995*** (16.23)	−0.008 (−0.29)	0.076*** (2.96)	1.194*** (9.97)	0.001 (0.05)
Grow	0.136*** (3.48)	0.004 (0.76)	0.134*** (3.45)	0.136*** (3.48)	0.758 (0.67)	0.130*** (3.42)	0.136*** (3.48)	0.468** (2.56)	0.107*** (2.86)
Operate	−0.384*** (−7.04)	0.023*** (3.54)	−0.393*** (−7.19)	−0.384*** (−7.04)	−6.778*** (−4.29)	−0.337*** (−6.29)	−0.384*** (−7.04)	−0.897*** (−3.50)	−0.329*** (−6.28)
Fixed	−0.458** (−2.26)	−0.016 (−0.68)	−0.452** (−2.24)	−0.458** (−2.26)	−14.008** (−2.39)	−0.361* (−1.82)	−0.458** (−2.26)	−3.551*** (−3.74)	−0.237 (−1.22)
Invisible	−0.878** (−2.37)	−0.038 (−0.88)	−0.863** (−2.33)	−0.878** (−2.37)	−27.162** (−2.54)	−0.690* (−1.90)	−0.878** (−2.37)	−4.063** (−2.34)	−0.625* (−1.76)

第六章 风险投资影响新三板企业价值及作用机制的实证分析 / 167

续表

变量	公司治理中介效应			流动性中介效应			融资能力中介效应		
	(1) Tobin_Q	(2) Independ	(3) Tobin_Q	(1) Tobin_Q	(2) Non_zero	(3) Tobin_Q	(1) Tobin_Q	(2) Issue	(3) Tobin_Q
Ownership	-0.405***	-0.034**	-0.392***	-0.405***	-13.410***	-0.312**	-0.405***	-3.677***	-0.176
	(-3.04)	(-2.13)	(-2.94)	(-3.04)	(-3.48)	(-2.38)	(-3.04)	(-5.88)	(-1.37)
Build_age	-0.014***	0.001	-0.015***	-0.014***	-0.103	-0.014**	-0.014***	-0.081***	-0.009*
	(-2.58)	(1.60)	(-2.65)	(-2.58)	(-0.65)	(-2.50)	(-2.58)	(-3.14)	(-1.74)
List_age	0.188***	0.002	0.187***	0.188***	9.811***	0.120***	0.188***	0.696***	0.144***
	(9.64)	(0.82)	(9.61)	(9.64)	(17.40)	(6.01)	(9.64)	(7.62)	(7.68)
行业	是	是	是	是	是	是	是	是	是
年份	是	是	是	是	是	是	是	是	是
常数项	0.121	-1.125***	0.555	0.121	-224.051***	1.674***	0.121	-18.839***	1.294**
	(0.23)	(-18.27)	(1.02)	(0.23)	(-14.86)	(3.18)	(0.23)	(-7.71)	(2.57)
N	3456	3456	3456	3456	3456	3456	3456	3456	3456
R^2	0.114	0.177	0.115	0.114	0.323	0.149	0.114	0.197	0.189

注：***、**、*分别表示在1%、5%、10%显著性水平下显著，括号内为t值。

首先,就总效应而言,东部地区风险投资对企业价值的影响系数 α_1 = 0.202,在10%显著性水平下显著。其次,(2)中风险投资对公司治理(独立董事占比)、流动性(非0交易日)、融资能力(增发规模)三个中介变量都有显著影响,β_1 分别为 0.032、23.188 和 7.759。最后,(3)中报告的中介变量(Independ、Non_zero、Issue)的系数 γ_2 分别为 0.386、0.007 和 0.062,显著性水平均为 1%。(3)中风险投资支持(VC)的系数 γ_1 分别为 0.190、0.042 和 -0.281,显著性水平分别为 10%、不显著和 5%。说明在风险投资影响企业价值的关系中,公司治理、流动性、融资能力都发挥中介作用,且流动性中介变量还表现出完全中介效应。这与前文结论一致,保持了较好的稳健性。

第六节 进一步探讨:考虑异质性因素

为了使分析进一步深入,通过构造各变量与 VC 的交互项来讨论不同因素在风险投资影响新三板企业价值时的调节作用,即探讨新三板挂牌企业异质性对风险投资作用于企业价值效果的影响。具体模型如下:

$$Tobin\_Q_{it} = \lambda_0 + \lambda_1 \times VC_{it} + \lambda_2 \times VC_{it} \times Adjust_{it} + \sum Control + \sum Industry + \sum Year + \varepsilon_{it} \qquad (6.14)$$

其中,Adjust 为可能产生调节作用的变量,包括各类中介变量及控制变量。分别考察风险资本投资于不同规模、不同收入增长能力、不同资本密度、不同治理结构、不同流动性、不同融资能力的新三板企业价值增值效果的差异。实证结果如表 6.16 所示:①企业规模(Size)与 VC 的交互项显著为负(-0.198),说明风险资本投资于小规模的企业有更大的成长空间,小公司在技术创新方面有灵活性优势(解维敏与方红星,2011),对新三板企业价值的提升有正向的影响。②企业收入增长能力(Grow)与 VC 的交互项显著为正(0.222),说明风险投资机构投资于具备较好增长能力的企业,其价值提升的效果更显著。③无形资产占比(Invisible)与 VC 的交互项显著为正(4.393),说明企业无形资产占比越高,越有利于 VC 对企业价值的提升。④企业独立董事占比(Independ)与 VC 的交互项显著为正(0.749),说明新三板企业治理状况越好,越有利于风险投资参与企业的发展,进而提升企业价值。⑤成交量(Volume)与VC的交互项显著为正(0.078)。⑥换手率(Turnover)与VC的交互项显著为正(0.006),说明若公司股票的流动性好,会促进风险投资对企业价值提升的作用效果。⑦财务杠杆(Leverage)与VC的交互项显著为负(-2.369),说明风险资本投资于资产负债率低的新三板公司对企业价值的提升作用更大。这可能是这部分企业自身发展的不确定性,以及银行贷款时存在的所有制歧视和规模歧视难以获得信贷融资(杨其静等,2015),因此这类企业尽管资产负债率低,其面临的资金约束却相对高。投资于这类企业,风险资本的边际效用更高,对企业价值的提升作用也相对较大。⑧增发规模(Issue)与VC的交互项显著为正(0.057),说明对于增发规模大的企业,其可能面临较好的发展机会,正处于快速扩张和发展阶段,对外部融资的需求较大,风险资本的投入会产生较高的边际效用,同样对新三板企业价值的提升有积极作用。

表6.16　　　　　异质性下风险投资与新三板挂牌企业价值

变量	异质1	异质2	异质3	异质4	异质5	异质6	异质7	异质8
VC	4.031** (2.30)	0.147 (1.42)	0.036 (0.30)	0.135 (1.28)	-0.587*** (-3.66)	0.033 (0.29)	1.030*** (5.65)	-0.517*** (-2.84)
VC×Size	-0.198** (-2.17)							
VC×Grow		0.222** (2.02)						
VC×Invisible			4.393*** (2.63)					
VC×Independ				0.749** (2.18)				
VC×Volume					0.078*** (6.32)			
VC×Turnover						0.006*** (3.14)		
VC×Leverage							-2.369*** (-5.04)	

续表

变量	异质1	异质2	异质3	异质4	异质5	异质6	异质7	异质8
$VC \times Issue$								0.057*** (4.85)
常数项	−0.032 (−0.07)	0.118 (0.27)	0.091 (0.21)	0.163 (0.37)	0.301 (0.69)	0.212 (0.48)	0.058 (0.13)	0.225 (0.51)
行业和年份	控制	控制	控制	控制	控制	控制	控制	控制
其他控制变量	控制	控制	控制	控制	控制	控制	控制	控制
样本量	4710	4710	4710	4710	4710	4710	4710	4710
R^2	0.107	0.107	0.108	0.107	0.114	0.108	0.111	0.111

注：***、** 分别表示在 1%、5% 显著性水平下显著，括号内为 t 值。

第七节　本章小结

本章选取 2010—2017 年 3083 家在新三板成功挂牌的企业为样本，实证检验风险投资对新三板挂牌企业价值的影响及作用机制。研究结论如下：①风险投资对新三板企业价值的提升具有显著的正向作用。②风险投资通过改善新三板企业的公司治理状况、股票流动性、外部融资能力实现公司价值增值，即在风险投资影响新三板企业价值增值的过程中存在治理作用、认证作用和支持作用的中介效应。值得注意的是，在这三个中介效应中，股票流动性（认证作用）表现出完全中介效应，说明信息效率的改善在风险投资影响新三板企业价值增值的过程中发挥了十分重要的功能。③进一步还发现，风险资本投资于不同特征的企业对价值增值的影响存在差异。新三板挂牌企业在收入增长能力、无形资产占比、治理规范性、股票流动性、股权融资方面的异质性对风险投资的增值作用有正向影响，而企业规模、债权融资方面的异质性对风险投资的增值作用有负向影响。

基于上述结论获得如下启示：①积极发展风险投资事业，充分发挥风险投资对新三板企业的价值增值作用。鼓励培育多元化的风投主体，充分发挥政府引导基金的作用，推进税收优惠、知识产权保护等政策实施，推进资本市场改革使风险资本退出没有后顾之忧。②风投机构要提升专业运作水平，积极参与被投企业的监督与管理。新三板企业要摒弃只想获得资金支持，不愿接受风险投资人管理的家族企业文化观念，积极借鉴风险投资的专业管理经验和投资决策建议。③风投机构要积极提升自身的社会网络地位，新三板企业要充分利用风险投资机构的社会网络资源，增强与风险投资机构的沟通合作，实现双方的互惠共赢。④鉴于流动性的完全中介效应和调节作用，流动性的改善有利于风险投资对企业增值作用的发挥。风险投资机构通过提高声誉资本、联合风投等方式增强认证作用。新三板企业应规范治理，提高信息披露质量，发挥信息效率作用以改善股票流动性。除此以外，资本市场应改革和完善相关配套制度以改善新三板流动性，如进一步细化分层，推出更为灵活的发行制度及连续竞价交易制度，降低投资者门槛，丰富投资者类型（企业年金、QFII、RQFII 等）。⑤新三板挂牌企业不能盲目扩充规模，要注重核心技术、创新能力及长期竞争力的培养，提高无形资产占比，以吸引更多优质风险投资机构的关注。

第七章 风险投资作用于新三板市场溢出效应的实证分析

本章从宏观层面探讨风险投资的溢出效应问题。本章是对第五章溢出机制理论推演的实证检验，以及在第六章风险投资影响新三板企业价值基础上的进一步拓展，即将这种影响关系从微观角度放大到宏观角度。企业是市场的主体，是组成产业的细胞。从企业角度切入，实证分析风险投资产业溢出效应问题。主要包括以下内容：①通过中介效应模型分析溢出机制的存在性，探讨风险投资通过改善新三板企业价值进而影响地区产业结构优化机制的存在性问题。②通过面板计量模型分析溢出效应，探讨风险投资作用于新三板市场对产业结构优化的溢出效应大小以及显著性。③考虑到经济活动之间存在空间效应，面板结果有可能低估溢出效应。进一步，通过空间计量模型分析风险投资的空间溢出效应。

第一节 变量与研究假设

一 变量构造与数据说明

（一）核心变量

（1）被解释变量：根据产业结构优化理论，产业结构优化包括产业结构合理化和产业结构高度化两个方面的内容。①产业结构合理化（TL）。产业结构合理化具体表现为产业结构系统的聚合质量、关联水平和协调能力。借鉴刘广与刘艺萍（2019）、常进雄与楼铭铭（2004）、干春晖等（2011）的做法，选取结构偏离度指标衡量产业结构的合理化，$TL = \sum_{i=1}^{n} \left| \frac{Y_i/L_i}{Y/L} - 1 \right| = \sum_{i=1}^{n} \left| \frac{Y_i/Y}{L_i/L} - 1 \right|$，其中，$i$ 表示产业，n 为第 i 产业所拥有的部门数量，Y 为产业产值，L 为产业中的就业人数。结构偏离度 TL

的值越小说明产业结构越合理,越大说明产业结构越不合理,当 $TL=0$ 说明各产业间劳动生产率相等,是生产要素充分自由流动的结果,产业间的生产达到均衡状态。②产业结构高度化(*TB*)。产业结构高度化是指产业结构不断从低级向高级演进的过程。其实质是优势产业更迭,表现为向创新主导产业演变的过程。参照干春晖等(2011)、傅元海等(2014)、刘广与刘艺萍(2019)的做法,采用高端技术产业占比(*TB*)来衡量产业结构高度化, $TB = \dfrac{Y_3}{Y}$,其中,Y_3 为第三产业总产值,Y 为第一、第二、第三产业总产值。按照产业结构演变规律,第三产业产值占比越高,产业结构越高端,*TB* 越趋向于 1。*TB* 逐渐变大,且越来越趋向于 1,说明我国产业结构趋于"服务化""生态化",产业结构高度化趋势明显。各产业产值和从业人数来源于 Wind 数据库和 CSMAR 数据库。

(2)解释变量:风险投资支持(*VCsup*)。*VCsup* = ln(1+风险投资金额)。表示各地新三板挂牌企业获得风险投资支持的水平。数据来源于清科私募通数据库,在清科私募通中筛选新三板企业获得的投资事件,保留被投企业、投资金额、投资地区、投资类型等关键字段,对筛选数据进行整理,通过表格透视法提取各年度、各地区新三板企业获得风险投资的总金额。在数据筛选的过程中,存在一些未披露的风险投资金额,以数百万元、数千万元、数亿元的形式出现,笔者查阅了公司年报以及 *CVsource* 等数据库进行补齐,对于未能获得准确数据补齐的情况,取平均值替代未披露金额。在此,仍借鉴张学勇与廖理(2011)、王秀军与李曜(2016)、冯慧群(2016)、刘刚等(2018)的做法将 VC 和 PE 均视作风险投资。

(3)中介变量:新三板市场发展水平(*NTBvalue*)。*NTBvalue* = ln(1+新三板企业总市值)。参照第六章研究结果,风险投资通过治理作用、认证作用、支持作用改善新三板企业价值,风险投资可促进新三板企业价值的提升。借鉴已有作者的研究成果,选择新三板总市值规模衡量新三板市场发展水平。其中,总市值为用股东权益修正的总市值,即当收盘价与总股本之积不为空时,总市值为收盘价与总股本相乘;当收盘价与总股本之积为空时,总市值为最近报告期的归属母公司股东权益。数据来源于 Wind 数据库、Choice 数据库。

(二) 控制变量

参照产业结构变动的决定因素（周振华，2014）以及以往文献对产业结构影响因素的研究（姚战琪与夏杰长，2005；王伟龙与纪建悦，2019；曹玉平与操一萍，2020；等等），结合数据的可获得性、完整性，选取以下变量为控制变量。

（1）人力资本（*Humcap*），为各地大专及以上学历人口在第一、第二、第三产业从业人口中所占的比重。数据来源为 Wind 数据库、《中国人口和就业统计年鉴》。根据统计年鉴，2010 年为每 10 万人口中大专及以上人口数，2011—2018 年皆为抽样数据。在此，根据样本数据、抽样比例①和各省份总人口数，获得各省份大专及以上人口数。

（2）政府支出（*Govpay*），为地方政府支出与地区生产总值之比。该指标衡量地方政府的支持力度和宏观调控能力。数据来源为 CSMAR 数据库。

（3）科研强度（*RDstren*），$RDstren = \ln$（各地规模以上工业企业 R&D 经费总额），即各地规模以上工业企业 R&D 经费的对数。Wind 数据库缺 2010 年统计数据，2010 年规模以上工业企业 R&D 经费由各地区大中型工业企业 R&D 经费内部支出和外部支出加总获得。数据来源为 2011 年《中国科技统计年鉴》。

（4）开放程度（*Open*），为地区贸易总额与地区生产总值之比。各省份进出口数据大多以美元记载，根据《中国统计年鉴》各年平均汇率，将其调整为人民币金额与 GDP 的比值。数据来源为 CSMAR 数据库。

（5）经济发展水平（*RperGDP*），$RperGDP = \ln$（实际人均 GDP），即实际人均 GDP 取对数。名义人均 GDP 没有考虑通货膨胀因素，在此将名义人均 GDP 用 GDP 平减指数调整为实际人均 GDP，衡量各地经济发展水平。数据来源于 CSMAR 数据库。

（6）教育水平（*Educate*），$Educate = \ln$（大专、本科、研究生招生规模），即各地大专、本科、研究生招生规模的加总取对数。数据来源于 Wind 数据库。

（7）城镇化率（*Urban*），为各地城镇人口与年末常住人口的比值，

---

① 抽样比例为 2011 年 0.85‰，2012 年 0.831‰，2013 年 0.822‰，2014 年 0.822‰，2015 年 1.55‰，2016 年 0.837‰，2017 年 0.824‰，2018 年 0.822‰。

该指标反映城镇化进程和城镇化水平的高低。数据来源于 Wind 数据库。此外,还有年度和个体虚拟变量。表 7.1 列示了主要变量的含义和计算方法。

表 7.1　　　　　　　　　　变量设置与数据来源

设置及类型		变量代号	解释和计算方法	数据来源
被解释变量	结构偏离度	TL	$TL = \sum_{i=1}^{n}\left|\frac{Y_i/L_i}{Y/L} - 1\right| = \sum_{i=1}^{n}\left|\frac{Y_i/Y}{L_i/L} - 1\right|$	CSMAR,Wind
	高端技术产业占比	TB	$TB = Y_3/Y$	CSMAR,Wind
解释变量	风险投资支持	VCsup	ln(1+各地新三板企业获得风险投资的总金额)	清科私募通
中介变量	新三板市场发展水平	NTBvalue	ln(1+各地新三板企业总市值)	Choice,Wind
控制变量	人力资本	Humcap	大专及以上学历人口/一二三产业从业人口	Wind,《中国人口就业统计年鉴》
	政府支出	Govpay	地方政府支出/地区生产总值	CSMAR
	科研强度	RDstren	ln(规模以上工业企业 R&D 经费总额)	Wind,《中国科技统计年鉴》
	开放程度	Open	各地进出口总额/地区生产总值	CSMAR
	经济发展水平	RperGDP	ln(实际人均 GDP)	CSMAR
	教育水平	Educate	ln(大专、本科、研究生招生规模)	Wind
	城镇化率	Urban	各地城镇人口/年末常住人口	Wind

二　描述性统计与分析

(一) 全局描述性统计分析

表 7.2 为 2010—2018 年各指标的全局描述性统计结果。从表中可得知,中国各地产业结构布局差异较大,产业结构高度化指标和产业结构合理化指标的最小值和最大值相差较大,均值也显示两项指标和理想水平还存在差距。

(1) 高端技术产业占比(TB)的均值为 0.451,与 1 还存在近 60%的差距,第 50 百分位的 TB 为 0.440,说明约有一半的省区未达到产业结构高度化的平均水平。TB 的最小值为 0.286,最大值为 0.810,说明各地区产业结构高度化程度差异较大。

表 7.2　　　　　　　　　　全局描述性统计

变量	均值	中位数	标准差	最小值	最大值
TB	0.451	0.440	0.10	0.286	0.810
TL	1.878	1.752	0.72	0.847	4.544
VCsup	6.107	6.170	1.78	0.000	10.434
NTBvalue	4.243	4.584	2.00	0.000	8.613
Humcap	0.214	0.178	0.13	0.033	0.800
Govpay	0.277	0.224	0.21	0.106	1.379
RDstren	13.928	14.029	1.69	7.401	16.863
Open	0.275	0.140	0.32	0.017	1.548
RperGDP	10.178	10.103	0.43	9.068	11.232
Educate	12.148	12.313	0.95	9.140	13.373
Urban	0.556	0.538	0.13	0.227	0.896
N	279				

（2）结构偏离度（*TL*）的均值为 1.878，*TL* 的最小值为 0.847，最大值为 4.544，表明了当前我国各地产业结构发展不均衡的现状。

（3）风险投资支持（*VCsup*）的均值为 6.107，最小值为 0，最大值为 10.434，说明风险资本对各地新三板企业的支持也存在较大的地域差异。通过第四章的分析，指出新三板自 2013 年挂牌和全国扩容以后才有较大规模的发展，因此，在统计中出现风险投资支持最小值为 0 的情况，有的省份（比如宁夏 2013 年）确实没有新三板企业获得风险投资支持。

（4）新三板市场发展水平（*NTBvalue*）的均值为 4.243，第 50 百分位的 *NTBvalue* 为 4.584，说明经过这些年的发展新三板市场也取得一定的进步，有一半的地区新三板市场已超过平均水平。*NTBvalue* 的最小值为 0，最大值为 8.613，说明各地新三板市场发展（各地挂牌企业的市值规模）之间还存在较大差异。最小值之所以为 0，是因为有的年份（比如较早的 2010 年或 2011 年），有的省份确实没有企业在新三板挂牌，所以会出现 *NTBvalue* 等于 0 的情况。

（5）人力资本（*Humcap*）的均值为 21.4%，第 50 百分位的 *Humcap*

为 17.8%，说明有一半的地区人力资本状况未达到全国平均水平，我国的人力资本还存在较大的提升空间。*Humcap* 的最小值为 3.3%，最大值为 80%，说明各年度各地区人力资本分布差异较大，这与各地区的教育状况、人才政策、经济发展状况等因素相关。

（6）政府支出（*Govpay*）的均值 27.7%，第 50 百分位的 *Govpay* 为 22.4%，说明一半的地方政府支出指标未达到全国平均水平，这与近年来多地地方政府财政压力较大的现实相吻合。*Govpay* 的最小值为 10.6%，最大值为 137.9%，*Govpay* 超过 1 的地区为西藏，由于西藏地区生产总值较小，国家对其转移支付较大，出现财政支出与地区生产总值之比大于 1 的情况。

（7）科研强度（*RDstren*）的平均值 13.928，第 50 百分位的 *RDstren* 为 14.029，说明这些年半数以上的地区科研强度超过平均水平，符合我国这些年鼓励创新、加大科研投入的现实。*RDstren* 的最大值为 16.863，最小值为 7.401，也说明各地科研投入差距较大。

（8）开放程度（*Open*）的均值为 27.5%，第 50 百分位的 Open 为 14%，说明半数的地区开放程度未达到全国平均水平。最小值为 1.7%，最大值为 154.8%，说明我国各地开放程度差异较大，有的地区在一些年份进出口贸易的总额超过了地区 GDP 的规模（如北京、上海、广州），说明这些地区贸易依存度高，开放程度高。而有的地区的开放程度较低（如甘肃、西藏、青海等），进出口贸易对地区生产总值的贡献较低。

（9）经济发展水平（*RperGDP*），实际人均 GDP 对数的均值为 10.178，第 50 百分位的 *RperGDP* 为 10.103，说明 2010—2018 年半数的地区 *RperGDP* 接近全国平均水平。*RperGDP* 最小值为 9.068，最大值 11.232。

（10）教育水平（*Educate*）的均值为 12.148，第 50 百分位的 *Educate* 为 12.313，最小值为 9.140，最大值为 13.373。教育水平和经济发展水平都是对数化处理后的数据，数值之间的差距变小，但依旧可以看出两项指标在各地区之间呈现的差异。

（11）城镇化率（*Urban*）的均值为 55.6%，第 50 百分位的 *Urban* 为 53.8%，说明 2010—2018 年半数的地区城镇化率未达到平均水平，*Urban* 的最小值为 22.7%，最大值为 89.6%，说明我国各地城镇化水平不平衡，还存在较大的差异。

(二) 分区域描述性统计分析

为了进一步分析风险投资、新三板市场发展和产业结构之间的关系,将全样本分区域进行描述性统计。东部包括12个省市,分别为上海、北京、吉林、天津、山东、广东、江苏、浙江、海南、福建、辽宁、黑龙江,合计108个观测值。中部有8个省区,分别为内蒙古、安徽、山西、江西、河北、河南、湖北、湖南,合计72个观测值。西部有11个省份,分别为云南、四川、宁夏、广西、新疆、甘肃、西藏、贵州、重庆、陕西、青海,合计99个观测值。

表7.3为2010—2018年各指标的分区域描述性统计结果。从表中可以得知:

表7.3　　　　　　　　　分区域描述性统计

	东部			中部			西部		
	均值	最小值	最大值	均值	最小值	最大值	均值	最小值	最大值
TB	0.502	0.348	0.810	0.402	0.286	0.555	0.430	0.323	0.549
TL	1.322	0.847	2.404	1.797	1.219	3.001	2.543	1.446	4.544
$VCsup$	6.924	2.398	10.434	5.969	0.000	8.312	5.315	0.000	8.734
$NTBvalue$	4.933	0.000	8.613	4.233	0.000	6.652	3.496	0.000	6.361
$Humcap$	0.283	0.106	0.800	0.167	0.090	0.343	0.173	0.033	0.362
$Govpay$	0.189	0.106	0.350	0.207	0.138	0.281	0.423	0.210	1.379
$RDstren$	14.633	10.079	16.863	14.456	10.079	15.481	12.775	7.401	15.046
$Open$	0.533	0.071	1.548	0.101	0.043	0.174	0.120	0.017	0.411
$RperGDP$	10.536	9.665	11.232	10.055	9.533	10.628	9.876	9.068	10.478
$Educate$	12.398	10.770	13.331	12.611	11.620	13.373	11.538	9.140	13.107
$Urban$	0.672	0.497	0.896	0.516	0.385	0.627	0.458	0.227	0.655
N	108			72			99		

(1) 东部地区的产业结构高度化程度最高,TB均值为0.502,最小值为0.348,最大值为0.810,均高于中部和西部水平,而中部和西部的TB值比较接近。

(2) 东部地区的产业结构合理化水平相对较好,TL的均值为1.322,最小值为0.847,最大值为2.404,相比中部和西部,TL的各项值最小,说明产业结构布局相对合理。西部地区的 TL 的均值为 2.543，最小值为 1.446，最大值为 4.544，TL 各项值较大，说明西部地区产业结构合理化程度相对低，还有很大的提升空间。

（3）风险投资支持也呈现出地域差异，东部 $VCsup$ 的均值为 6.924，最小值为 2.398，最大值为 10.434，均高于中部和西部地区。而中部地区新三板企业获得的风险投资支持又略高于西部地区的水平。

（4）新三板市场发展状况也呈现东部领先的局面，东部 $NTBvalue$ 的均值为 4.933，最大值为 8.613，均高于中部和西部地区。其中，中部地区的新三板市场发展水平略高于西部地区。

（5）东部地区的人力资本实力较为雄厚，均值为 28.3%，最小值为 10.6%，最大值为 80%，均高于中部地区和西部地区。从均值上看，中部地区和西部地区的人力资本实力差异不大。东部地区的人力资本丰厚，说明东部地区对于新技术、新知识的吸收能力要领先于中部地区和西部地区。

（6）西部地区 $Govpay$ 的均值为 42.3%，最小值 21.0%，最大值为 137.9%，原因在于西藏的地区生产总值较小，中央对其财政转移支付较大，使西藏地区的 $Govpay$ 大于 1，提高了西部地区 $Govpay$ 的平均水平。三个区域中，东部的 $Govpay$ 各项值最低，说明在东部地区，政府支出对经济增长的贡献并不高，有其他因素对当地经济发展发挥更加重要的作用。

（7）就科研强度而言，东部地区仍处于领先地位。中部的科研强度也向东部地区的平均水平靠拢。

（8）开放程度的地区差异较大，东部地区的开放水平较高，东部地区 $Open$ 的均值 53.3%，最小值为 7.1%，最大值为 154.8%，贸易依存度大于 1 的省市都位于东部地区。相比之下，中部 $Open$ 的均值为 10.1%，西部地区 $Open$ 的均值为 12.0%，与东部地区确实存在较大的差距。

（9）东部 $RperGDP$ 的平均值为 10.536，最小值为 9.665，最大值为 11.232，在三个地区中仍处于领先地位。

（10）就教育水平而言，中部地区 $Educate$ 的均值为 12.611，略大于东部地区 $Educate$ 的均值 12.398，且高于西部地区 $Educate$ 的均值 11.538 的水平。

（11）东部地区的城镇化水平较高，$Urban$ 的平均值 67.2%，最小值为49.7%，最大值为89.6%，都高于中部地区和西部地区的城镇化水平。三者比较下，西部地区的城镇化水平相对最低，Urban 的平均值为45.8%，最小值为22.7%，最大值为65.5%，与东部地区和中部地区都存在一定的差距。

三 研究假设回顾

结合第五章中以及第六章的结果，对风险投资的溢出机制进行探讨。认为风险投资通过微观企业主体将影响放大到宏观层面而产生溢出效应。风险投资通过资源配置机制引导资金流向成长优良且资金匮乏的企业，以及通过引导各种要素在企业内部有机整合，推动创新型中小微企业发展，进而影响产业结构的变迁。进一步，被投企业获得资金后，通过企业间的竞争合作机制和协作链接机制，影响产业结构。在此，重点关注企业间的竞争合作机制与协作链接机制。

风险投资作用于被投企业，通过竞争合作机制向同一行业中的其他企业发挥影响。前文机制推导结果表明，风险投资作用于新三板，在竞争合作机制下影响产业结构高度化。因此，提出假设 H7-1：风险投资可以提升新三板企业价值，进而会影响当地产业结构高级化程度。即风险投资影响新三板企业价值进而影响产业结构高度化的路径存在（竞争合作机制存在）。

风险投资作用于被投企业，通过协作链接机制向不同行业、不同产业中的其他企业发挥影响。前文机制推导结果表明，风险投资作用于新三板，在协作链接机制下影响产业结构合理化。因此，提出假设 H7-2：风险投资通过提升新三板企业价值，进而会影响当地产业结构合理化程度。即风险投资影响新三板企业价值进而影响产业结构合理化的路径（协作链接机制）存在。

在新三板挂牌的企业以制造业、信息传输、软件和信息技术服务业[①]为主，对于新三板的制造业，股转系统对其的定位绝大多数（80%以上）属于非传统制造业。新三板中挂牌企业的定位是"双创—成长"（创新型、创业型、成长型）。因此，风险投资作用于新三板企业会促进创新型、成长型中小企业发展，战略性新兴产业、现代服务业的附加值和科

[①] 按照全国中小企业股份转让系统公布的结果，制造业和信息业下的大类行业包括专用设备制造业、医药制造业、互联网及相关服务、非金属矿物制造业以及计算机、通信和其他电子设备制造业等新三板战略性新兴产业。

技含量会得到提升，会发生产业结构高度化的溢出效应。因此，提出假设 H7-3：风险投资作用于新三板的产业结构高度化溢出效应显著。

风险投资通过协作链接机制可以促进优秀企业做大做强，形成规模效应，进而提升产业系统的聚合质量，促进产业结构的合理化水平。但目前阶段，风险投资对新三板企业的投入金额较小（见第四章第六节）。新三板市场流动性不足，影响资本市场的价格发现功能，新三板企业的价值不能被很好地体现，影响并购整合的实现。因此，风险投资通过协作链接机制发挥溢出效应的功能可能会被削弱。因此，提出假设 H7-4：风险投资作用于新三板的产业结构合理化溢出效应不显著。

第二节　风险投资作用于新三板溢出机制的验证

一　计量模型设定

第六章的结论表明，风险投资对新三板企业价值的提升具有显著的正向作用。在此，将新三板企业价值作为风险投资与实体经济产业结构之间的中介变量。温忠麟等（2004）认为，若所有变量为显变量，可建立递归模型（Recursive Model）对方程进行分别回归，代替路径分析。仍然借鉴 Baron 和 Kenny（1986）及温忠麟等（2004）提出的中介效应检验方法，通过中介效应检验，探讨风险投资在宏观实体经济中发生溢出效应的具体机制。基于假设 H7-1（风险投资影响新三板企业价值进而影响产业结构高度化的路径存在），构建如下递归模型，其中 Control 表示控制变量。

$$TB_{it} = \alpha_0 + \alpha_1 \times VC\text{sup}_{it} + \sum Control_{it} + \sum Province + \sum Year + \varepsilon_{it} \tag{7.1}$$

$$NTBvalue_{it} = \beta_0 + \beta_1 \times VC\text{sup}_{it} + \sum Control_{it} + \sum Province + \sum Year + \varepsilon_{it} \tag{7.2}$$

$$TB_{it} = \gamma_0 + \gamma_1 \times VC\text{sup}_{it} + \gamma_2 \times NTBvalue_{it} + \sum Control_{it} + \sum Province + \sum Year + \varepsilon_{it} \tag{7.3}$$

基于假设 H7-2（风险投资影响新三板企业价值进而影响产业结构合

理化的路径存在），构建如下递归模型：

$$TL_{it} = \alpha_0 + \alpha_1 \times VC\sup_{it} + \sum Control_{it} + \sum Province + \sum Year + \varepsilon_{it} \tag{7.4}$$

$$NTBvalue_{it} = \beta_0 + \beta_1 \times VC\sup_{it} + \sum Control_{it} + \sum Province + \sum Year + \varepsilon_{it} \tag{7.5}$$

$$TL_{it} = \gamma_0 + \gamma_1 \times VC\sup_{it} + \gamma_2 \times NTBvalue_{it} + \sum Control_{it} + \sum Province + \sum Year + \varepsilon_{it} \tag{7.6}$$

模型（7.1）为风险投资影响产业结构高度化中介效应检验的第一步，对该模型中除中介变量以外的其他变量进行回归，考察不存在中介变量情况下，风险投资支持对地区产业结构高级化（TB）的影响效果。若 α_1 不显著，VCsup 对 TB 的影响不显著，停止中介效应分析；若 α_1 显著，说明 VCsup 确实对 TB 产生影响，可以进行下一步分析。模型（7.2）为风险投资影响产业结构高度化中介效应检验的第二步，NTBvalue 代表新三板市场发展水平的中介变量，以 VCsup 为自变量，检验风险投资支持对中介变量的影响。模型（7.3）为风险投资影响产业结构高度化中介效应检验的第三步，将中介变量 NTBvalue 加入模型（7.1）中，得到对应的模型（7.3）。若 β_1 和 γ_2 显著，且 γ_1 也显著，说明风险投资支持对地区产业结构高度化的影响有一部分是由中介变量 NTBvalue 的中介效应产生的；若 β_1 和 γ_2 显著，且 γ_1 不显著，说明在风险投资与地区产业结构高度化的关系中，中介变量 NTBvalue 产生了完全中介效应；若 β_1 和 γ_2 至少有一个不显著，则做 Sobel[①] 检验。相应地，将被解释变量换成 TL，可检验假设 H7-2（风险投资影响新三板企业价值进而影响产业结构合理化的路径存在），即可探讨风险投资影响产业结构合理化的中介效应。对应的回归方程为式（7.4）、式（7.5）、式（7.6），按照相同的方法构造递归模型进行检验。

[①] 检验的统计量 $z = \hat{\beta}_1 \hat{\gamma}_2 / s_{\beta_1 \gamma_2}$，其中 $\hat{\beta}_1$ 和 $\hat{\gamma}_2$ 是 β_1 和 γ_2 的估计，$s_{\beta_1 \gamma_2} = \sqrt{\hat{\beta}_1^2 s_{\gamma_2}^2 + \hat{\gamma}_2^2 s_{\beta_1}^2}$ 是 $\hat{\beta}_1 \hat{\gamma}_2$ 的标准误，s_{β_1} 和 s_{γ_2} 是 $\hat{\beta}_1$ 和 $\hat{\gamma}_2$ 的标准误。若 z 值显著，则中介效应显著，反之则不显著。

二 实证分析与结果

（一）风险投资、新三板市场发展与产业结构高度化的中介效应检验

风险投资在宏观层面上发挥溢出效应的路径如表7.4所示。表7.4中模型（1）—（3）分别对应中介效应模型中式（7.1）、式（7.2）和式（7.3），验证风险投资、新三板企业价值与产业结构高度化三者之间的关系。模型（1）报告了风险投资（VCsup）对地区产业结构高度化（TB）的影响，系数 α_1 为0.005，在5%显著性水平下显著，说明在其他因素得以控制的情况下，风险投资对地区产业结构高度化水平有显著的正向影响，虽然系数值不大，但这种影响是显著的。可以进行中介效应检验的第二步。表7.4中模型（2）显示，风险投资（VCsup）对中介变量（NTBvalue）的回归系数 $\beta_1 = 0.103$，且在1%显著性水平下显著，说明风险投资对新三板市场发展有显著的正向作用，这与第六章的实证结论相吻合（第六章实证结论：风险投资对新三板企业价值的提升具有显著的正向作用）。说明风险投资可以促进新三板市场的发展。表7.4中模型（3）显示，NTBvalue 与 TB 的回归系数 $\gamma_2 = 0.018$，且在1%显著性水平下显著。同时 VCsup 与 TB 的回归系数 $\gamma_1 = 0.003$，在5%显著性水平下显著。说明在风险投资与地区产业结构高度化的关系中，新三板市场发挥了部分中介效应的作用，即风险投资影响新三板企业价值进而影响产业结构高度化的路径是存在的（竞争合作机制存在）。风险投资可提升新三板企业价值、促进新三板市场发展，进而提升当地产业结构高级化程度。假设H7-1得到验证。

表 7.4　　　　　　　风险投资影响产业结构的中介效应检验

	产业结构高度化中介效应检验			产业结构合理化中介效应检验		
	(1)	(2)	(3)	(4)	(5)	(6)
	TB	NTBvalue	TB	TL	NTBvalue	TL
VCsup	0.005** (2.54)	0.103*** (3.75)	0.003** (2.10)	-0.021* (-1.69)	0.103*** (3.75)	-0.013 (-1.24)
NTBvalue			0.018*** (7.65)			-0.049*** (-3.05)
Humcap	0.243*** (3.56)	-0.930 (-0.92)	0.150** (2.40)	1.313*** (2.87)	-0.930 (-0.92)	1.379*** (3.30)

续表

	产业结构高度化中介效应检验			产业结构合理化中介效应检验		
	(1)	(2)	(3)	(4)	(5)	(6)
	TB	NTBvalue	TB	TL	NTBvalue	TL
Govpay	0.333***	-2.878**	0.114	-0.933	-2.878**	-0.793
	(3.96)	(-2.07)	(1.41)	(-1.48)	(-2.07)	(-1.47)
RDstren	0.003	-0.029	-0.000	0.049***	-0.029	0.054***
	(1.26)	(-0.81)	(-0.06)	(3.03)	(-0.81)	(3.62)
Open	-0.097***	0.373	-0.070***	-0.433**	0.373	-0.366**
	(-3.35)	(0.84)	(-2.68)	(-2.14)	(0.84)	(-2.09)
RperGDP	-0.152***	-0.535	-0.220***	-0.453**	-0.535	-0.403**
	(-5.61)	(-1.23)	(-8.49)	(-2.29)	(-1.23)	(-2.33)
Educate	0.043	-0.156	0.043	-0.762***	-0.156	-0.737***
	(1.47)	(-0.39)	(1.63)	(-4.15)	(-0.39)	(-4.18)
Urban	1.309***	-3.529	1.047***	0.658	-3.529	0.435
	(8.20)	(-1.32)	(7.10)	(0.54)	(-1.32)	(0.44)
常数项	0.469	13.799**	1.462***	14.210***	13.799**	13.473***
	(1.38)	(2.35)	(4.40)	(5.32)	(2.35)	(6.06)
个体	是	是	是	是	是	是
年份	否	是	否	是	是	否
N	279	279	279	279	279	279
R^2	0.927	0.971	0.941	0.955	0.971	0.955

注：***、**、*分别表示在1%、5%、10%显著性水平下显著，括号内为t值。

(二) 风险投资、新三板市场发展与产业结构合理化的中介效应检验

表7.4中模型（4）—（6）分别对应中介效应模型中式（7.4）、式（7.5）、式（7.6），验证风险投资、新三板企业价值与产业结构合理化三者之间的关系。模型（4）报告了风险投资（VCsup）对地区产业结构合理化（TL）的影响，系数 α_1 为-0.021，在10%显著性水平下显著。产业结构合理化的衡量指标结构偏离度TL的值越小说明产业结构越合理，越大说明产业结构越不合理。模型（4）中VCsup与TL的回归系数显著为负，说明风险投资有利于产业结构的合理化，而且这种作用是显著的。(4)中 α_1 显著，说明可以进行中介效应检验的第二步。表7.4中模型

(5)显示风险投资（VCsup）对中介变量（NTBvalue）的回归系数 β_1 = 0.103，且在1%显著性水平下显著，与第六章的实证结论相符，说明风险投资有利于新三板市场的发展，且这种作用是显著的。表7.4中模型(6)显示 NTBvalue 与 TL 的回归系数为负，VCsup 与 TL 的回归系数也为负，说明新三板市场发展和风险投资都对地区产业结构合理化产生积极影响。其中，NTBvalue 与 TL 的回归系数 γ_2 = -0.049，且在1%显著性水平下显著。同时 VCsup 与 TL 的回归系数 γ_1 = -0.013 且不显著。说明在风险投资与地区产业结构合理化的关系中，新三板市场发挥了完全中介效应的作用。即风险投资影响新三板企业价值进而影响产业结构合理化的路径是存在的（协作链接机制存在）。假设H7-2得到验证。

以上六个回归方程验证了风险投资通过新三板市场会影响地区产业结构高度化和产业结构合理化。表7.4表明，产业结构高度化的中介效应检验和产业结构合理化的中介效应检验都通过。说明风险投资通过新三板市场影响产业结构优化的路径是存在的，但具体效应是多大，具体效应显著与否，值得进一步验证和讨论。

三　稳健性检验

（一）稳健性检验Ⅰ：更换中介变量

新三板从试点到扩容以来，存在最大的问题就是市场流动性不足。已有研究表明，市场流动性改善会增强公司股票价格，公司价值会随之提升（Diamond and Verrecchia，1991）。自新三板扩容以来，各项政策和制度出台，其最根本的目的在于改善新三板市场的流动性，激发市场活力，充分发挥新三板市场的价格发现功能和资源配效率。因此，选择新三板企业的流通市值规模（NTBc_value）作为新三板市场发展水平的衡量指标，用其替代原来的中介变量 NTBvalue 进行回归，检验中介模型的稳健性。

在此 NTBc_value = ln（1+新三板流通市值规模）。稳健性回归结果如表7.5所示，表7.5中模型（1）—（3）验证风险投资、新三板流通市值与产业结构高度化三者之间的关系。模型（1）中系数 α_1 为 0.005，在5%显著性水平下显著。模型（2）中风险投资（VCsup）对中介变量（NTBc_value）的回归系数 β_1 = 0.142，且在5%显著性水平下显著，说明风险投资能促进新三板市场的发展，扩大其流通市值的规模。模型（3）中 NTBc_value 与 TB 的回归系数 γ_2 = 0.016，且在1%显著性水平下显著。

同时 $VCsup$ 与 TB 的回归系数 $\gamma_1 = 0.002$，且没有显著性。说明在风险投资与地区产业结构高度化的关系中，新三板市场的流通市值指标发挥了中介作用，而且这种中介作用还是完全中介作用。说明风险投资影响新三板企业价值进而影响产业结构高度化的路径是存在的。进一步验证假设 H7-1 的稳健性。

表 7.5 中模型（4）—（6）验证风险投资、新三板流通市值与产业结构合理化三者之间的关系。模型（4）报告了风险投资（$VCsup$）对地区产业结构合理化（TL）的影响，系数 α_1 为 -0.021，在 10% 显著性水平下显著。模型（5）显示，风险投资（$VCsup$）对中介变量（$NTBc\_value$）的回归系数 $\beta_1 = 0.142$，且在 5% 显著性水平下显著。模型（6）报告 $NTBc\_value$ 与 TL 的回归系数 $\gamma_2 = 0.058$，且在 1% 显著性水平下显著。同时 $VCsup$ 与 TL 的回归系数 $\gamma_1 = -0.024$，在 10% 显著性水平下显著。说明在风险投资与地区产业结构合理化的关系中，新三板流通市值发挥了部分中介效应的作用。即风险投资影响新三板企业价值进而影响产业结构合理化的路径是存在的。进一步验证假设 H7-2 的稳健性。

表 7.5 中介效应稳健性检验 I

	产业结构高度化中介效应检验			产业结构合理化中介效应检验		
	(1)	(2)	(3)	(4)	(5)	(6)
	TB	$NTBc\_value$	TB	TL	$NTBc\_value$	TL
$VCsup$	0.005**	0.142**	0.002	-0.021*	0.142**	-0.024*
	(2.54)	(2.31)	(1.51)	(-1.69)	(2.31)	(-1.92)
$NTBc\_value$			0.016***			0.058***
			(10.16)			(2.89)
$Humcap$	0.243***	5.917**	0.148**	1.313***	5.917**	1.366***
	(3.56)	(2.54)	(2.56)	(2.87)	(2.54)	(3.03)
$Govpay$	0.333***	6.762**	0.224***	-0.933	6.762**	-0.725
	(3.96)	(2.35)	(3.15)	(-1.48)	(2.35)	(-1.16)
$RDstren$	0.003	0.140*	0.001	0.049***	0.140*	0.038**
	(1.26)	(1.69)	(0.40)	(3.03)	(1.69)	(2.36)
$Open$	-0.097***	-7.898***	0.030	-0.433**	-7.898***	-0.318
	(-3.35)	(-7.98)	(1.09)	(-2.14)	(-7.98)	(-1.57)

续表

	产业结构高度化中介效应检验			产业结构合理化中介效应检验		
	(1)	(2)	(3)	(4)	(5)	(6)
	TB	NTBc_value	TB	TL	NTBc_value	TL
RperGDP	-0.152***	-0.014	-0.152***	-0.453**	-0.014	-0.426**
	(-5.61)	(-0.02)	(-6.69)	(-2.29)	(-0.02)	(-2.18)
Educate	0.043	-0.428	0.050**	-0.762***	-0.428	-0.676***
	(1.47)	(-0.43)	(2.04)	(-4.15)	(-0.43)	(-3.69)
Urban	1.309***	45.304***	0.582***	0.658	45.304***	0.398
	(8.20)	(8.29)	(3.84)	(0.54)	(8.29)	(0.33)
常数项	0.469	-29.038**	0.936***	14.210***	-29.038**	12.987***
	(1.38)	(-2.49)	(3.24)	(5.32)	(-2.49)	(4.88)
个体	是	是	是	是	是	是
年份	否	否	否	是	否	是
N	279	279	279	279	279	279
R²	0.927	0.867	0.949	0.955	0.867	0.956

注：***、**、*分别表示在1%、5%、10%显著性水平下显著，括号内为t值。

(二) 稳健性检验Ⅱ：更换解释变量

参考已有研究成果，学者除用风险投资金额代表风险投资支持水平，还采用风险投资案例、风险投资事件、风险投资机构等变量衡量风险投资支持水平。在此选择各地风险投资案例数（VC_case）[①]作为风险投资支持的衡量指标，替代 $VCsup$ 进行中介作用的稳健性检验。

稳健性回归结果如表7.6所示，表7.6中模型（1）—（3）验证风险投资案例数、新三板总市值与产业结构高度化三者之间的关系。模型（1）中系数 α_1 为0.014，在1%显著性水平下显著。模型（2）中风险投资案例数（VC_case）对中介变量（$NTBvalue$）的回归系数 $\beta_1=0.226$，且在5%显著性水平下显著。模型（3）中 $NTBvalue$ 与 TB 的回归系数 $\gamma_2=0.018$，且在1%显著性水平下显著。同时 VC_case 与 TB 的回归系数 $\gamma_1=0.01$，在1%显著性水平下显著。说明以风险投资案例数作为风险投资支持的代理变量，依旧可以得出风险投资影响新三板企业价值进而影

---

① $VC\_case=\ln（1+风险投资案例数）$。

响产业结构高度化的路径是存在的这一结论。风险投资影响地区产业结构高度化的过程中，新三板市场发挥了部分中介效应。假设 H7-1 得到验证，说明结论是稳健的。

表 7.6 中模型（4）—（6）验证风险投资案例数、新三板总市值与产业结构合理化三者之间的关系。模型（4）报告了风险投资案例数（VC_case）对地区产业结构合理化（TL）的影响，系数 α_1 为 -0.039，在 10% 显著性水平下显著。模型（5）显示风险投资案例数（VC_case）对中介变量（$NTBvalue$）的回归系数 $\beta_1 = 0.226$，且在 5% 显著性水平下显著。模型（6）报告 $NTBvalue$ 与 TL 的回归系数 $\gamma_2 = -0.048$，且在 1% 显著性水平下显著。同时 VC_case 与 TL 的回归系数 $\gamma_1 = -0.028$，且不显著。说明在风险投资案例数与地区产业结构合理化的关系中，新三板市场发挥了完全中介效应的作用。假设 H7-2 得到验证，进一步验证了风险投资影响新三板企业价值进而影响产业结构合理化的路径是存在的。

表 7.6　　　　　　　　　　中介效应稳健性检验 II

	产业结构高度化中介效应检验			产业结构合理化中介效应检验		
	(1)	(2)	(3)	(4)	(5)	(6)
	TB	$NTBvalue$	TB	TL	$NTBvalue$	TL
VC_case	0.014***	0.226**	0.010***	-0.039*	0.226**	-0.028
	(3.74)	(2.45)	(2.93)	(-1.65)	(2.45)	(-1.19)
$NTBvalue$			0.018***			-0.048***
			(7.39)			(-2.95)
$Humcap$	0.241***	4.995***	0.152**	1.121***	4.995***	1.359***
	(3.59)	(3.06)	(2.46)	(2.70)	(3.06)	(3.26)
$Govpay$	0.350***	12.212***	0.134*	-1.427***	12.212***	-0.845
	(4.22)	(6.04)	(1.66)	(-2.78)	(6.04)	(-1.56)
$RDstren$	0.004	0.185***	0.001	0.043***	0.185***	0.052***
	(1.59)	(3.17)	(0.24)	(2.90)	(3.17)	(3.48)
$Open$	-0.066**	-0.939	-0.049*	-0.371**	-0.939	-0.416**
	(-2.16)	(-1.27)	(-1.78)	(-1.97)	(-1.27)	(-2.24)
$RperGDP$	-0.151***	3.732***	-0.217***	-0.589***	3.732***	-0.411**
	(-5.65)	(5.73)	(-8.42)	(-3.56)	(5.73)	(-2.37)

续表

	产业结构高度化中介效应检验			产业结构合理化中介效应检验		
	(1)	(2)	(3)	(4)	(5)	(6)
	TB	NTBvalue	TB	TL	NTBvalue	TL
Educate	0.048	0.085	0.046*	-0.746***	0.085	-0.742***
	(1.64)	(0.12)	(1.76)	(-4.15)	(0.12)	(-4.20)
Urban	1.225***	12.811***	0.998***	-0.108	12.811***	0.503
	(7.64)	(3.28)	(6.74)	(-0.11)	(3.28)	(0.50)
常数项	0.370	-55.775***	1.357***	16.389***	-55.775***	13.730***
	(1.10)	(-6.80)	(4.08)	(7.86)	(-6.80)	(6.13)
个体	是	是	是	是	是	是
年份	否	否	否	否	否	否
N	279	279	279	279	279	279
R^2	0.929	0.904	0.942	0.953	0.904	0.955

注：***、**、*分别表示在1%、5%、10%显著性水平下显著，括号内为t值。

第三节 基于面板模型：风险投资溢出效应的实证分析

一 计量模型的设定

上一节实证部分具体考察了风险投资通过新三板市场会影响地区产业结构高度化和产业结构合理化，即风险投资通过新三板市场影响产业结构优化的路径是存在的。这种影响可视为风险投资作用于微观企业，而微观企业置身于宏观经济环境中会产生溢出效应。但是溢出效应具体多大，是否显著，值得进一步验证和讨论。将第五章第四节风险投资溢出机制分析和第七章第二节风险投资溢出机制的实证分析结合起来，在它们的基础上构建本部分的计量模型如下：

$$TB_{it} = \beta_0 + \beta_1 VCsup_{it} + \beta_2 NTBvalue_{it} + \beta_3 Humcap_{it} + \beta_4 Govpay_{it} + \beta_5 RDstren_{it} + \beta_6 Open_{it} + \beta_7 RperGDP_{it} + \beta_8 Educate_{it} + \beta_9 Urban_{it} + \varepsilon_{it} \quad (7.7)$$

$$TL_{it} = \beta_0 + \beta_1 VCsup_{it} + \beta_2 NTBvalue_{it} + \beta_3 Humcap_{it} + \beta_4 Govpay_{it} + \beta_5 RDstren_{it} + \beta_6 Open_{it} + \beta_7 RperGDP_{it} + \beta_8 Educate_{it} + \beta_9 Urban_{it} + \varepsilon_{it} \quad (7.8)$$

对于面板模型而言，由于其同时具有变量、截面、时间三个要素，模型的设定显得尤为重要。模型设定不合理，会影响实证结论对经济现象的解释力度。因此，在面板模型估计之前，需要讨论面板模型设定的形式问题。由于所选样本的时间窗口（2010—2018 年）较短，在模型设定形式的讨论中不考虑变系数的面板模型，只讨论混合 OLS 模型、固定效应模型和随机效应模型的适用性。首先，检定选择固定效应模型还是混合 OLS 模型（Wald 检验或 LR 检验），构造 F 统计量：

$$F = \frac{(RRSS - URSS)/(N-1)}{URSS/[N(T-1)-K]} \sim F[N-1, N(T-1)-K] \qquad (7.9)$$

检验零假设 $H_0: \xi_1 = \xi_2 = \cdots = \xi_N = 0$，其中 RRSS 为混合 OLS 模型（有约束模型）的残差平方和，URSS 为个体单因素模型（无约束模型）的残差平方和。ξ_i 是反映个体 i 的非时变异质性，即个体效应。若拒绝原假设 H_0，则认为个体效应存在，且显著异于 0，说明固定效应模型优于混合 OLS 模型。再讨论选择随机效应模型还是混合 OLS 模型（B-P 检验或 LR 检验）。Breusch-Pagan（1980）依据模型 OLS 的残差构造了 Lagrange 乘子检验统计量（LM）检验个体随机效应模型的合意性。

$$LM = \frac{NT}{2(T-1)} \left[\frac{\sum_{i=1}^{N} \left(\sum_{t=1}^{T} e_{it} \right)^2}{\sum_{i=1}^{N} \sum_{t=1}^{T} e_{it}} - 1 \right]^2 \qquad (7.10)$$

检验零假设 $H_0: \sigma_\xi^2 = 0$。原假设为随机效应模型干扰项的方差等于 0。若原假设成立，说明随机效应模型可以简化为混合 OLS 模型。接下来讨论选择固定效应模型还是随机效应模型。固定效应模型和随机效应模型的区别是固定效应的某些解释变量与个体异质性效应相关，随机效应模型的所有解释变量与个体异质性效应独立。根据统计量 $\hat{q} = \hat{\beta}_{GLS} - \hat{\beta}_{within}$ 构造 Hausman 检验统计量：$m = \hat{q}' \text{Var}(\hat{q})^{-1} \hat{q}$，可检验零假设 $H_0: E(\varepsilon_{it} | X_{it}) = 0$。若原假设成立，说明 $\hat{\beta}_{GLS}$ 与 $\hat{\beta}_{within}$ 是一致估计量，个体单因素模型应假设为随机效应模型，否则设定为固定效应模型。其中 $\hat{\beta}_{GLS}$ 为个体固定效应模型解释变量系数 β 的 GLS 估计量，$\hat{\beta}_{within}$ 为个体固定效应模型经组内变换得到的组内回归模型的组内估计量。以上检验统计量均通过 Stata16.1 计算获得，具体检验结果如表 7.7 和表 7.8 所示。

表7.7　模型设定检验结果（风险投资与高端技术产业占比 *TB* 回归）

模型	检验方法	统计量值	伴随概率	模型选择
固定效应与混合 OLS	Wald 检验	15.06	0.0000	固定效应
随机效应与混合 OLS	B-P 检验	311.78	0.0000	随机效应
固定效应与随机效应	Hausman 检验	23.55	0.0051	固定效应

表7.8　模型设定检验结果（风险投资与结构偏离度 *TL* 回归）

模型	检验方法	统计量值	伴随概率	模型选择
固定效应与混合 OLS	Wald 检验	57.14	0.0000	固定效应
随机效应与混合 OLS	B-P 检验	756.53	0.0000	随机效应
固定效应与随机效应	Hausman 检验	17.60	0.0401	固定效应

从表7.7中可以看出，Wald 检验的 F 统计量为15.06，伴随概率小于1%的显著性水平，应拒绝原假设，选择固定效应模型。B-P 检验的 χ^2 值为311.78，伴随概率小于1%的显著性水平，拒绝原假设，随机效应模型优于混合 OLS 模型。Hausman 检验的 χ^2 值为23.55，伴随概率为0.0051，小于1%的显著性水平，拒绝固定效应与随机效应系数不存在显著差异的原假设，应选择固定效应模型。表7.8中 Wald 检验的 F 统计量为57.14，伴随概率小于1%的显著性水平，应拒绝原假设，选择固定效应模型。B-P 检验的 χ^2 值为756.53，伴随概率小于1%的显著性水平，拒绝原假设，随机效应模型优于混合 OLS 模型。Hausman 检验的 χ^2 值为17.60，伴随概率为0.0401，在1%显著性水平不拒绝原假设，在5%显著性水平拒绝原假设。Baltagi（2001）认为，若样本来自总体随机获得，随机效应模型可行。研究局限于特定个体时，应选择固定效应模型。本书的研究对象为我国31个省份，属于特定的研究对象，鉴于 Baltagi 的观点，按照5%显著性水平下拒绝原假设，选择固定效应模型。对于选择单因素效应模型还是双因素效应模型，进一步进行 LR 检验，先估计个体效应模型，再估计附加时间虚拟变量的个体效应模型，对两个估计结果进行似然比检定，检验原假设 H_0：个体效应模型可以嵌套于个体时间效应模型，若伴随概率显示拒绝原假设，则说明时间虚拟变量显著，选择双因素效应模型更合理。通过 LR 检验发现 p 值较大，不能拒绝原假设，所以在模型设定中选择单因素个体固定效应模型。

二 实证分析与结果

(一) 全样本面板模型回归

考察全局样本下风险投资作用于新三板市场的产业结构溢出效应，即风险投资作用于新三板市场对产业结构产生的影响。相关回归结果列示于表7.9中。模型（1）对应计量模型式（7.7），为风险投资对产业结构高度化的影响。模型（2）对应计量模型式（7.8），为风险投资对产业结构合理化的影响。

模型（1）的结果显示，风险投资对产业结构高度化（TB）的影响程度为0.003，在5%显著性水平下显著。说明风险投资作用于新三板市场，对产业结构高度化产生积极的溢出效应，虽然溢出效应的系数较低，但这种溢出是显著存在的。假设H7-3得到验证。意味着风险投资投入新三板企业，使整个地区的产业结构高度化获得了正的外部性。这种正的外部性来源于被投企业价值提升所引发的技术更新、效率提升、结构优化等进步，未获得风险投资企业为参与竞争而进行学习、投入和更新等，以及被投企业对部分企业的挤压和替代。在新三板挂牌的企业多为制造业、信息传输、软件和信息技术服务业，风险投资对这部分企业的扶持，有利于高新技术产业的发展和传统产业的转型升级。因此，风险投资作用于新三板市场会产生显著的产业结构高度化溢出效应。模型（1）中新三板市场发展与产业结构高度化的回归系数为0.018，在1%显著性水平下显著。说明新三板市场的发展有利于产业结构高度化发展，且这种影响非常显著。

模型（1）中各控制变量与TB的回归结果显示，Humcap对TB的影响程度较大，为0.150且在5%显著性水平下显著，说明人力资本是影响产业结构高度化的重要因素，是劳动生产率、知识吸收能力的载体。Govpay对TB的作用程度为0.114，不显著。说明政府支出有利于产业结构高度化水平，但其显著作用未充分发挥。可能与近年来政府支出结构有关，为保稳定、促民生，政府支出主要集中于社会公共事业、基础设施建设等。RDstren对TB的影响不显著。这些年我国产业结构高度化可能更多地得益于商业模式创新对第三产业的带动（如平台经济、共享经济等）。而科技进步、自主创新对产业结构高度化的带动作用还有待进一步发挥。Open对TB的影响为-0.070，在1%显著性水平下显著。模型（2）中Open对TL的影响为-0.366，在5%显著性水平下显著。说明开放程度对产业结构高度化有小幅度负面影响（-0.070），而对产业结构合理化有较大程度积极影响（-0.366）。按照小岛理论的观点，对外开放程度的扩大会带来先进生产函数和产业整合资金，对促进产业结构合理化有积极作用。Open 对 TB 的系数为-0.070，与实际预期情况偏差，这可能是因为开放过程中，外商更看重中国的资源、劳动力和市场，转移的产业链经济附加值不高，未能形成有效的产业高度化带动作用。RperGDP 对 TB 的影响为-0.220，在1%显著性水平下显著。模型（2）中 RperGDP 对 TL 的影响-0.403，在5%显著性水平下显著。说明经济发展水平对产业结构高度化有负面影响，对产业结构合理化有积极影响，且后者的绝对值高于前者。说明在当前阶段，经济规模的扩张在一定意义上可以提高产业结构的聚合质量，促进产业间的协调发展，但是不能有效促进产业结构高度化的演进。说明当前经济发展还存在一些问题，应结合更多要素，促进产业结构向更高层次转化，真正实现高质量发展。Urban 对 TB 的影响为1.047，在1%显著性水平下显著。说明城镇化水平的提高，为第三产业、先进制造业等高端产业提供了更多的人力资源和更大的市场需求，进而对产业结构高度化演变产生积极影响。

表7.9　　　　风险投资对产业结构优化的溢出效应（全样本）

变量	(1) TB	(2) TL
VCsup	0.003**	-0.013
	(2.10)	(-1.24)
NTBvalue	0.018***	-0.049***
	(7.65)	(-3.05)
Humcap	0.150**	1.379***
	(2.40)	(3.30)
Govpay	0.114	-0.793
	(1.41)	(-1.47)
RDstren	-0.000	0.054***
	(-0.06)	(3.62)
Open	-0.070***	-0.366**
	(-2.68)	(-2.09)
RperGDP	-0.220***	-0.403**
	(-8.49)	(-2.33)

续表

变量	(1) TB	(2) TL
Educate	0.043	-0.737***
	(1.63)	(-4.18)
Urban	1.047***	0.435
	(7.10)	(0.44)
常数项	1.462***	13.473***
	(4.40)	(6.06)
个体	是	是
年份	否	否
N	279	279
R^2	0.941	0.955

注：***、**分别表示在1%、5%显著性水平下显著，括号内为t值。

模型（2）显示，风险投资对产业结构合理化的系数为-0.013，不显著。系数为负，说明作用效果不显著。假设H7-4得到验证。原因在于，自扩容以来新三板还处于起步阶段，规模较小，在发展的过程中还存在流动性不足、治理规范有待提升、产融互动不畅等一系列问题。风险投资对新三板企业的支持规模相对较小，现阶段被投企业主要从提升自身价值与改善自身效率的角度发挥溢出效应，而对产业间比例的协调和关联的影响不显著。结合第七章第二节风险投资溢出机制的验证可得到结论，风险投资影响新三板价值进而影响产业结构合理化的路径是存在的，但是现阶段风险投资通过新三板企业对产业结构合理化产生的溢出效应并不显著。说明我国风险投资和新三板市场还需要进一步融合与发展。$NTBvalue$与TL的系数为-0.049，在1%显著性水平下显著。说明新三板市场的发展有利于产业结构合理化。其他控制变量$Govpay$、$Open$、$RperGDP$、$Educate$对产业结构合理化都发挥了积极的调节作用。$Humancap$、$RDstren$、$Urban$不能有效促进产业结构合理化，与实际预期出现偏差。对比模型（1）所报告的结果，$Humancap$、$Urban$对产业结构高级化有显著的促进作用，不难理解，人力资本和城镇化为第三产业、先进制造业等高端产业提供奠定基础，有利于第三产业和先进制造业发展，促进产业结构高级化。但它们却不能有效促进国民经济中各产业间比例的协调和关联。$RDstren$对于产业结构高度化和合理化都没有发挥很好的作用。这与近年来产业结构变迁以商业模式创新为主导带动的因素有关。说明现阶段我国应重视科研实力和自主创新能力的培养,激发科研实力对产业结构的引导和调节作用。

(二) 分区域面板模型回归

考察分区域样本下风险投资作用于新三板的产业结构溢出效应[①]。相关回归结果如表 7.10 所示。表 7.10 中 (1)—(3) 对应东部、中部、西部风险投资对产业结构高度化的影响。(4)—(6) 对应东部、中部、西部风险投资对产业结构合理化的影响。

表 7.10 中 (1)—(3) 显示,风险投资在东部能对产业结构高度化产生积极作用,在中部、西部风险投资对产业结构高度化没有发挥作用。出现这种差异的原因在于两个方面。一方面,东部地区的经济基础较好、市场活力更强,风险投资在东部地区的规模更大。挂牌新三板的企业也更多地集中于东部。因此,在东部风险投资作用于新三板对产业结构高度化的影响更显著。另一方面,东部地区的人力资源充裕,市场环境好,竞争氛围强,东部地区的企业有更强的吸收能力,风险投资可以通过被投企业产生影响区域产业结构高度化的正外部性。相较而言,中西部地区这种溢出效应较弱,尤其是西部地区,风险投资作用于新三板企业几乎没有产生产业结构高度化的影响。除本身经济基础与东部存在差距以外,新三板企业的培育、风险投资事业的发展也存在相对滞后的现状,进而影响这种溢出效应的发挥。无论东部、中部、西部,新三板市场的发展都有利于产业结构的高度化。说明从宏观层面看新三板对我国实体经济而言有重要的存在价值。其余控制变量的回归结果与全局回归的结果基本类似。

表 7.10　　风险投资对产业结构优化的溢出效应 (分区域)

变量	产业结构高度化			产业结构合理化		
	(1) 东部 TB	(2) 中部 TB	(3) 西部 TB	(4) 东部 TL	(5) 中部 TL	(6) 西部 TL
$VCsup$	0.005*	0.002	0.000	−0.008	−0.003	−0.050**
	(1.71)	(0.78)	(0.17)	(−0.51)	(−0.18)	(−2.56)

---

① 说明:分区域样本下风险投资作用于新三板的产业结构高度化溢出效应的稳健性检验见附表1。分区域样本下风险投资作用于新三板的产业结构合理化溢出效应的稳健性检验见附表2。

续表

变量	产业结构高度化			产业结构合理化		
	(1) 东部 TB	(2) 中部 TB	(3) 西部 TB	(4) 东部 TL	(5) 中部 TL	(6) 西部 TL
NTBvalue	0.017***	0.011**	0.018***	-0.077***	-0.080***	0.004
	(4.67)	(2.28)	(3.25)	(-4.51)	(-2.94)	(0.10)
Humcap	0.145	0.361***	-0.113	0.477	-0.290	3.436***
	(1.58)	(3.27)	(-0.96)	(1.07)	(-0.46)	(3.73)
Govpay	0.638***	-0.674**	0.125	-0.901	-1.621	-0.018
	(2.95)	(-2.04)	(1.20)	(-0.86)	(-0.86)	(-0.02)
RDstren	-0.001	-0.007	0.001	0.036***	0.020	0.077**
	(-0.50)	(-1.20)	(0.23)	(3.02)	(0.59)	(2.04)
Open	-0.009	0.191	0.095	-0.512***	0.696	0.573
	(-0.25)	(1.00)	(1.44)	(-3.07)	(0.64)	(1.12)
RperGDP	-0.150***	-0.220***	-0.391***	0.163	-0.359	-1.107***
	(-3.57)	(-4.63)	(-7.29)	(0.81)	(-1.32)	(-2.65)
Educate	0.028	0.082	0.025	-0.468	0.379	-0.568*
	(0.38)	(1.43)	(0.65)	(-1.29)	(1.16)	(-1.93)
Urban	0.736***	1.655***	2.151***	-0.511	2.770	-0.125
	(3.51)	(5.35)	(6.29)	(-0.51)	(1.57)	(-0.05)
常数项	0.970	0.839	2.836***	5.865	-0.684	18.590***
	(1.16)	(0.96)	(4.55)	(1.46)	(-0.14)	(3.83)
个体	是	是	是	是	是	是
年份	否	否	否	否	否	否
N	108	72	99	108	72	99
R^2	0.970	0.928	0.851	0.932	0.957	0.918

注：***、**、*分别表示在1%、5%、10%显著性水平下显著，括号内为t值。

表7.10中（4）—（6）显示，风险投资在西部可以降低产业结构偏离度，即可以促进产业结构合理化，但这种影响在东部和中部都不显著。原因在于，西部地区本身的产业结构基础较为薄弱，从表7.3可得知，西部地区的产业结构偏离度值是最高的，西部地区TL的均值为2.543，东部和中部TL的均值分别为1.322和1.797。西部TL的最大值为4.544，东部和中部TL的最大值分别为2.404和3.001。西部TL的最小值为1.446，东部和中部TL的最小值分别为0.847和1.219。均值、最大值、

最小值的对比都说明，西部的产业结构偏离度最高。因此，同样的风险投资作用于新三板市场，在西部会产生更高的产业结构合理化边际溢出效应。因此，在西部 *VCsup* 对 *TL* 的系数显著。另外，在东部和中部，新三板市场的发展都能显著降低产业结构偏离度，西部新三板企业的发展对产业偏离度的影响不显著。说明西部还需加大力度培育新三板挂牌企业成长，提升挂牌企业数量和质量，使新三板企业发挥引导当地产业结构合理化的作用。其余控制变量的回归结果与全局回归的结果基本类似。

三　稳健性检验

（一）稳健性检验Ⅰ：更换解释变量和被解释变量

前文第七章第二节的稳健性检验已介绍过风险投资案例数也可以作为风险投资支持的衡量指标。在此选择各地风险投资案例数（*VC_case*）作为风险投资支持的衡量指标，替代 *VCsup* 进行面板计量模型的稳健性检验。在此，*VC_case*＝ln（1+风险投资案例数）。

稳健性回归结果如表 7.11 所示。表 7.11 中（1）和（3）分别代表 *VC_case* 对 *TB* 和 *TL* 的回归。回归结果显示，风险投资对产业结构高度化（*TB*）的影响程度为 0.010，在 1% 显著性水平下显著，假设 H7-3 得到验证。风险投资对产业结构合理化（*TL*）的影响程度，不显著，假设 H7-4 得到验证。说明风险投资作用于新三板市场，对产业结构高度化产生正向显著的溢出效应，对产业结构合理化的溢出效应不显著。与第七章第三节的实证分析结论相一致。新三板市场的发展对产业结构高度化（*TB*）、合理化（*TL*）均发挥正面作用，且作用效果显著。其他控制变量的回归结果与表 7.9 的回归结果基本一致，比如 *Open* 和 *RperGDP* 与产业结构高度化的关系为负且显著，与产业结构合理化的关系为正（与结构偏离度的关系为负）且显著。*Educate* 对产业结构高度化和合理化的影响皆为正面影响。*Urban* 对产业结构高度化的影响为正且显著，对产业结构合理化的影响不显著。这些结果与表 7.9 实证分析结论相一致。

表 7.11　　　　　　　　稳健性检验Ⅰ

变量	产业结构高度化		产业结构合理化	
	（1）*TB*	（2）*TS*	（3）*TL*	（4）*TE*
VC_case	0.010***	0.036*	－0.028	－0.006
	(2.93)	(1.81)	(－1.19)	(－1.41)

续表

变量	产业结构高度化		产业结构合理化	
	(1) TB	(2) TS	(3) TL	(4) TE
NTBvalue	0.018***	0.086***	-0.048***	-0.014***
	(7.39)	(6.20)	(-2.95)	(-4.85)
Humcap	0.152**	1.178***	1.359***	0.172**
	(2.46)	(3.27)	(3.26)	(2.27)
Govpay	0.134*	0.612	-0.845	-0.077
	(1.66)	(1.31)	(-1.56)	(-0.79)
RDstren	0.001	-0.012	0.052***	0.007***
	(0.24)	(-0.91)	(3.48)	(2.63)
Open	-0.049*	-0.896***	-0.416**	-0.084**
	(-1.78)	(-5.58)	(-2.24)	(-2.49)
RperGDP	-0.217***	-0.960***	-0.411**	-0.025
	(-8.42)	(-6.40)	(-2.37)	(-0.80)
Educate	0.046*	0.304**	-0.742***	-0.155***
	(1.76)	(1.99)	(-4.20)	(-4.84)
Urban	0.998***	2.807***	0.503	0.093
	(6.74)	(3.25)	(0.50)	(0.51)
常数项	1.357***	6.051***	13.730***	2.152***
	(4.08)	(3.12)	(6.13)	(5.29)
个体	是	是	是	是
年份	否	否	否	否
N	279	279	279	279
R²	0.942	0.953	0.955	0.957

注：***、**、*分别表示在1%、5%、10%显著性水平下显著，括号内为t值。

进一步，依旧参照干春晖等（2011）、傅元海等（2014）、刘广与刘艺萍（2019）的做法，采用高端技术产业与中高端产业之比（TS）替换被解释变量TB，用TS来衡量产业结构高度化。$TS = Y_3/Y_2$，其中Y_3为第三产业产值，Y_2为第二产业产值。依旧借鉴刘广与刘艺萍（2019）、常进雄与楼铭铭（2004）、干春晖等（2011）的做法，选取泰尔指数TE替换被解释变量TL，用TE衡量产业结构合理化。泰尔指数TE与结构偏离度

TL 表达相似的含义，泰尔指数的计算是在结构偏离度的基础上加入第一、第二、第三产业的权重。泰尔指数 TE 的值越小说明产业结构越合理，越大说明产业结构越不合理，当 TE=0，说明各产业间劳动生产率相等，是生产要素充分自由流动的结果，产业间的生产达到均衡状态。$TE = \sum_{i=1}^{n}\left(\frac{Y_i}{Y}\right)\ln\left(\frac{Y_i/L_i}{Y/L}\right)$，其中 i 表示产业，n 为第 i 产业所拥有的部门数量，Y 为产业产值，L 为产业中的就业人数。VC_case 与 TS 和 TE 的回归结果如表 7.11 中（2）和（4）所示。风险投资对产业结构高度化（TS）的影响程度为 0.036，在 1% 显著性水平下显著。风险投资对产业结构合理化（TE）的影响程度为 -0.006，不显著。新三板市场的发展对产业结构高度化（TS）、产业结构合理化（TE）均发挥正面作用，且作用效果显著。其他控制变量的回归结果与表 7.9 的回归结果基本一致。进而验证前文结论的稳健性。

（二）稳健性检验Ⅱ：剔除极端值

前文第七章第一节中描述性统计部分显示，政府支出（Govpay）的最大值为 137.9%，Govpay 超过 1 的地区为西藏，由于西藏地区生产总值较小，国家对其转移支付较大，出现财政支出与地区生产总值之比大于 1 的情况。开放程度（Open）的最大值为 154.8%，有的地区在一些年份进出口贸易总额超过了地区 GDP 的规模（如北京、上海、广州），说明这些地区贸易依存度高，开放程度高。虽然这都是真实的情况，但这种极端值的存在可能会影响上文回归结果的可靠度，因此将极端值剔除再进行检验。本书在回归的时候附加条件语句 "if Govpay<1 & Open<1"，将政府支出（Govpay）大于 1 和开放程度（Open）大于 1 的值剔除在外，对剔除后的样本进行检验，回归结果如表 7.12 所示。表 7.12 中（1）和（2）显示，风险投资对产业结构高度化（TB、TS）的影响程度皆为正（0.008、0.035），皆显著（5% 水平、10% 水平），与假设 H7-3 相符。（3）和（4）显示，风险投资对产业结构合理化（TL、TE）的影响程度皆为负（-0.031、-0.007），皆不显著，与假设 H7-4 相符。说明风险投资作用于新三板市场，对产业结构高度化产生正向显著的溢出效应，对产业结构合理化也有正向溢出效应（对产业结构偏离度和泰尔指数有调整作用），但是产业结构合理化的溢出效应不显著。表 7.12 中显示新三板市场的发展对产业结构高度化（TB、TS）、产业结构合理化（TL、TE）

均发挥正面作用,且作用效果显著。其他控制变量的回归结果与基准模型估计结果基本一致。因此,样本内极端值并未对前文估计结果造成实质性影响,进一步验证前文实证结果具有稳健性。

表 7.12　　　　　　　　　稳健性检验 II

变量	产业结构高度化		产业结构合理化	
	(1) TB	(2) TS	(3) TL	(4) TE
VC_case	0.008**	0.035*	−0.031	−0.007
	(2.43)	(1.85)	(−1.28)	(−1.57)
NTBvalue	0.014***	0.061***	−0.073***	−0.018***
	(5.65)	(4.48)	(−4.13)	(−5.43)
Humcap	0.105*	0.601*	1.223***	0.176**
	(1.67)	(1.71)	(2.69)	(2.07)
Govpay	0.257**	1.878***	−0.265	−0.014
	(2.41)	(3.15)	(−0.34)	(−0.10)
RDstren	−0.003	−0.032**	0.048***	0.006*
	(−1.20)	(−2.42)	(2.82)	(1.94)
Open	−0.103***	−0.833***	−0.126	−0.068
	(−2.65)	(−3.85)	(−0.45)	(−1.30)
RperGDP	−0.217***	−0.881***	−0.280	−0.012
	(−7.62)	(−5.55)	(−1.37)	(−0.30)
Educate	0.009	0.028	−1.013***	−0.189***
	(0.32)	(0.19)	(−5.32)	(−5.31)
Urban	1.332***	4.746***	1.883	0.293
	(8.07)	(5.15)	(1.58)	(1.32)
常数项	1.706***	6.722***	16.592***	2.694***
	(4.63)	(3.27)	(6.24)	(5.41)
个体	是	是	是	是
年份	否	否	否	否
N	252	252	252	252
R^2	0.928	0.950	0.954	0.954

注:***、**、*分别表示在1%、5%、10%显著性水平下显著,括号内为 t 值。

四 内生性分析

上文分析风险投资作用于新三板企业会产生影响产业结构高度化和合理化的溢出效应,但这种现象可能不是因为被投企业价值提升引发技术更新、效率提升、结构优化等进步,而使地区产业结构获得正的外部性。可能是因为产业结构高度化、合理化较好的地区内的新三板企业本身质地优良吸引了风险投资,即存在反向因果的内生性问题。在此,采用工具变量法解决内生性问题。

(一) 风险投资影响 TB 的内生性分析

产业结构高度化是指产业从低级向高级演进的过程。被投企业数量 VCfirm 与风险投资相关,但被投企业数量与产业结构高度化相关关系不明朗,因为,有的地区被投企业很多,但是总风投金额很小,对现代服务业、高科技产业等产业的扶持能力有限。有的地区被投企业数很少,但总风投金额很大,风险投资机构在被投企业持股比例高,可能会带动创新主导产业的更迭,进而影响地区内产业结构。因此,认为被投企业的数量与产业结构高度化没有必然联系,满足工具变量与扰动项不相关的假设。为了保证工具变量的可靠度,采用 Cragg-Donald F 检验弱工具变量问题。检验 lVCfirm(VCfirm 的对数)与变量 VCsup 是否存在较强的相关性,若相关性不强,则可能是弱工具变量。结果显示,F 值为 186.698,伴随概率为 0,拒绝原假设,且 R^2 为 0.8495,Partial R^2 为 0.4386,说明 lVCfirm 不是弱工具变量。将 lVCfirm 代入两阶段模型中,回归结果如表 7.13 所示。(1) 为第一阶段回归结果,lVCfirm 对 VCsup 的影响显著为正,符合预期。(2) 为第二阶段回归结果,VCsup 的工具变量估计结果依然显著,且与基准回归结果一致。(3) 为缩略式回归结果仍然符合预期。说明在处理内生性之后,结论依然成立。

表 7.13 工具变量对高端技术产业占比 (TB) 的估计结果

变量	(1)	(2)	(3)
	VCsup	TB	TB
lVCfirm	1.530***		0.012***
	(13.66)		(3.31)
VCsup		0.008***	
		(3.47)	

续表

变量	(1) VCsup	(2) TB	(3) TB
$NTBvalue$	-0.191**	0.018***	0.016***
	(-2.54)	(7.80)	(6.50)
$Humcap$	-0.715	0.134**	0.129**
	(-0.38)	(2.28)	(2.07)
$Govpay$	0.869	0.117	0.124
	(0.36)	(1.53)	(1.55)
$RDstren$	-0.029	-0.000	-0.000
	(-0.44)	(-0.12)	(-0.22)
$Open$	-0.340	-0.060**	-0.063**
	(-0.43)	(-2.40)	(-2.41)
$RperGDP$	1.138	-0.219***	-0.209***
	(1.46)	(-8.95)	(-8.11)
$Educate$	0.076	0.047*	0.047*
	(0.10)	(1.89)	(1.82)
$Urban$	2.430	0.973***	0.993***
	(0.55)	(6.88)	(6.76)
常数项	-12.214	1.426***	1.328***
	(-1.22)	(4.55)	(4.01)
个体	是	是	是
年份	否	否	否
N	279	279	279
R^2	0.850	0.939	0.943

注：***、**、*分别表示在1%、5%、10%显著性水平下显著，括号内为t值。

（二）风险投资影响产业结构合理化的内生性分析

产业结构合理化意味着产业间比例协调，产业间关联程度强，需求结构与供给结构适应程度高。风险投资密度（$VCdens$，总风险投资金额/被投企业数）和风险投资相关，但是风险投资密度不大会影响当地产业间比例的协调关联程度，以及当地需求结构与供给结构的适应程度，即风险投资密度不大会影响产业结构合理化程度[①]，风险投资密度满足与扰动项不相关的假设。为确保可靠度，采用 Cragg-Donald F 检验工具变量是否为弱工具变量。检验 lVCdens（VCdens 的对数）与变量 VCsup 是否存在较强的相关性，若相关性不强，则可能是弱工具变量。结果显示，F 值为 854.654，伴随概率为 0，拒绝原假设，且 R^2 为 0.9414，Partial R^2 为 0.7815，说明 lVCdens 不是弱工具变量。将 lVCdens 带入两阶段模型中，回归结果如表 7.14 所示。（1）为第一阶段回归结果，lVCdens 对 VCsup 的影响显著为正，符合预期。（2）为第二阶段回归结果，VCsup 的工具变量估计结果依然显著，且与基准回归结果一致。（3）为缩略式回归结果，仍然符合预期。说明在处理内生性之后，结论依然成立。

表 7.14　　工具变量对结构偏离度（TL）的估计结果

变量	(1) VCsup	(2) TL	(3) TL
lVCdens	1.209*** (29.23)		-0.027* (-1.82)
VCsup		-0.022* (-1.96)	
NTBvalue	0.269*** (6.03)	-0.048*** (-3.20)	-0.054*** (-3.36)
Humcap	3.083*** (2.66)	1.409*** (3.64)	1.340*** (3.23)
Govpay	-0.734 (-0.49)	-0.798 (-1.59)	-0.781 (-1.45)
RDstren	0.034 (0.82)	0.054*** (3.92)	0.053*** (3.60)

[①] 例如，通过统计发现，风险投资密度（VCdens）最大值为 650.24（百万元/家），为 2016 年的甘肃。2016 年甘肃共有 5 家新三板企业获得风险投资，合计 3251.22（百万元）。显然风险投资密度与风险投资金额相关，但与产业结构合理化相关程度低，如甘肃 2015 年的 VCdens 为 33.33（百万元/家），TL 为 2.87。2016 年的 VCdens 为 650.244（百万元/家），TL 值为 2.78。2017 年的 VCdens 为 145.14（百万元/家），TL 为 2.82。2018 年 VCdens 为 29.88（百万元/家），TL 为 2.78。

续表

变量	(1) VCsup	(2) TL	(3) TL
Open	−0.785	−0.386**	−0.368**
	(−1.62)	(−2.37)	(−2.12)
RperGDP	−1.284***	−0.406**	−0.378**
	(−2.66)	(−2.53)	(−2.18)
Educate	−0.495	−0.744***	−0.733***
	(−1.01)	(−4.55)	(−4.18)
Urban	8.478***	0.575	0.386
	(3.13)	(0.63)	(0.40)
常数项	13.863**	13.543***	13.234***
	(2.24)	(6.58)	(5.98)
个体	是	是	是
年份	否	否	否
N	279	279	279
R^2	0.941	0.954	0.955

注：***、**、*分别表示在1%、5%、10%显著性水平下显著，括号内为t值。

第四节　考虑空间因素：风险投资溢出效应的实证分析

　　前文面板回归模型的估计结果表明，风险投资通过新三板企业会影响地区产业结构，并且对产业结构高度化溢出效应显著。在现实中，产业结构在地域间具有相依性。风险投资作为激活市场要素、优化资源配置的资本投入，也可能存在空间相依性。新三板企业作为微观市场主体在经营运作过程中也可能存在空间相依性。因此，为探讨风险投资空间溢出效应，考虑空间因素，建立空间计量模型。

　　一　空间权重矩阵的构造

　　空间权重矩阵是空间结构的数学表达，其代表空间单元之间的相依性和关联度。选择合适的空间权重矩阵来分析风险投资的空间溢出效应至关重要。设计空间权重矩阵,首先要量化空间单元的"位置",量化的依据是"距离",如邻接距离、地理距离、经济距离、技术距离等。其中,最常用的是地理距离和经济距离。

（一）邻接空间权重矩阵

邻接关系用相邻距离反映,是一种最常用的空间权重矩阵,它反映个体间的空间交互关系。如果两个空间区域的个体属于空间邻接,则对应空间权重矩阵元素为1,否则为0。常用的三种空间邻接关系的判定方法有边相邻、边和点相邻、K相邻。W_1为基于我国31省份经纬度生成的空间邻接矩阵,其中对角线上的元素为0,其他元素满足:

$$w_{ij} = \begin{cases} 1 & i\text{和}j\text{空间相邻} \\ 0 & i\text{和}j\text{空间不相邻} \end{cases} (i \neq j) \tag{7.11}$$

（二）距离空间权重矩阵

地理学第一定律表明,任何事物与其周围事物均存在联系,而距离较近的事物比距离较远的事物联系更为紧密。基于元素间的地理距离,空间权重矩阵元素设定为距离减函数。W_2为反距离平方空间权重矩阵,d_{ij}为两个区域（不一定相邻）之间的欧式距离,矩阵各元素满足式(7.12)。欧式距离由31个省份经纬度坐标获得,经纬度数据来源于国家基础地理信息中心。

$$w_{ij} = \begin{cases} 1/d_{ij}^2 & i \neq j \\ 0 & i = j \end{cases} \tag{7.12}$$

（三）经济地理权重矩阵

地理权重矩阵仅从空间的单一维度考察空间个体间的相互关系,而忽略空间观测单位间相互作用的经济关系,如产业结构的演变、风险投资的发展、新三板市场中小微企业的发展会受到多种非地理邻近因素的影响。借鉴李婧等(2010)的做法,在此将距离空间权重矩阵与市场经济因素组合,构建复合空间权重矩阵W_3。其中,W_2为距离空间权重矩阵（反距离平方空间权重矩阵）,$\overline{Y_i}$为考察期内第i省份市场化指数平均值,$\overline{Y}$为考察期内所有省份市场化指数平均值。本书参照王小鲁、樊纲等(2018)测算的市场化指数。该指数只测算到2016年,所以$\overline{Y_i}$为第i省份2010—2016年的市场化指数均值,$\overline{Y}$为所有省份2010—2016年市场化指数平均值。

$$W_3 = W_2 \text{diag}(\overline{Y_1}/\overline{Y}, \overline{Y_2}/\overline{Y}, \cdots, \overline{Y_n}/\overline{Y}) \tag{7.13}$$

对角元素中 $\overline{Y}_i = \dfrac{1}{(t_1 - t_0 + 1)} \sum_{t_0}^{t_1} Y_{it}$，$\overline{Y} = \dfrac{1}{n(t_1 - t_0 + 1)} \sum_{i=1}^{n} \sum_{t_0}^{t_1} Y_{it}$

二 空间自相关检验

空间自相关性是进行空间计量分析的前提和保证，只有确定存在空间自相关关系，才可以对数据进行空间计量分析。空间自相关性的度量分为全局自相关性与局部自相关性。全局自相关性是用来考察整个区域整体的空间自相关程度。莫兰指数法（Moran's I）是最早应用于全局聚类检验的方法。它检验整个研究区域中邻近地区间是相似（空间正自相关）、相异（空间负自相关），还是相互独立。莫兰指数（I）表示如下：

$$I = \dfrac{n\sum_{i=1}^{n}\sum_{j=1}^{n}w_{ij}(x_i - \overline{x})}{\sum_{i=1}^{n}\sum_{j=1}^{n}w_{ij}(x_i - \overline{x})^2} = \dfrac{\sum_{i=1}^{n}\sum_{j=1}^{n}w_{ij}(x_i - \overline{x})(x_j - \overline{x})}{S^2 \sum_{i=1}^{n}\sum_{j=1}^{n}w_{ij}}$$

其中，n 是研究区域内地区总数，w_{ij} 是空间权重，x_i 和 x_j 分别是区域 i 和区域 j 的属性，$\overline{x} = \dfrac{1}{n}\sum_{i=1}^{n} x_i$ 是属性的平均值，$S^2 = \dfrac{1}{n}\sum_{i}(x_i - \overline{x})^2$ 是属性的方差。$I \in [-1, 1]$，如果 $I>0$，表明空间正自相关，其值越大，空间自相关性越明显。如果 $I<0$，表明空间负自相关，其值越小，空间差异越大。如果 $I = 0$，空间呈随机性。VCsup、NTBvalue 的全局莫兰指数如表 7.15 所示，在大多数年份①我国各省份的 VCsup、NTBvalue 的全局莫兰指数皆为正，且显著，可拒绝无空间自相关原假设。说明我国风险投资、新三板企业的发展在空间上存在相似属性聚集的情况。

表 7.15　　2010—2018 年全局莫兰指数（基于距离空间权重矩阵）

年份	VCsup I	VCsup z	VCsup p 值	NTBvalue I	NTBvalue z	NTBvalue p 值
2010	0.041	1.034	0.301	0.071	1.424	0.154
2011	0.048	1.111	0.267	0.066	1.348	0.178
2012	0.096*	1.782	0.075	0.161***	2.633	0.008
2013	0.066	1.446	0.148	0.194***	3.106	0.002

---

① 2010—2011 年 VCsup、NTBvalue 的全局莫兰指数不显著，原因与我国风险投资和新三板市场发展的历史因素有关。

续表

年份	VCsup			NTBvalue		
	I	z	p值	I	z	p值
2014	0.102*	1.843	0.065	0.167***	2.753	0.006
2015	0.111**	2.001	0.045	0.153**	2.579	0.010
2016	0.097*	1.779	0.075	0.187***	3.096	0.002
2017	0.180***	2.964	0.003	0.170***	2.796	0.005
2018	0.212***	3.353	0.001	0.213***	3.368	0.001

注：***、**、*分别表示在1%、5%、10%显著性水平下显著。

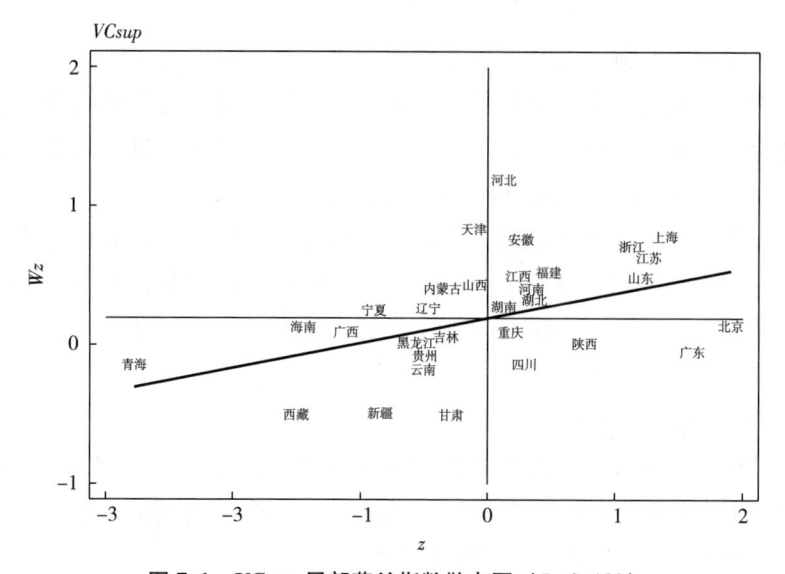

全局莫兰指数可区分空间正自相关与负自相关，但不能区分冷点、热点的聚集。局部莫兰指数散点图可直观地描述局部区域与周围区域的关系。其横坐标对应变量z，纵坐标对应空间滞后向量W_z，它被分为四个象限，第Ⅰ象限为HH，第Ⅱ象限为LH，第Ⅲ象限为LL，第Ⅳ象限为HL。如图7.1和图7.2①所示，VCsup、NTBvalue的局部莫兰指数散点多位于第Ⅰ、Ⅲ象限内，有明显的空间正自相关，意味着本地的VCsup和NTBvalue会随着周围省（份）的情况发生同样变动。

图7.1 VCsup局部莫兰指数散点图（$I=0.180$）

---

① 局部莫兰指数散点图每一年都有，散点的分布相似。在此呈现的是2017年距离空间权重矩阵下的局部莫兰指数图。

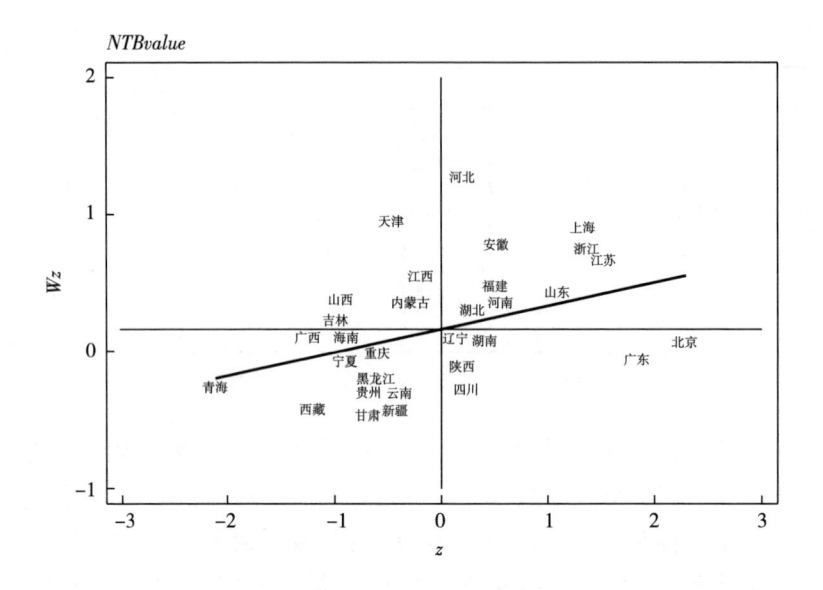

图 7.2 *NTBvalue* 局部莫兰指数散点图（$I=0.170$）

三 空间计量模型设定与效应的测算

（一）主要空间计量模型的形式

风险投资、新三板中小企业、产业结构在各省份之间并不是孤立存在的主体。某地风险投资的变动、新三板企业的发展或产业结构的变迁可能会受到其他省份经济行为的影响。因此，考虑风险投资、新三板市场、产业结构之间的空间自相关性构造计量模型。

不同的空间计量模型拥有不同的空间自相关形式，其所假定的空间传导机制不同。SAR 模型（空间自相关模型）假设被解释变量存在空间自相关，Anselin 等（2004）列举了求解 SAR 模型的具体步骤。模型形式如下：

$$y = \alpha\tau_n + \rho Wy + X\beta + \varepsilon \tag{7.14}$$

其中，τ_n 为元素全部为 1 的 $n\times 1$ 阶矩阵；W 为空间权重矩阵；ε 为随机误差向量；ρ 为空间回归系数，反映了空间单元之间的相互关系，即相邻空间单元对本空间单元的影响程度。

SEM 模型（空间误差自相关模型）假设只有扰动项存在空间自相关，被解释变量和解释变量不存在空间自相关。其空间效应主要通过误差项传导。SEM 模型形式如下：

$$y = \varphi\tau_n + X\beta + u, \quad u = \lambda Wu + \varepsilon \tag{7.15}$$

其中，误差项 u 由其空间自相关项 Wu 和随机扰动项 ε 组成。λ 是空间误差自相关系数。

SDM 模型（空间杜宾模型）是 SAR 模型和 SEM 模型的组合扩展形式，可以通过对 SAR 模型和 SEM 模型增加约束条件设定。其特点是既考虑被解释变量的空间自相关性，又考虑解释变量的空间自相关性。模型形式如下：

$$y = \alpha\tau_n + \rho Wy + X\beta + WX\theta + \varepsilon \tag{7.16}$$

（二）空间计量模型的筛选

由于不同的模型有不同的空间传导机制，模型的选取显得尤为重要。有两种方法可筛选模型。一种是事前检验法，即基于统计检验结果选择合适的空间计量模型。另一种是事后检验法，即基于系数的检验讨论 SDM 模型能否退化为 SAR 模型或 SEM 模型。

（1）事前检验法：依据 Anselin（2004）提出的判断规则，先计算标准 LM-Lag 和 LM-Error 统计量。若两个检验统计量均不显著说明不存在空间交互效应，因此应使用多元回归模型进行估计；若两个检验量一个显著另一个不显著则应使用显著的检验量对应的空间模型形式；若两个检验量均显著则继续计算稳健的 LM-Lag 和稳健的 LM-Error 统计量；若这两个检验量仅有一个显著则应选择显著检验量对应的模型形式；若这两个检验量均显著则可以选择空间杜宾模型（SDM）进行建模分析。

（2）事后检验法：在常用空间模型中，SDM 模型可以通过施加约束变成 SAR 模型和 SEM 模型。可以先建立三个模型，通过比较，判断哪个模型合适。对于式（7.16）若满足条件 $\theta = 0$，SDM 模型可以转化为 SAR 模型 [式（7.14）]。对于式（7.16）若满足条件 $\theta = -\rho\beta$ 且 $\lambda = \rho$ 时，SDM 模型可以转化为 SEM 模型。具体推导过程为：将约束条件 $\theta = -\rho\beta$，$\lambda = \rho$ 代入 SDM 模型式（7.16）$y = \alpha\tau_n + \rho Wy + X\beta + WX\theta + \varepsilon$，整理得 $y = \alpha\tau_n + \lambda Wy + X\beta + WX(-\lambda\beta) + \varepsilon$，整理后得：$(I_n - \lambda W)y = \alpha\tau_n + X\beta(I_n - \lambda W) + \varepsilon$，再整理得 $y = (I_n - \lambda W)^{-1}\alpha\tau_n + X\beta + (I_n - \lambda W)^{-1}\varepsilon$，令 $\varphi = (I_n - \lambda W)^{-1}\alpha$，$u = (I_n - \lambda W)^{-1}\varepsilon$，整理得到 $y = \varphi\tau_n + X\beta + u$，$u = \lambda Wu + \varepsilon$，即为 SEM 模型 [式（7.15）]。因此，SDM 模型是否能转化为 SAR 模型或 SEM 模型，分别检验原假设 $H_0: \theta = 0$ 和 $H_0: \theta = -\rho\beta$ 是否成立。若拒绝原假设说明 SDM 模型不能退化为 SAR 模型或 SEM 模型，建立 SDM 模型更合理。

(三) 空间计量模型效应的测算

在包含空间滞后项的空间计量模型中,自变量对因变量的影响不能简单地用回归系数表征(白俊红等,2017)。为了综合分析自变量的作用,可以通过偏微分的方法把自变量对因变量的综合影响按来源分为直接效应和间接效应。Lesage 和 Pace (2008) 认为,偏微分方法能有效解释冲击对各个变量的影响,进而测度自变量对因变量产生的直接效应、间接效应和总效应。

空间杜宾模型的基本表达式为:

$$y = \alpha\tau_n + \rho Wy + X\beta + WX\theta + \varepsilon \tag{7.17}$$

进一步可以写成 $(I_n - \rho W)y = \tau_n\alpha + X\beta + WX\theta + \varepsilon$,两边同时乘以 $(I_n - \rho W)^{-1}$ 得:

$$y = (I_n - \rho W)^{-1}\tau_n\alpha + (I_n - \rho W)^{-1}X(I_n\beta + W\theta) + (I_n - \rho W)^{-1}\varepsilon$$

令 $(I_n - \rho W)^{-1} = V(W)$,$S(W) = V(W)(I_n\beta + W\theta)$,代入式 (7.17) 得:

$$\begin{aligned} y &= S(W)X + V(W)\tau_n\alpha + V(W)\varepsilon \\ &= \sum_{r=1}^{k} S_r(W)x_r + V(W)\tau_n\alpha + V(W)\varepsilon \end{aligned} \tag{7.18}$$

其中,$r = 1, 2, \cdots, k$ 为解释变量数。x_r 为单个自变量的可能变化。空间杜宾模型参数效应过程的矩阵表达为:

$$\begin{bmatrix} y_1 \\ y_2 \\ \vdots \\ y_n \end{bmatrix} = \begin{bmatrix} S_r(W)_{11} & S_r(W)_{12} & \cdots & S_r(W)_{1n} \\ S_r(W)_{21} & S_r(W)_{22} & \cdots & S_r(W)_{2n} \\ \vdots & \vdots & \vdots & \vdots \\ S_r(W)_{n1} & S_r(W)_{n2} & \cdots & S_r(W)_{nn} \end{bmatrix} \times \begin{bmatrix} x_{1r} \\ x_{2r} \\ \vdots \\ x_{nr} \end{bmatrix} + V(W)\tau_n\alpha + V(W)\varepsilon \tag{7.19}$$

直接效应指区域 i 的变量 x_{ir} 变动对区域 i 的因变量 y_i 产生的影响。

$$direct = \partial y_i / \partial x_{ir} = S_r(W)_{ii}$$

间接效应(空间溢出效应)指区域 j 的变量 x_{jr} 变动对区域 i 的因变量 y_i 产生的影响。

$$indirect = \partial y_i / \partial x_{jr} = S_r(W)_{ij}$$

总效应指所有区域变量 x_r 变动对本区域 i 因变量 y_i 产生的影响。

$$total = direct + indirect = S_r(W)_{ii} + S_r(W)_{ij}$$

（四）空间面板模型的设定

鉴于不同空间计量模型所表达的不同含义，为了获得最适宜的空间计量模型，分别建立 SAR 模型、SEM 模型、SDM 模型，再通过线性约束检验和非线性约束检验，讨论不同模型间能否相互转化。建立空间计量模型：产业结构高度化 TB 的 SAR 模型［式（7.20）］、SEM 模型［式（7.20）］、SDM 模型［式（7.22）］；产业结构合理化 TL 的 SAR 模型［式（7.23）］、SEM 模型［式（7.24）］、SDM 模型［式（7.25）］。

$$TB_{it} = \beta_0 + \rho W \times TB_{it} + \beta_1 VCsup_{it} + \beta_2 NTBvalue_{it} + \sum Control_{it} + \varepsilon_{it} \tag{7.20}$$

$$TB_{it} = \beta_0 + \beta_1 VCsup_{it} + \beta_2 NTBvalue_{it} + \sum Control_{it} + u_{it}, \ u_{it} = \lambda W u_{it} + \varepsilon_{it} \tag{7.21}$$

$$TB_{it} = \beta_0 + \rho W \times TB_{it} + \beta_1 VCsup_{it} + \beta_2 NTBvalue_{it} + \theta_1 W \times VCsup_{it} + \theta_2 W \times NTBvalue_{it} + \sum Control_{it} + \varepsilon_{it} \tag{7.22}$$

$$TL_{it} = \beta_0 + \rho W \times TL_{it} + \beta_1 VCsup_{it} + \beta_2 NTBvalue_{it} + \sum Control_{it} + \varepsilon_{it} \tag{7.23}$$

$$TL_{it} = \beta_0 + \beta_1 VCsup_{it} + \beta_2 NTBvalue_{it} + \sum Control_{it} + u_{it}, \ u_{it} = \lambda W u_{it} + \varepsilon_{it} \tag{7.24}$$

$$TL_{it} = \beta_0 + \rho W \times TL_{it} + \beta_1 VCsup_{it} + \beta_2 NTBvalue_{it} + \theta_1 W \times VCsup_{it} + \theta_2 W \times NTBvalue_{it} + \sum Control_{it} + \varepsilon_{it} \tag{7.25}$$

四　空间计量模型估计结果分析

（一）空间计量模型的筛选

表 7.16 是在距离空间权重矩阵、经济地理权重矩阵、邻接空间权重矩阵下各自变量对产业结构高度化（TB）的空间计量模型回归结果。表 7.16 所示模型的空间相关系数基本显著为正，表明本地产业结构高度化水平会受到其他省份经济活动的影响。但具体选择哪个模型，需要通过检验进行筛选。在此采用事后检验法从一般到特殊的思路，先估计 SDM 模型，得到 SDM 模型参数估计结果，通过线性约束检验判断 H_0：$\theta = 0$ 是否成立，进而判断 SDM 模型能否转化为 SAR 模型。通过非线性约束检验判断 H_0：$\theta = -\rho\beta$ 是否成立，进而判断 SDM 模型能否转化为 SEM 模型。在距离空间权重矩阵下，线性检验的 $\chi^2 = 11.66$，$p = 0.0029$，拒绝 H_0，说

表 7.16　不同空间权重矩阵下模型的选择（被解释变量为 TB）

变量	距离空间权重（逆距离平方）					经济地理权重					邻接空间权重		
	(1) SAR	(2) SEM	(3) SDM	(4) SAR	(5) SEM	(6) SDM	(7) SAR	(8) SEM	(9) SDM
ρ/λ	0.665***	0.962***	0.575***	0.706***	−0.050	0.613***	0.319***	0.058	0.266***
	(0.07)	(0.02)	(0.09)	(0.06)	(0.17)	(0.08)	(0.08)	(0.21)	(0.08)
VCsup	0.002	0.002*	0.002	0.002	−0.013	0.002	0.003	0.003*	0.002
	(0.00)	(0.00)	(0.00)	(0.00)	(0.01)	(0.00)	(0.00)	(0.00)	(0.00)
NTBvalue	0.014***	0.001	0.000	0.014***	−0.050*	0.001	0.016***	0.019***	0.004
	(0.00)	(0.00)	(0.00)	(0.00)	(0.03)	(0.00)	(0.00)	(0.00)	(0.00)
Humcap	0.058	−0.010	0.007	0.055	1.378**	0.006	0.100	0.144*	0.064
	(0.07)	(0.06)	(0.06)	(0.07)	(0.66)	(0.06)	(0.07)	(0.08)	(0.07)
Govpay	0.057	−0.098	−0.045	0.050	−0.783	−0.066	0.103	0.115	−0.018
	(0.14)	(0.10)	(0.12)	(0.13)	(0.94)	(0.11)	(0.15)	(0.14)	(0.14)
RDstren	0.002	0.001	0.000	0.002	0.054***	0.000	0.000	0.000	−0.001
	(0.00)	(0.00)	(0.00)	(0.00)	(0.02)	(0.00)	(0.00)	(0.00)	(0.00)
Open	−0.001	0.023	0.008	0.003	−0.373*	0.012	−0.034	−0.063	−0.010
	(0.03)	(0.03)	(0.03)	(0.03)	(0.20)	(0.03)	(0.04)	(0.05)	(0.04)

第七章 风险投资作用于新三板市场溢出效应的实证分析 / 213

续表

变量	距离空间权重（逆距离平方）			经济地理权重			邻接空间权重		
	(1) SAR	(2) SEM	(3) SDM	(4) SAR	(5) SEM	(6) SDM	(7) SAR	(8) SEM	(9) SDM
RperGDP	-0.198***	-0.277***	-0.230***	-0.199***	-0.389	-0.232***	-0.207***	-0.217***	-0.222***
	(0.04)	(0.06)	(0.05)	(0.04)	(0.35)	(0.05)	(0.05)	(0.06)	(0.05)
Educate	0.029	0.003	0.024	0.020	-0.748	0.014	0.031	0.042	0.010
	(0.06)	(0.04)	(0.05)	(0.06)	(0.53)	(0.05)	(0.06)	(0.06)	(0.06)
Urban	0.546*	-0.005	0.448	0.518*	0.419	0.414	0.771**	1.000**	0.694**
	(0.28)	(0.18)	(0.27)	(0.27)	(1.58)	(0.26)	(0.34)	(0.44)	(0.32)
$W \times VCsup$			0.005*			0.005**			0.006***
			(0.00)			(0.00)			(0.00)
$W \times NTBvalue$			0.021***			0.020***			0.018***
			(0.01)			(0.01)			(0.01)
sigma2_e	0.000***	0.000***	0.000***	0.000***	0.024***	0.000***	0.000***	0.001***	0.000***
	(0.00)	(0.00)	(0.00)	(0.00)	(0.01)	(0.00)	(0.00)	(0.00)	(0.00)
ll	6.880	6.880	6.880	6.880	6.880	6.880	6.880	6.880	6.880
R^2	0.231	0.353	0.019	0.245	0.275	0.007	0.393	0.362	0.246
N	279	279	279	279	279	279	279	279	279

注：***、**、*分别表示1%、5%、10%显著性水平下显著；括号中为系数估计标准误。

明 SDM 模型不能转化为 SAR 模型，应选择 SDM 模型。非线性检验的 χ^2 = 17.86，p = 0.0001，拒绝 H_0，说明 SDM 模型不能转化为 SEM 模型，应选择 SDM 模型。在经济地理权重矩阵下，线性检验的 χ^2 = 12.48，p = 0.002，拒绝 H_0，说明 SDM 模型不能转化为 SAR 模型，应选择 SDM 模型。非线性检验的 χ^2 = 20.44，p = 0，拒绝 H_0，说明 SDM 模型不能转化为 SEM 模型，应选择 SDM 模型。在邻接空间权重矩阵下，线性检验的 χ^2 = 17.71，p = 0.0001，拒绝 H_0，说明 SDM 模型不能转化为 SAR 模型，应选择 SDM 模型。非线性检验的 χ^2 = 24.41，p = 0，拒绝 H_0，说明 SDM 模型不能转化为 SEM 模型，应选择 SDM 模型。以上结果都说明 SDM 模型不能等价转化为 SAR 模型或 SEM 模型，说明 SDM 模型包含的两种空间传导机制对产业结构的作用不可忽略。通过 Hausman 检验和 LR 检验可知，选择单向个体固定效应的 SDM 模型较为合适。

附表 3 是在距离空间权重矩阵、经济地理权重矩阵、邻接空间权重矩阵下各自变量对产业结构合理化（TL）的空间计量模型回归结果。通过比较得到和表 7.16 相同的结论，应选择 SDM 模型。

（二）SDM 模型回归与效应的分解

产业结构的 SDM 回归结果如表 7.17 所示。(1)—(3) 列为三个空间权重矩阵下各变量与产业结构高度化（TB）的 SDM 回归结果。三个 SDM 模型的空间相关系数为正，说明其他省份的经济活动会影响本省份的产业结构高度化。VCsup、NTBvalue 的空间交互项系数显著为正，说明风险投资、新三板市场的空间效应对 TB 有显著影响。虽然 SDM 模型中大多数变量的回归系数不显著，但 Elhorst (2012) 指出 SDM 模型的回归系数不能直接反映自变量对因变量的影响程度。因此，需要进行效应的计算和分解，直接效应、间接效应（空间溢出效应）、总效应的结果如表 7.18 所示。

表 7.17　　TB 和 TL 在不同空间矩阵下的 SDM 模型回归

变量	产业结构高度化（TB）			产业结构合理化（TL）		
	逆距离	经济地理	邻接	逆距离	经济地理	邻接
ρ	0.575***	0.613***	0.266***	-0.003	0.043	-0.262***
	(0.09)	(0.08)	(0.08)	(0.19)	(0.17)	(0.09)

续表

变量	产业结构高度化（TB）			产业结构合理化（TL）		
	逆距离	经济地理	邻接	逆距离	经济地理	邻接
VCsup	0.002	0.002	0.002	-0.017	-0.017	-0.015
	(0.00)	(0.00)	(0.00)	(0.01)	(0.01)	(0.01)
NTBvalue	0.000	0.001	0.004	-0.061	-0.061	-0.035
	(0.00)	(0.00)	(0.00)	(0.04)	(0.04)	(0.04)
Humcap	0.007	0.006	0.064	1.270*	1.273*	1.365**
	(0.06)	(0.06)	(0.07)	(0.67)	(0.66)	(0.62)
Govpay	-0.045	-0.066	-0.018	-0.933	-0.952	-0.766
	(0.12)	(0.11)	(0.14)	(0.84)	(0.85)	(0.87)
RDstren	0.000	0.000	-0.001	0.053**	0.053***	0.054***
	(0.00)	(0.00)	(0.00)	(0.02)	(0.02)	(0.02)
Open	0.008	0.012	-0.010	-0.330*	-0.324*	-0.393*
	(0.03)	(0.03)	(0.04)	(0.19)	(0.19)	(0.21)
RperGDP	-0.230***	-0.232***	-0.222***	-0.414	-0.408	-0.351
	(0.05)	(0.05)	(0.05)	(0.36)	(0.36)	(0.35)
Educate	0.024	0.014	0.010	-0.763	-0.756	-0.750
	(0.05)	(0.05)	(0.06)	(0.52)	(0.52)	(0.52)
Urban	0.448	0.414	0.694**	0.089	0.096	0.619
	(0.27)	(0.26)	(0.32)	(1.52)	(1.52)	(1.54)
WxVCsup	0.005*	0.005**	0.006***	0.024	0.022	0.002
	(0.00)	(0.00)	(0.00)	(0.03)	(0.03)	(0.02)
WxNTBvalue	0.021***	0.020***	0.018***	0.015	0.017	-0.044
	(0.01)	(0.01)	(0.01)	(0.04)	(0.05)	(0.04)
sigma2_e	0.000***	0.000***	0.000***	0.024***	0.024***	0.023***
	(0.00)	(0.00)	(0.00)	(0.01)	(0.01)	(0.01)
ll	6.880	6.880	6.880	6.880	6.880	6.880
R^2	0.019	0.007	0.246	0.301	0.303	0.250
N	279	279	279	279	279	279

注：***、**、*分别表示1%、5%、10%显著性水平下显著；括号中为系数估计标准误。

表 7.18 中 *VCsup* 的直接效应、间接效应（空间溢出效应）、总效应均显著为正。表明风险投资不仅有明显的直接效应，其所引起的空间溢出效应比直接效应大，对产业结构高度化有显著的促进作用，假设 H7-3 得到验证。*NTBvalue* 的直接效应不显著，间接效应较大且显著，说明同样的道理。

表 7.18　　　　不同空间权重矩阵下 SDM 模型的效应分解

		产业结构高度化（*TB*）			产业结构合理化（*TL*）		
	变量	逆距离	经济地理	邻接	逆距离	经济地理	邻接
		(1)	(2)	(3)	(4)	(5)	(6)
直接效应	*VCsup*	0.003* (0.00)	0.003** (0.00)	0.003 (0.00)	-0.017 (0.02)	-0.016 (0.02)	-0.014 (0.02)
	NTBvalue	0.002 (0.00)	0.003 (0.00)	0.005 (0.00)	-0.063 (0.04)	-0.063 (0.04)	-0.035 (0.04)
间接效应	*VCsup*	0.014** (0.01)	0.017*** (0.01)	0.009*** (0.00)	0.022 (0.03)	0.021 (0.03)	0.004 (0.02)
	NTBvalue	0.049*** (0.01)	0.053*** (0.01)	0.024*** (0.01)	0.014 (0.05)	0.014 (0.05)	-0.028 (0.04)
总效应	*VCsup*	0.017*** (0.01)	0.020*** (0.01)	0.012*** (0.00)	0.006 (0.02)	0.005 (0.02)	-0.010 (0.01)
	NTBvalue	0.052*** (0.01)	0.056*** (0.01)	0.030*** (0.01)	-0.048 (0.03)	-0.048 (0.04)	-0.063*** (0.02)

注：***、**、* 分别表示 1%、5%、10% 显著性水平下显著；括号中为系数估计标准误。

首先，通过对比发现，*TB* 在距离空间权重矩阵、经济地理权重矩阵、邻接空间权重矩阵下 SDM 模型中 *VCsup*、*NTBvalue* 的总效应都高于空间面板 SDM 模型的变量参数估计值。如以经济地理权重矩阵的 SDM 模型的估计结果为例，*VCsup*、*NTBvalue* 的总效应分别为 0.02 和 0.056，分别在 1% 显著性水平下显著。而表 7.17 中基于经济地理权重矩阵的 SDM 模型估计结果显示 *VCsup*、*NTBvalue* 系数的估计值为 0.002 和 0.001。可见，如果用空间面板 SDM 模型的系数估计值评价空间溢出效应，会低估风险投资和新三板对产业结构高度化的空间溢出影响。与 Elhorst（2012）的

第七章 风险投资作用于新三板市场溢出效应的实证分析 / 217

观点相符,即不能将空间计量模型参数估计值作为自变量对因变量的影响。

其次,通过对比发现,TB 在三个空间权重矩阵下 SDM 模型的总效应也高于非空间面板模型的系数估计值。仍以经济地理权重矩阵的 SDM 模型效应分解结果为例,VCsup、NTBvalue 总效应分别为 0.02 和 0.056,在 1%显著性水平下显著。而表 7.9 非空间面板回归结果显示 VCsup、NTBvalue 对 TB 的估计系数分别为 0.003 和 0.018,分别在 5%和 1%显著性水平下显著。说明若不考虑空间因素,直接用面板模型的估计系数衡量溢出效应,会低估风险投资和新三板市场对产业结构高度化的溢出效果。值得注意的是,在非空间面板模型中 VCsup 对 TB 的系数为 0.003,在 SDM 模型中三个空间权重下 VCsup 对 TB 的直接效应均为 0.003,说明非空间面板模型只识别到直接效应,而忽略经济活动存在空间效应的事实。观察效应分解的结果亦会发现,VCsup 的空间溢出效应占总效应的 80%左右,NTBvalue 的空间溢出效应占总效应的 90%左右。说明风险投资和新三板市场发展所带来的空间溢出效应远远超过直接效应,对区域间产业结构高度化发挥积极的作用。这也为政策鼓励风险投资、加强新三板市场建设找到实证依据。

此外,产业结构合理化(TL)的 SDM 模型空间溢出效应不显著,符合假设 H7-4。表 7.17 中(4)—(6)显示空间相关系数和空间交互项系数均不显著。表 7.18 中(4)—(6)显示 TL 在三个空间权重矩阵下的 SDM 模型的直接效应、间接效应、总效应皆不显著。说明现阶段 VCsup 对 TL 的溢出效应表现不显著,即风险投资没有很好地发挥产业结构合理化的溢出效应。[①] 原因可能在于:风险投资对新三板企业的投入金额较小且分散;大部分新三板企业规模较小,处于初创早期阶段;新三板市场流动性不足,价格发现功能受限,在一定程度上影响企业并购重组等资本运作的实现。因此,风险投资较难引导产业进行整合、关联、聚集,即现阶段风险投资对新三板企业的支持较难发挥产业结构合理化的溢出效应。

---

① 第七章第三节非空间面板模型的结果(见表 7.9)也显示 VCsup 与 TL 的回归系数不显著。

五 稳健性检验

用各省份获得风险投资的总金额（VC_total①）替代 $VCsup$ 进行稳健性检验②，效应分解结果如表 7.19 所示。由表 7.19 可知，各变量的效应及显著性与前文结果基本保持一致，即风险投资对产业结构高度化有空间溢出效应，符合假设 H7-3。对产业结构合理化的空间溢出效应不显著，符合假设 H7-4。说明上文 SDM 的估计结果具有稳健性。

表 7.19　　　　　　　　稳健性检验效应分解

	变量	产业结构高度化（TB）			产业结构合理化（TL）		
		逆距离	经济地理	邻接	逆距离	经济地理	邻接
		(1)	(2)	(3)	(4)	(5)	(6)
直接效应	VC_total	0.001 (0.00)	0.001 (0.00)	0.002 (0.00)	-0.013 (0.01)	-0.014 (0.01)	-0.016 (0.01)
	$NTBvalue$	0.002 (0.00)	0.003 (0.00)	0.005* (0.00)	-0.067 (0.04)	-0.067 (0.04)	-0.038 (0.04)
间接效应	VC_total	0.020*** (0.00)	0.022*** (0.00)	0.015*** (0.00)	0.017 (0.02)	0.017 (0.02)	0.016 (0.02)
	$NTBvalue$	0.040*** (0.01)	0.043*** (0.01)	0.027*** (0.01)	0.019 (0.05)	0.019 (0.05)	-0.028 (0.04)
总效应	VC_total	0.021*** (0.00)	0.024*** (0.00)	0.017*** (0.00)	0.003 (0.02)	0.003 (0.02)	0.000 (0.01)
	$NTBvalue$	0.043*** (0.01)	0.046*** (0.01)	0.032*** (0.01)	-0.048 (0.04)	-0.048 (0.04)	-0.066*** (0.02)

注：***、*分别表示1%、10%显著性水平下显著；括号中为系数估计标准误。

六 内生性分析

上文得出结论：风险投资对产业结构高度化有空间溢出效应，对产业结构合理化的空间溢出效应不显著。然而，事实上不仅风险投资会影响产业结构高度化，产业结构高度化也会对风险投资产生影响，即本来位于产业结构高部的企业（如现代服务业、高科技产业、消费服务业、

---

① VC_total=ln（1+各省份获得风险投资的总额）

② SDM 模型的回归结果见附表 4。

先进制造业等）对风险投资有更强的吸引力。风险投资和产业结构高度化可能存在互为因果的内生性问题，可能导致 SDM 模型的估计结果有偏。因此，进一步采用工具变量估计法控制内生性，降低估计结果的偏误。工具变量选择第七章第三节内生性分析中的 *lVCdens* 及 *lVCfirm*。工具变量（*lVCdens*）杜宾模型的效应分解结果如表 7.20 所示①，效应分解与前文 SDM 模型的结果基本一致。可见在控制风险投资内生性情况下，回归结果依然支持 SDM 模型。

表 7.20　工具变量（*lVCdens*）控制内生性后 SDM 效应分解

	变量	产业结构高度化（TB）			产业结构合理化（TL）		
		逆距离	经济地理	邻接	逆距离	经济地理	邻接
		（1）	（2）	（3）	（4）	（5）	（6）
直接效应	*VCsup*	0.004** (0.00)	0.004** (0.00)	0.003 (0.00)	-0.022 (0.01)	-0.022 (0.01)	-0.025 (0.02)
	NTBvalue	0.002 (0.00)	0.003 (0.00)	0.005 (0.00)	-0.058 (0.04)	-0.058 (0.04)	-0.029 (0.04)
间接效应	*VCsup*	0.025** (0.01)	0.032*** (0.01)	0.014*** (0.00)	0.023 (0.05)	0.026 (0.05)	0.009 (0.02)
	NTBvalue	0.046*** (0.01)	0.048*** (0.01)	0.023*** (0.01)	0.007 (0.05)	0.006 (0.05)	-0.035 (0.04)
总效应	*VCsup*	0.029*** (0.01)	0.036*** (0.01)	0.017*** (0.00)	0.001 (0.04)	0.004 (0.04)	-0.016 (0.02)
	NTBvalue	0.048*** (0.01)	0.051*** (0.01)	0.029*** (0.01)	-0.050 (0.03)	-0.051 (0.03)	-0.064*** (0.02)

注：***、**分别表示 1%、5%显著性水平下显著；括号中为系数估计标准误。

第五节　本章小结

本章选择我国 31 个省份 2010—2018 年的数据，通过量化风险投资、

---

① 限于篇幅，工具变量（*lVCdens*）杜宾模型回归结果见附表 5，工具变量（*lVCfirm*）杜宾模型回归结果及效应分解见附表 6 和附表 7。

新三板市场、产业结构优化等各项指标，实证检验风险投资作用于新三板市场所发挥的溢出效应问题。本章包括三节实证模型，主要研究结论如下：

（1）通过中介效应模型验证溢出作用机制的存在性，即风险投资通过企业微观主体将影响放大到宏观层面而产生溢出效应，即风险投资→新三板企业价值→产业结构高度化的路径是存在的（竞争合作机制存在）；风险投资→新三板企业价值→产业结构合理化的路径也是存在的（协作链接机制存在）。

（2）通过面板计量模型分析溢出效应，发现风险投资作用于新三板市场对产业结构高度化的溢出效应显著，对产业结构合理化的溢出效应不显著。分区域的结果显示，风险投资在东部、中部地区产生产业结构高度化的溢出效应，且溢出效应仅在东部地区显著。风险投资产生产业结构合理化的溢出效应，且溢出效应仅在西部地区显著。

（3）考虑到经济活动之间存在空间效应，面板结果有可能低估溢出效应。进一步，通过空间计量模型分析空间溢出效应，发现投资于新三板市场的风险资本对产业结构高度化有显著的直接效应、间接效应（空间溢出效应）和总效应，且空间溢出效应超过直接效应，说明新三板市场的风险投资对地区产业结构高度化发挥了积极的作用。投资于新三板市场的风险资本对产业结构合理化的直接效应、空间溢出效应和总效应均不显著，说明现阶段新三板市场的风险投资没有很好地发挥产业结构合理化的溢出效应。以上结果均通过内生性分析与稳健性检验得到进一步验证。

以上实证结果表明，风险投资通过新三板企业将影响放大到宏观层面而产生溢出效应。就溢出机制而言，风险投资影响新三板企业价值进而影响产业结构高度化和合理化的路径都存在。但就溢出效应而言，现阶段风险投资对产业结构高度化的溢出效应显著，对产业结构合理化的溢出效应不显著。考虑空间因素也是如此。说明风险投资对新三板市场的支持，确实促进了创新型和创业型中小企业的发展，有产业结构高度化的溢出效应。但对产业整合方面的作用并没有体现出来。这是因为风险投资对新三板企业的投入金额较小，新三板市场流动性不足，价格发现功能受限，在一定程度上也影响企业并购重组等资本运作的实现。因此，风险投资较难引导产业进行整合、关联、聚集，即现阶段风险投资对新三板企业的支持较难发挥产业结构合理化的溢出效应。鉴于此，应进一步培育和规范风险投资事业和新三板市场，形成规模的同时要具备质量，使风险投资支持新三板企业的同时，不仅更好地发挥产业结构高度化的溢出效应，还能将产业结构合理化的溢出效应释放出来，使风险投资更好地帮助中小企业成长和促进产业结构优化。

第八章 研究结论、启示与展望

本章对全书的研究结论进行概括和总结。主要包括三部分内容，分别为概括总结全书的研究结论，依据全书研究结论获得政策启示，以及对未来的研究方向和内容进行展望。

第一节 研究结论

本书结合经典理论回顾、历史演进、现状剖析、机制分析、实证研究等多方面内容，全面系统地研究风险投资对新三板企业价值的影响和作用机制，以及风险投资的产业结构优化溢出机制和溢出效应问题。概括而言，获得如下研究结论：

第一，通过风险投资影响新三板企业价值的作用机制及溢出机制分析，发现：①风险投资通过治理作用机制、认证作用机制和支持作用机制影响新三板企业价值。结合监督治理理论、信息认证理论、增值服务理论的观点和我国新三板市场的实际情况，本书认为风险投资可以通过以上三个机制对被投新三板企业价值发挥积极作用。②风险投资作用机制有效运作需具备一定的条件，具体为创业企业有信任风险投资的企业文化，风险投资机构的声誉资本昂贵且易失难得，风险投资和创业企业能建立建设性的互动关系。③风险资本投于新三板企业通过资源配置机制、竞争合作机制、协作链接机制发挥溢出效应。其中，竞争合作机制促进产业结构高度化发展，协作链接机制促进产业结构合理化发展。当前阶段，风险投资对新三板企业的投入金额较小。因此，风险投资通过协作链接机制发挥溢出效应的功能可能会被削弱。④风险投资溢出机制有效运作也需具备一定的条件，具体为政府有适当的引导政策，市场环境存在适度的竞争，中小微企业具备吸收能力，资本市场体系健全完善。

⑤Lotka-Volterra 模型说明，竞争共存与协作共生促进了各子系统（获得 VC 支持的企业、未获 VC 支持的企业）的进化与成长，企业大系统（产业）在这一过程中向更高的方向发展。

第二，通过风险投资影响新三板企业价值及作用机制的实证分析，发现：①风险投资对新三板企业价值的提升具有显著的正向作用。考虑内生性，PSM 匹配后平均处理效应（ATT）有所下降但依然显著，PSM-DID 中 DID 的系数显著为正。PSM 和 PSM-DID 的结论都表明，风险投资对新三板企业价值存在显著的提升效应（非自选择效应的结果）。稳健性检验也进一步验证了该结论。②风险投资通过改善新三板企业的公司治理状况、股票流动性、外部融资能力实现公司价值增值，即在风险投资影响新三板企业价值增值的过程中存在治理作用、认证作用和支持作用的中介效应。值得注意的是，在这三个中介效应中，股票流动性（认证作用）表现出完全中介效应，说明信息效率的改善在风险投资影响新三板企业价值增值的过程中发挥了十分重要的功能。联合风险投资也存在上述作用机制。稳健性检验进一步验证了风险投资影响新三板企业价值的三个作用机制。③进一步，还发现风险资本投资于不同特征的企业对价值增值的影响存在差异。新三板挂牌企业在收入增长能力、无形资产占比、治理规范性、股票流动性、股权融资方面的异质性对风险投资的增值作用有正向影响，而企业规模、债权融资方面的异质性对风险投资的增值作用有负向影响。

第三，通过风险投资作用于新三板市场溢出效应的实证分析，发现：①风险投资通过微观企业主体将影响放大到宏观层面而产生溢出效应，即"风险投资→新三板企业价值→产业结构高度化"的路径是存在的（竞争合作机制存在），"风险投资→新三板企业价值→产业结构合理化"的路径也是存在的（协作链接机制存在）。②风险投资作用于新三板市场对产业结构高度化的溢出效应显著，对产业结构合理化的溢出效应不显著。③考虑空间因素也获得相同的结论。新三板市场的风险资本对产业结构高度化有显著的空间溢出效应，且空间溢出效应超过了直接效应。风险投资对产业结构合理化的空间溢出效应不显著。④以上结论说明，风险投资对新三板市场的支持，确实促进了创新型、创业型中小企业的发展，在一定程度上促进创新主导产业的演变，有产业结构高度化的溢出效应，但对产业整合方面的作用并没有体现出来。这是因为风险投资对新三板市场的投入金额较小；新三板市场流动性不足，价格发现功能受限，在一定程度上也影响企业并购重组等资本运作的实现。因此，风险投资较难引导产业进行整合、关联、聚集，即现阶段风险投资对新三板企业的支持较难发挥产业结构合理化的溢出效应。鉴于此，应进一步培育和规范风险投资事业和新三板市场，形成规模的同时要具备质量，使风险投资支持新三板企业的同时，不仅能更好地发挥产业结构高度化的溢出效应，还能将产业结构合理化的溢出效应释放出来，使风险投资更好地帮助中小企业成长和促进产业结构优化。

第二节　政策启示

一　积极发展风险投资，促进其对新三板企业的支持

积极发展风险投资事业，充分发挥风险投资对新三板企业的价值增值作用和产业结构优化溢出效应。实证结果表明，风险投资作用于新三板市场对产业结构高度化的溢出效应显著，对产业结构合理化的溢出效应不显著。考虑空间因素，风险投资的空间溢出效应也呈现相同的结果。说明现阶段风险投资对新三板市场的支持力度较小，还存在很大的提升空间。风险资本投资于新三板企业很大程度上相当于早期投资，它在产生正外部性的同时，可能会引发风险资金供给不足，出现"市场失灵"的现象。因此，需要政府的扶持。应从以下方面积极培育风险投资业的发展，并促进其对新三板企业的支持。

（1）充分发挥政府引导基金的作用。发达国家在发展本国风险投资的过程中，普遍采用了"民办官助"的方式带动民间资本，实现资金"放大器效应"。[①] 因此，要引导风险投资流向新三板企业，充分发挥政府引导基金对新三板企业的支持作用。政府引导基金要引导市场、不干预

---

① 比如美国小企业投资公司计划（SBIC）是一种风险投资引导基金，政府通过向小企业投资公司拨款、提供低息贷款等政策性金融方式，引导风险资本流向科技型、创新型中小企业，发挥了政府对民间资本的引导作用。SBIC 计划自 1958 年成立以来，已累计投资了超过 16.6 万个小企业项目，累计投资金额达到 670 亿美元，仅 2018 年度就为美国提供了 13 万个就业岗位，有力地支持了美国中小企业的发展（资料来源：《美国政府引导基金的经验及启示》，《声音》2020 年第 23 期）。

市场，要雪中送炭、少锦上添花。

（2）鼓励培育多元化的风险投资主体。近年来，国内外经济形势严峻，国内基金监管加强，风险投资的募资规模呈缩减趋势。当前，应在法律允许范围内发展多元化的资金募集渠道，创新各类资金募集手段，鼓励各类有风险承受能力的主体开展风险投资业务。培育多元化的市场参与主体（如民营 VC/PE 机构、国资机构、金融机构、战略投资者等），为风险投资市场注入竞争活力。

（3）推进税收优惠、知识产权保护等政策实施。完善有利于风险投资企业筹资和投资的相关税收优惠政策，为不同类型的投资行为"量身定制"税收优惠。同时，加大对新三板企业财税政策的支持力度，使其切实享受"政策红利"。创新知识产权保护、商业秘密保护以及专利保护等法律法规，完善中小微企业知识产权快速维权机制。

二　风险投资方提升自身实力，新三板企业接纳风险投资介入

通过理论分析和实证研究发现，风险投资通过治理作用机制、支持作用机制、认证作用机制对被投新三板企业发挥积极作用。基于风险投资影响新三板企业作用机制有效运作的条件（详见第五章第三节），获得如下政策启示：

（1）风险投资机构要提升专业运作水平，积极参与被投新三板企业的监督与管理。加强人才培养，不断提升风险投资团队的专业化运作能力。应扶持和规范中介服务机构的发展，为风险投资机构的有效运作搭建配套资源，如项目评估机构、科技评估机构、市场调研机构等中介机构的培育。

（2）新三板企业要摒弃只想获得资金支持，不愿接受风险投资机构管理的家族企业文化观念，积极借鉴风险投资的专业管理经验和投资决策建议。风险投资机构能否与企业顺利合作，关键在于风险投资机构能否被创业企业管理层充分信任和接受。若被投企业的管理者较为固执，难以合作，风险投资对企业支持的意愿和力度都会减弱。

（3）风险投资机构要积极提升自身的实力和社会网络中心地位。风险投资机构实力越强，社会网络中心地位越高，对基金投资人和创业企业家的吸引力就越大，更容易实现风险资本"募资—投资—管理—退出—募资"的资金增值循环过程。风险投资机构网络中心地位的高低来源于自身实力和声誉的积累，而不是逐名理论所描述的急功近利地催促被投企业上市。

（4）新三板企业要充分利用风险投资机构的社会网络资源，增强与风险投资机构的沟通合作，实现双方的互惠共赢。本书从理论和实证角度阐明，风险投资的网络支持作用显著提升了被投新三板企业的价值。被投新三板企业应充分利用这一优势，培养较强的主观发展愿望和主动沟通意识。通过不断的沟通，了解企业发展过程中的短板，以获得风险投资的相应支持。

三 推进多层次资本市场建设，促进风险投资发展

国外风险投资业发达的地区都具备较完善的资本市场体系。[①] 它们的经验说明，发达的资本市场是保证风险投资行业可持续发展的重要条件。另外，研究结论表明，资本市场不完善还影响到风险投资协作链接溢出机制的发挥。无论是产业整合，还是产业链延伸，都需要在资本市场的框架下运作，资本市场不健全，风险投资也无从通过资本运营进行兼并收购。基于以上结论获得如下启示：

（1）推进多层次资本市场建设，拓展风险投资的退出渠道。当前，我国多层次资本市场体系的轮廓越来越清晰，但在具体发展过程中依旧存在问题。如各板块间定位模糊，中小板和创业板成立的初心是解决中小企业融资难问题，但从企业上市规模和发展阶段看，它们却算作主板市场的一部分。完善多层次资本市场体系，必须坚持错位发展、各具特色，形成适度竞争、互补互联的格局。完善的多层次资本市场可以使不同规模的风险投资都能在相应的资本市场实现有效退出。

（2）加快推进资本市场改革，优化金融市场资源配置效率。通过资本市场能够更加高效配置社会资源，加快资本、人才、技术向创新型、创业型企业流动和聚集。

（3）风险投资应充分利用资本市场，通过资本运作进行兼并和收购，整合企业资源。新三板企业要沟通好产业和资本两个市场。在产业市场上企业家要做好产业和产品的规划经营。在资本市场上企业家要充分利

[①] 比如美国资本市场体系包括主板市场（NYSE，纽约证券交易所）、纳斯达克市场（NASDAQ）、电子公告板市场（OTCBB）、粉单市场（Pink Sheets）、区域性股权交易市场等。NASDAQ 市场内部又分为全球精选市场（NGSM）、全球市场（NGM，原全国市场）、资本市场（NCM，原小型股市场）三个层次。NASDAQ 的市场分层制度为不同企业提供融资发展平台。NASDAQ 市场的一些制度设计（如竞争性做市商制度等）也值得新三板学习。

用资本市场优势，适当进行增发、并购、重组等运作。

（4）完善各层次资本市场的组织结构、治理结构和市场功能，健全法律法规制度，强化监管能力和执法力度，切实保护投资者利益，将处罚力度与违法行为相匹配，完善资本市场运作的正常秩序。

四　提高企业吸收能力及核心竞争力，完善市场竞争机制

本书结果表明，风险投资作用于新三板通过竞争合作机制发挥产业结构优化溢出效应。当风险投资进入一个企业时，被投企业价值提升，竞争能力增强。如果其他企业有能力吸收风险投资支持公司所带来的溢出效应，那么整个行业可能会获得正的外部性。若中小微企业缺乏吸收能力，不能进行模仿，更不能进行创新，风险投资优化产业结构的溢出效应便无法发挥作用。基于此获得如下政策启示：

（1）中小微企业应提高自身的吸收能力。新三板企业以及广大中小微企业应建立吸收与创新机制，在竞争和创新的基础上培育企业的核心竞争力，而不是停留在模仿阶段。在宏观角度，政府应加大教育投入，制定创新激励政策，培育创新创业集聚区；在微观角度，企业应建立创新孵化平台，搭建众创空间，引进专业技术人才，加强企业家队伍建设，组织职业经理人培训，建立核心技术攻关激励机制。

（2）完善市场竞争机制。不充分的竞争不能形成促进对方创新的动力。而过度竞争又导致大量中小企业被挤出市场，挤出效应超过一定的程度，会出现"一家独大"的垄断现象。缺少竞争机制，便缺少创新的动力。因此，应破除保护，打破垄断，加强立法，全面优化市场竞争环境，以提升中小微企业主体的竞争活力。只有充分、适当的竞争才能促使风险资本投资于被投企业的溢出效应得到发挥。

（3）在风险投资对新三板企业作用机制的实证分析中，考虑被投新三板企业的异质性因素，发现新三板挂牌企业在收入增长能力、无形资产占比、治理规范性、股票流动性、股权融资方面的异质性对风险投资的增值作用有正向影响，而企业规模、债权融资方面的异质性对风险投资的增值作用有负向影响。说明新三板企业不能盲目举债和扩充规模，要注重核心技术、创新能力及长期竞争力的培养，提高无形资产占比，提高企业治理结构的规范程度，以此来提升企业的商业价值和发展前景，从而吸引更多优质风险投资机构的青睐和关注。

五　改善新三板市场流动性，提升企业价值及促进资源整合

本研究结果表明，新三板市场流动性不足，将影响资本市场价格发现功能的发挥，从而影响企业并购、重组、整合的可能，进一步抑制风险投资产业结构合理化溢出效应的发挥。当前，新三板市场流动性差，意味着投资者退出和变现的难度会加大，投资者投资的动力会减弱，企业发行的意愿会降低，进而加剧流动性不足，形成一个负面循环过程，市场容易对新三板未来的发展失去信心。如果市场流动性太低，大量投资者不愿交易，则会贬损企业股票的估值。因此，建议从以下方面改善新三板市场的流动性：

（1）完善交易转让制度，构建合理的价格形成机制。应完善做市商交易制度①，扩大做市规模，引入非券商机构入场做市，打破券商的垄断地位，形成竞争性市场。进一步推进其向连续竞价交易制度改革，从而提高新三板市场流动性。

（2）新三板流动性的释放，最根本还是增加进入市场投资者的数量。新三板应加强风险监控，使降低投资者市场准入门槛成为可能。新三板应有合适的投资者适当性制度设计，对个人投资者的限制不该采取"一刀切"的制度。另外，机构投资者是成熟的市场参与主体，其具备专业的分析团队、较强的资金实力和真正的风险识别能力，我国应积极培育机构投资者，推进公募基金、保险基金和养老金入市。新三板投资者数量的扩大将为市场引入流动性"活水"。

（3）进一步完善和推进新三板转板制度。转板制度打通了中小微企业成长上升通道，加强了多层次资本市场间的联系。对于新三板市场内部，转板制度具有示范效应，挂牌企业会主动提升规范运作水平。它有利于激发市场活力，改善市场内部的流动性。

（4）实证结论中新三板企业股票流动性（认证作用）表现出完全中介效应，说明信息效率的改善在风险投资影响新三板企业价值增值的过程中发挥了十分重要的功能。因此，风险投资机构应通过提高声誉资本、

---

① 新三板2013年推出时采用协议转让，2014年8月25日部分企业试点做市转让，2018年1月15日推出集合竞价交易。截至2018年末，新三板有1086家企业采用做市转让，9605家企业采用集合竞价交易。当前转让制度存在的问题是做市制度的效率未得到有效发挥，原因在于做市商与挂牌公司数量严重不对称，集合竞价形成的股票价格不连续。它们对新三板市场交易活跃度的改善有限。

联合风险投资等方式增强认证作用。新三板企业应规范治理、提高信息披露质量，发挥信息效率作用以改善股票流动性。除此以外，就是上文所述资本市场应改革和完善相关配套制度以改善新三板市场的流动性。

第三节 研究展望

本研究以风险投资理论、溢出效应理论、中小企业存在理论、企业创新成长理论、产业结构优化理论为基础，构建分析框架和实证模型，具体探讨了风险投资对新三板企业价值的影响以及溢出效应问题。在一定程度上本研究深化了企业间行为互动关系的成果，是对现有股权投资、企业价值、溢出效应等领域研究成果的有益补充。当前我国风险投资行业与新三板市场进入新的发展阶段，随着时间推移，风险投资行业和新三板市场不断发展成熟，会不断出台新政策，未来将呈现更多值得进一步研究的课题和方向。

（1）研究风险投资作用于新三板企业的社会溢出效应。本研究探讨了风险投资作用于新三板企业的产业结构优化溢出效应，从另一个角度看，可以探讨风险投资的就业效应，即社会溢出效应问题。风险投资能帮助企业提升价值，加快企业技术成果的市场化进程，伴随着技术扩散和知识溢出，行业间或区域间普及了更新的技术和设备，资本有机构成提高，对就业数量可能有消极影响，但对就业质量可能有积极影响。另一方面，风险投资会带来更多的新企业（初创企业）成立，会带来更多的、新的就业机会。目前，尚不清楚风险投资的社会溢出效应以何种形式存在。针对这个问题，初步打算在后续研究中做进一步探讨。

（2）考虑政策变量所引致的企业异质性因素，探讨风险投资对企业价值及作用机制的影响差异。新三板市场在经历蓬勃发展阶段后，市场回归理性，当前整个新三板都处于全面提高企业质量和深化改革阶段。2020 年新三板改革的两大政策亮点为精选层落地和转板制度落地。此外，精选层公开发行、降低合格投资人门槛、交易制度改革等也产生较大的影响。2021 年 9 月 3 日北交所注册成立，精选层改名为北交所。新三板市场内部迎来估值修复、流动性恢复、融资回暖、市场层次结构重构等多方面变化。探讨风险投资对新三板不同层次（精选层、创新层、基础层）企业价值的影响，以及结合政策变量所引致的企业异质性因素，探讨风险投资影响企业价值的作用机制是否存在差异，是未来研究的重要方向。

（3）风险投资与新三板企业的市值管理问题。新三板自扩容以来，挂牌企业数量迅速扩张，但多数挂牌企业在公司治理、盈利指标、商业模式创新、团队建设、投资者关系管理方面参差不齐。大多数中小企业虽已挂牌但对资本市场感到陌生，没有实现融资需求。一个重要的原因在于，新三板挂牌企业缺乏有效的沟通能力，表现为新三板企业不能有效地将实体产业和资本市场沟通结合起来，以及新三板企业不能有效地与投资者沟通。风险投资机构作为积极的投资者将协助新三板企业进行市值管理。新三板市场与 A 股市场相比拥有不同的流动性、不同的交易方式和不同的企业、行业成熟程度。因此，新三板的市值管理不同于 A 股市场的市值管理。这也是今后进一步深入研究的课题。

附　录

附表1　　　　　稳健性检验分地区（产业结构高度化）

变量	(1) 东部 TB	(2) 中部 TB	(3) 西部 TB	(4) 东部 TS	(5) 中部 TS	(6) 西部 TS
VC_case	0.020*** (3.92)	0.015*** (3.15)	-0.008 (-1.21)	0.080** (2.10)	0.046** (2.24)	-0.040 (-1.48)
$NTBvalue$	0.015*** (4.55)	0.008* (1.91)	0.020*** (3.48)	0.044* (1.80)	0.030 (1.52)	0.079*** (3.20)
$Humcap$	0.192** (2.22)	0.272** (2.63)	-0.104 (-0.90)	1.541** (2.44)	1.377*** (3.01)	-0.594 (-1.20)
$Govpay$	0.649*** (3.30)	-0.532* (-1.77)	0.098 (0.93)	6.721*** (4.67)	-1.348 (-1.01)	0.258 (0.58)
$RDstren$	-0.001 (-0.63)	-0.002 (-0.29)	0.001 (0.17)	-0.035** (-2.10)	-0.002 (-0.08)	0.007 (0.36)
$Open$	0.041 (1.15)	0.359* (1.94)	0.074 (1.09)	-0.459* (-1.77)	1.327 (1.62)	0.300 (1.04)
$RperGDP$	-0.142*** (-3.58)	-0.229*** (-5.21)	-0.399*** (-7.46)	-0.579** (-2.00)	-0.977*** (-5.02)	-1.952*** (-8.58)
$Educate$	0.041 (0.58)	0.037 (0.67)	0.017 (0.44)	-0.002 (-0.00)	0.062 (0.26)	0.128 (0.79)
$Urban$	0.624*** (3.18)	1.686*** (6.00)	2.237*** (6.51)	1.921 (1.34)	6.047*** (4.86)	10.703*** (7.33)
常数项	0.657 (0.84)	1.255 (1.55)	3.022*** (4.75)	4.583 (0.80)	6.188* (1.73)	13.347*** (4.93)
个体	是	是	是	是	是	是
年份	否	否	否	否	否	否

续表

变量	(1) 东部	(2) 中部	(3) 西部	(4) 东部	(5) 中部	(6) 西部
	TB	TB	TB	TS	TS	TS
N	108	72	99	108	72	99
R^2	0.973	0.938	0.853	0.975	0.904	0.866

注：***、**、*分别表示在1%、5%、10%显著性水平下显著，括号内为t值。

附表2　　稳健性检验分地区（产业结构合理化）

变量	(1) 东部	(2) 中部	(3) 西部	(4) 东部	(5) 中部	(6) 西部
	TL	TL	TL	TE	TE	TE
VC_case	0.053**	-0.040	-0.136***	0.010**	-0.009	-0.025***
	(2.03)	(-1.43)	(-2.71)	(2.04)	(-1.51)	(-2.83)
$NTBvalue$	-0.082***	-0.074***	0.036	-0.014***	-0.027***	-0.000
	(-4.85)	(-2.79)	(0.80)	(-4.72)	(-4.89)	(-0.01)
$Humcap$	0.550	-0.067	3.193***	0.027	-0.073	0.573***
	(1.26)	(-0.11)	(3.52)	(0.35)	(-0.56)	(3.56)
$Govpay$	-1.285	-1.931	-0.500	-0.271	-0.363	0.027
	(-1.30)	(-1.07)	(-0.61)	(-1.51)	(-0.96)	(0.19)
$RDstren$	0.038***	0.005	0.059	0.004*	0.001	0.011
	(3.27)	(0.14)	(1.58)	(1.94)	(0.19)	(1.63)
$Open$	-0.334*	0.233	0.107	-0.065**	-0.056	-0.043
	(-1.87)	(0.21)	(0.20)	(-2.00)	(-0.24)	(-0.46)
$RperGDP$	0.178	-0.329	-1.201***	0.004	0.001	-0.095
	(0.90)	(-1.24)	(-2.87)	(0.12)	(0.02)	(-1.28)
$Educate$	-0.351	0.500	-0.727**	-0.061	0.075	-0.137**
	(-1.00)	(1.51)	(-2.45)	(-0.96)	(1.10)	(-2.59)
$Urban$	-1.190	2.749	0.506	-0.014	0.747**	-0.388
	(-1.20)	(1.62)	(0.19)	(-0.08)	(2.12)	(-0.81)
常数项	4.311	-1.912	21.970***	0.816	-0.916	2.969***
	(1.09)	(-0.39)	(4.41)	(1.14)	(-0.90)	(3.36)
个体	是	是	是	是	是	是
年份	否	否	否	否	否	否
N	108	72	99	108	72	99
R^2	0.935	0.958	0.918	0.947	0.952	0.910

注：***、**、*分别表示在1%、5%、10%显著性水平下显著，括号内为t值。

附　录 / 233

附表3　不同空间权重矩阵下模型的选择（被解释变量为 TL）

变量	距离空间权重（逆距离平方）			经济地理权重			相邻空间权重		
	(1) SAR	(2) SEM	(3) SDM	(4) SAR	(5) SEM	(6) SDM	(7) SAR	(8) SEM	(9) SDM
ρ/λ	-0.021	-0.050	-0.003	0.022	-0.008	0.043	-0.230**	-0.277**	-0.262***
	(0.21)	(0.17)	(0.19)	(0.19)	(0.14)	(0.17)	(0.09)	(0.12)	(0.09)
VCsup	-0.013	-0.013	-0.017	-0.014	-0.013	-0.017	-0.012	-0.013	-0.015
	(0.01)	(0.01)	(0.01)	(0.01)	(0.01)	(0.01)	(0.01)	(0.01)	(0.01)
NTBvalue	-0.049	-0.050*	-0.061	-0.048	-0.049	-0.061	-0.062**	-0.060**	-0.035
	(0.03)	(0.03)	(0.04)	(0.03)	(0.03)	(0.04)	(0.03)	(0.03)	(0.04)
Humcap	1.379**	1.378**	1.270*	1.379**	1.379**	1.273*	1.289**	1.396**	1.365**
	(0.66)	(0.66)	(0.67)	(0.66)	(0.66)	(0.66)	(0.65)	(0.61)	(0.62)
Govpay	-0.802	-0.783	-0.933	-0.786	-0.791	-0.952	-0.968	-0.889	-0.766
	(0.87)	(0.94)	(0.84)	(0.90)	(0.94)	(0.85)	(0.92)	(0.91)	(0.87)
RDstren	0.054**	0.054***	0.053**	0.054**	0.054***	0.053***	0.051**	0.053***	0.054***
	(0.02)	(0.02)	(0.02)	(0.02)	(0.02)	(0.02)	(0.02)	(0.02)	(0.02)
Open	-0.369*	-0.373*	-0.330*	-0.364*	-0.368*	-0.324*	-0.358*	-0.396**	-0.393*
	(0.20)	(0.20)	(0.19)	(0.20)	(0.20)	(0.19)	(0.20)	(0.20)	(0.21)

续表

变量	距离空间权重（逆距离平方）			经济地理权重			相邻空间权重		
	(1) SAR	(2) SEM	(3) SDM	(4) SAR	(5) SEM	(6) SDM	(7) SAR	(8) SEM	(9) SDM
RperGDP	-0.409	-0.389	-0.414	-0.397	-0.401	-0.408	-0.406	-0.339	-0.351
	(0.36)	(0.35)	(0.36)	(0.35)	(0.36)	(0.36)	(0.34)	(0.33)	(0.35)
Educate	-0.742	-0.748	-0.763	-0.733	-0.738	-0.756	-0.772	-0.782	-0.750
	(0.53)	(0.53)	(0.52)	(0.53)	(0.52)	(0.52)	(0.50)	(0.49)	(0.52)
Urban	0.425	0.419	0.089	0.440	0.435	0.096	0.476	0.807	0.619
	(1.57)	(1.58)	(1.52)	(1.58)	(1.59)	(1.52)	(1.53)	(1.49)	(1.54)
WxVCsup			0.024			0.022			0.002
			(0.03)			(0.03)			(0.02)
WxNTBvalue			0.015			0.017			-0.044
			(0.04)			(0.05)			(0.04)
sigma2_e	0.024***	0.024***	0.024***	0.024***	0.024***	0.024***	0.023***	0.023***	0.023***
	(0.01)	(0.01)	(0.01)	(0.01)	(0.01)	(0.01)	(0.01)	(0.01)	(0.01)
ll	6.880	6.880	6.880	6.880	6.880	6.880	6.880	6.880	6.880
R^2	0.277	0.275	0.301	0.276	0.277	0.303	0.273	0.219	0.250
N	279	279	279	279	279	279	279	279	279

注：***、**、*分别表示1%、5%、10%显著性水平下显著；括号中为系数估计标准误。

附表 4　　　　　　　稳健性检验 *VC_total* 替代 *VCsup*
（不同空间权重矩阵下的 SDM 模型回归）

变量	产业结构高度化（TB）			产业结构合理化（TL）		
	逆距离	经济地理	邻接	逆距离	经济地理	邻接
	（1）	（2）	（3）	（4）	（5）	（6）
ρ	0.366***	0.414***	0.184**	-0.012	0.035	-0.249***
	(0.14)	(0.13)	(0.08)	(0.19)	(0.17)	(0.09)
VC_total	0.001	0.001	0.001	-0.014	-0.014	-0.016
	(0.00)	(0.00)	(0.00)	(0.01)	(0.01)	(0.01)
NTBvalue	0.001	0.001	0.004	-0.065	-0.065	-0.039
	(0.00)	(0.00)	(0.00)	(0.04)	(0.04)	(0.04)
Hcapital	-0.001	-0.004	0.079	1.268*	1.268*	1.371**
	(0.05)	(0.05)	(0.06)	(0.67)	(0.67)	(0.61)
Govpay	-0.029	-0.058	-0.021	-0.867	-0.888	-0.745
	(0.12)	(0.11)	(0.13)	(0.85)	(0.86)	(0.85)
RDstren	0.001	0.001	0.000	0.053***	0.052***	0.055***
	(0.00)	(0.00)	(0.00)	(0.02)	(0.02)	(0.02)
Open	0.014	0.022	0.005	-0.356*	-0.348*	-0.409*
	(0.03)	(0.03)	(0.03)	(0.19)	(0.19)	(0.21)
RperGDP	-0.220***	-0.220***	-0.217***	-0.404	-0.397	-0.334
	(0.05)	(0.05)	(0.05)	(0.35)	(0.35)	(0.35)
Educate	0.022	0.015	0.009	-0.762	-0.753	-0.766
	(0.04)	(0.04)	(0.05)	(0.51)	(0.51)	(0.52)
Urban	0.406	0.355	0.579**	0.051	0.048	0.428
	(0.27)	(0.27)	(0.30)	(1.55)	(1.54)	(1.45)
WxVC_total	0.013***	0.013***	0.013***	0.017	0.017	0.015
	(0.00)	(0.00)	(0.00)	(0.02)	(0.02)	(0.02)
WxNTBvalue	0.025***	0.025***	0.022***	0.019	0.022	-0.043
	(0.01)	(0.01)	(0.01)	(0.04)	(0.04)	(0.04)
sigma2_e	0.000***	0.000***	0.000***	0.024***	0.024***	0.022***
	(0.00)	(0.00)	(0.00)	(0.01)	(0.01)	(0.01)
ll	6.880	6.880	6.880	6.880	6.880	6.880
R^2	0.024	0.009	0.210	0.313	0.317	0.276
N	279	279	279	279	279	279

注：***、**、*分别表示 1%、5%、10% 显著性水平下显著；括号中为系数估计标准误。

附表 5　　　　　工具变量（*lVCdens*）控制内生性后 SDM 回归

变量	产业结构高度化（*TB*）			产业结构合理化（*TL*）		
	逆距离	经济地理	邻接	逆距离	经济地理	邻接
	(1)	(2)	(3)	(4)	(5)	(6)
ρ	0.566***	0.600***	0.271***	-0.013	0.029	-0.266***
	(0.09)	(0.08)	(0.07)	(0.20)	(0.18)	(0.09)
VCsup	0.002	0.002	0.002	-0.022	-0.023	-0.025*
	(0.00)	(0.00)	(0.00)	(0.01)	(0.01)	(0.01)
NTBvalue	0.000	0.001	0.004	-0.056	-0.056	-0.030
	(0.00)	(0.00)	(0.00)	(0.04)	(0.05)	(0.04)
Humcap	0.005	0.002	0.064	1.329**	1.321**	1.410**
	(0.06)	(0.06)	(0.07)	(0.65)	(0.65)	(0.61)
Govpay	-0.051	-0.076	-0.016	-0.904	-0.927	-0.740
	(0.12)	(0.11)	(0.14)	(0.81)	(0.82)	(0.85)
RDstren	0.000	0.000	-0.002	0.053**	0.053**	0.055***
	(0.00)	(0.00)	(0.00)	(0.02)	(0.02)	(0.02)
Open	0.010	0.014	-0.008	-0.352*	-0.345*	-0.419*
	(0.03)	(0.03)	(0.03)	(0.19)	(0.19)	(0.22)
RperGDP	-0.229***	-0.231***	-0.225***	-0.412	-0.405	-0.347
	(0.05)	(0.05)	(0.05)	(0.35)	(0.35)	(0.35)
Educate	0.021	0.011	0.008	-0.770	-0.764	-0.756
	(0.05)	(0.05)	(0.06)	(0.52)	(0.52)	(0.52)
Urban	0.403	0.367	0.663**	0.196	0.185	0.784
	(0.28)	(0.27)	(0.33)	(1.52)	(1.51)	(1.51)
WxVCsup	0.010**	0.012**	0.010***	0.028	0.030	0.004
	(0.00)	(0.00)	(0.00)	(0.04)	(0.04)	(0.02)
WxNTBvalue	0.020***	0.019***	0.016***	0.006	0.008	-0.051
	(0.01)	(0.01)	(0.01)	(0.05)	(0.05)	(0.04)
sigma2_e	0.000***	0.000***	0.000***	0.023***	0.023***	0.022***
	(0.00)	(0.00)	(0.00)	(0.01)	(0.01)	(0.01)
ll	6.880	6.880	6.880	6.880	6.880	6.880
R^2	0.012	0.002	0.230	0.291	0.294	0.237
N	279	279	279	279	279	279

注：***、**、*分别表示 1%、5%、10%显著性水平下显著；括号中为系数估计标准误。

附表6　　　　　工具变量（*lVCfirm*）控制内生性后 SDM 回归

变量	产业结构高度化（TB）			产业结构合理化（TL）		
	逆距离	经济地理	邻接	逆距离	经济地理	邻接
ρ	0.591***	0.634***	0.256***	-0.018	0.028	-0.257***
	(0.08)	(0.07)	(0.08)	(0.19)	(0.17)	(0.10)
VCsup	0.003	0.003	0.003	0.016	0.019	0.028
	(0.00)	(0.00)	(0.00)	(0.02)	(0.02)	(0.02)
NTBvalue	0.001	0.002	0.004	-0.070	-0.070	-0.040
	(0.00)	(0.00)	(0.00)	(0.04)	(0.05)	(0.04)
Humcap	0.010	0.010	0.062	1.234*	1.246*	1.274**
	(0.06)	(0.06)	(0.06)	(0.64)	(0.64)	(0.61)
Govpay	-0.035	-0.051	-0.015	-0.899	-0.892	-0.655
	(0.12)	(0.11)	(0.14)	(0.85)	(0.85)	(0.83)
RDstren	0.000	0.001	-0.001	0.051**	0.051**	0.052***
	(0.00)	(0.00)	(0.00)	(0.02)	(0.02)	(0.02)
Open	0.008	0.012	-0.011	-0.296	-0.294	-0.361*
	(0.03)	(0.03)	(0.03)	(0.19)	(0.19)	(0.20)
RperGDP	-0.228***	-0.230***	-0.219***	-0.440	-0.440	-0.383
	(0.05)	(0.05)	(0.05)	(0.37)	(0.37)	(0.36)
Educate	0.026	0.017	0.015	-0.718	-0.704	-0.693
	(0.05)	(0.05)	(0.05)	(0.52)	(0.52)	(0.53)
Urban	0.463*	0.430	0.689**	-0.134	-0.104	0.280
	(0.28)	(0.27)	(0.33)	(1.49)	(1.49)	(1.53)
WxVCsup	0.004	0.004	0.008**	-0.003	-0.010	-0.028
	(0.00)	(0.00)	(0.00)	(0.03)	(0.03)	(0.03)
WxNTBvalue	0.019***	0.019***	0.016***	0.027	0.031	-0.036
	(0.01)	(0.01)	(0.01)	(0.04)	(0.05)	(0.04)
sigma2_e	0.000***	0.000***	0.000***	0.024***	0.024***	0.023***
	(0.00)	(0.00)	(0.00)	(0.01)	(0.01)	(0.01)
ll	6.880	6.880	6.880	6.880	6.880	6.880
R^2	0.028	0.014	0.234	0.331	0.336	0.298
N	279	279	279	279	279	279

注：***、**、*分别表示1%、5%、10%显著性水平下显著；括号中为系数估计标准误。

附表 7　　工具变量（lVCfirm）控制内生性后 SDM 效应分解

效应	变量	产业结构高度化（TB） 逆距离	产业结构高度化（TB） 经济地理	产业结构高度化（TB） 邻接	产业结构合理化（TL） 逆距离	产业结构合理化（TL） 经济地理	产业结构合理化（TL） 邻接
直接效应	VCsup	0.003 (0.00)	0.004 (0.00)	0.003 (0.00)	0.017 (0.02)	0.020 (0.02)	0.031 (0.02)
直接效应	NTBvalue	0.003 (0.00)	0.004 (0.00)	0.005 (0.00)	-0.072* (0.04)	-0.072* (0.04)	-0.040 (0.04)
间接效应	VCsup	0.013** (0.01)	0.015** (0.01)	0.011*** (0.00)	-0.003 (0.03)	-0.009 (0.03)	-0.031 (0.03)
间接效应	NTBvalue	0.048*** (0.01)	0.053*** (0.02)	0.022*** (0.01)	0.026 (0.05)	0.028 (0.05)	-0.021 (0.04)
总效应	VCsup	0.016*** (0.01)	0.018*** (0.01)	0.014*** (0.00)	0.014 (0.02)	0.011 (0.02)	-0.001 (0.01)
总效应	NTBvalue	0.052*** (0.01)	0.057*** (0.02)	0.028*** (0.01)	-0.046 (0.03)	-0.044 (0.03)	-0.061*** (0.02)

注：***、**、*分别表示1%、5%、10%显著性水平下显著；括号中为系数估计标准误。

主要参考文献

一 中文文献

白洁：《对外直接投资的逆向技术溢出效应——对中国全要素生产率影响的经验检验》，《世界经济研究》2009年第8期。

白俊红等：《研发要素流动、空间知识溢出与经济增长》，《经济研究》2017年第7期。

蔡宁：《风险投资"逐名"动机与上市公司盈余管理》，《会计研究》2015年第5期。

曹玉平、操一萍：《风险投资、不良贷款与产业转型升级——基于中国省级面板数据的实证研究》，《北京理工大学学报》（社会科学版）2020年第3期。

常进雄、楼铭铭：《关于我国工业部门就业潜力问题的研究——基于产业结构偏离度的分析》，《上海财经大学学报》2004年第3期。

陈德萍、陈永圣：《股权集中度、股权制衡度与公司绩效关系研究——2007~2009年中小企业板块的实证检验》，《会计研究》2011年第1期。

陈工孟、俞欣、寇祥河：《风险投资参与对中资企业首次公开发行折价的影响——不同证券市场的比较》，《经济研究》2011年第5期。

陈洪天：《风险投资对新三板企业经济行为影响研究》，博士学位论文，厦门大学，2018年。

陈洪天、沈维涛：《风险投资是新三板市场"积极的投资者"吗》，《财贸经济》2018年第6期。

陈辉：《做市服务的供求分析新框架及其对股票流动性的影响》，《财贸经济》2017年第1期。

陈辉、顾乃康：《新三板做市商制度、股票流动性与证券价值》，《金融研究》2017年第4期。

陈辉、汪前元：《机构投资者如何影响股票流动性？交易假说抑或信息假说》，《商业经济与管理》2012年第6期。

陈见丽：《风投介入、风投声誉与创业板公司的成长性》，《财贸经济》2012年第6期。

陈涛涛：《中国FDI行业内溢出效应的内在机制研究》，《世界经济》2003年第9期。

陈伟：《风险投资内部差异性对认证作用的影响——基于信息不对称的角度》，《现代管理科学》2012年第5期。

陈伟、杨大楷：《风险投资的异质性对IPO的影响研究——基于中小企业板的实证分析》，《山西财经大学学报》2013年第3期。

陈孝勇、惠晓峰：《创业投资与被投资企业的成长性——来自于中国创业板的经验证据》，《西安交通大学学报》（社会科学版）2014年第3期。

陈智慧、胡亮：《风险投资的理论与实践：风险投资体系研究》，西北大学出版社2002年版。

陈仲常编著：《产业经济理论与实证分析》，重庆大学出版社2005年版。

成思危：《积极稳妥地推进我国的风险投资事业》，《管理世界》1999年第1期。

成思危主编：《科技风险投资论文集》，民主与建设出版社1997年版。

成思危：《在第五届中国软科学学术年会上的讲话》，《中国软科学》2006年第1期。

程立茹、李屹鸥：《认证监督还是逆向选择——风险投资对创业板IPO抑价影响的实证研究》，《北京工商大学学报》（社会科学版）2013年第5期。

邓颖惠、廖理、王正位：《风险投资的认证作用——来自网贷市场的证据》，《投资研究》2018年第3期。

董建卫、施国平、郭立宏：《联合风险投资、竞争者间接联结与企业创新》，《研究与发展管理》2019年第2期。

董维佳、吕一明：《风险投资对中国新三板挂牌企业绩效的影响》，《北京理工大学学报》（社会科学版）2020年第4期。

杜传忠、李彤、刘英华：《风险投资促进战略性新兴产业发展的机制及效应》，《经济与管理研究》2016 年第 10 期。

方明月：《资产专用性、融资能力与企业并购——来自中国 A 股工业上市公司的经验证据》，《金融研究》2011 年第 5 期。

冯慧群：《风险投资是民营企业 IPO 的"救星"吗》，《财贸经济》2016 年第 8 期。

傅毓维等：《风险投资与高新技术产业共轭双驱动机理分析》，《科技管理研究》2007 年第 2 期。

傅元海、唐未兵、王展祥：《FDI 溢出机制、技术进步路径与经济增长绩效》，《经济研究》2010 年第 6 期。

傅元海、叶祥松、王展祥：《制造业结构优化的技术进步路径选择——基于动态面板的经验分析》，《中国工业经济》2014 年第 9 期。

干春晖、郑若谷、余典范：《中国产业结构变迁对经济增长和波动的影响》，《经济研究》2011 年第 5 期。

高波：《风险投资溢出效应：一个分析框架》，《南京大学学报》（哲学·人文科学·社会科学版）2003 年第 4 期。

耿建新、张驰、刘凤元：《风险资本能改善风险投资企业治理效率吗？——一个盈余管理视角》，《经济问题》2012 年第 9 期。

辜胜阻：《实施创新驱动战略需完善多层次资本市场体系》，《社会科学战线》2015 年第 5 期。

顾桥编著：《中小企业创业资源的理论研究》，中国地质大学出版社 2004 年版。

韩永辉、冯晓莹、邹建华：《中国风险投资与企业 IPO 是双赢的吗？——来自创业板上市公司的经验证据》，《金融经济学研究》2013 年第 6 期。

洪方韡、蒋岳祥：《新三板分层制度、风险投资与股票流动性——基于倾向得分匹配双重差分法的经验证据》，《浙江社会科学》2020 年第 12 期。

洪银兴：《产业化创新及其驱动产业结构转向中高端的机制研究》，《经济理论与经济管理》2015 年第 11 期。

胡军燕、饶志燕：《企业内部研发与产学研合作关系研究——基于 Lotka-Volterra 模型》，《科技进步与对策》2014 年第 24 期。

胡刘芬、周泽将：《风险投资机构持股能够缓解企业后续融资约束吗？——来自中国上市公司的经验证据》，《经济管理》2018年第7期。

胡妍、阮坚：《私募股权影响企业绩效的传导路径——基于现金持有、研发投入的视角实证》，《金融经济学研究》2017年第5期。

黄福广、彭涛、田利辉：《风险资本对创业企业投资行为的影响》，《金融研究》2013年第8期。

黄福广、王建业：《风险资本、高管激励与企业创新》，《系统管理学报》2019年第4期。

霍忻：《中国对外直接投资逆向技术溢出的产业结构升级效应研究》，博士学位论文，首都经济贸易大学，2016年。

贾宁、李丹：《创业投资管理对企业绩效表现的影响》，《南开管理评论》2011年第1期。

简新华主编：《产业经济学》，武汉大学出版社2001年版。

江勤主编：《与新三板一起腾飞——致中国的中小微企业》，重庆大学出版社2017年版。

姜永玲：《我国多层次资本市场对战略性新兴产业发展的支撑作用研究》，博士学位论文，上海交通大学，2016年。

姜永玲、雷潇雨：《风险投资对战略性新兴产业融资的溢出作用研究》，《科技管理研究》2016年第14期。

蒋殿春、张宇：《经济转型与外商直接投资技术溢出效应》，《经济研究》2008年第7期。

蒋伟、顾汶杰：《风险投资对创业企业作用的实证研究》，《商业经济与管理》2015年第11期。

蒋伟、李蓉：《风险投资与创业企业的博弈分析》，《金融论坛》2014年第9期。

蒋岳祥、洪方韡：《风险投资与企业绩效——对新三板挂牌企业对赌协议和股权激励的考察》，《浙江学刊》2020年第3期。

解维敏、方红星：《金融发展、融资约束与企业研发投入》，《金融研究》2011年第5期。

金永红、蒋宇思、奚玉芹：《风险投资参与、创新投入与企业价值增值》，《科研管理》2016年第9期。

靳明、王娟：《风险投资介入中小企业公司治理的机理与效果研究》，

《财经论丛》2010年第6期。

李伯亭编著：《风险投资：帮你创新 创业 创奇迹》，企业管理出版社1999年版。

李成刚：《FDI对我国技术创新的溢出效应研究》，博士学位论文，浙江大学，2008年。

李庚寅、黄宁辉：《中小企业理论演变探析》，《经济学家》2001年第3期。

李婧、谭清美、白俊红：《中国区域创新生产的空间计量分析——基于静态与动态空间面板模型的实证研究》，《管理世界》2010年第7期。

李九斤、徐畅：《风险投资特征对被投资企业IPO抑价的影响》，《商业研究》2016年第8期。

李萌、包瑞：《风险投资支持战略性新兴产业发展探究》，《宏观经济管理》2016年第5期。

李平：《技术扩散中的溢出效应分析》，《南开学报》1999年第2期。

李维林、刘博楠：《私募股权投资对中小高新企业的影响——基于新三板创新层的研究》，《山东社会科学》2018年第3期。

李燕、安烨：《文化创意上市企业无形资产资本化、融资能力与经济绩效》，《商业研究》2018年第6期。

李玉华、葛翔宇：《风险投资参与对创业板企业影响的实证研究》，《当代财经》2013年第1期。

李越冬、严青：《风险投资"抑制"还是"放纵"内部控制缺陷？》，《科研管理》2019年第8期。

李云鹤、李文：《风险投资与战略性新兴产业企业资本配置效率——基于创业板战略新兴指数样本公司的实证研究》，《证券市场导报》2016年第3期。

刘娥平、钟君煜、施燕平：《风险投资的溢出效应》，《财经研究》2018年第9期。

刘刚、梁晗、殷建瓴：《风险投资声誉、联合投资与企业创新绩效——基于新三板企业的实证分析》，《中国软科学》2018年第12期。

刘广、刘艺萍：《风险投资对产业转型升级的影响研究》，《产经评论》2019年第3期。

刘平安、闻召林主编：《中国新三板创新与发展报告（2017）》，社会科学文献出版社 2017 年版。

刘松博:《对社会资本和企业社会资本概念的再界定》,《安徽大学学报》(哲学社会科学版) 2007 年第 6 期。

刘晔、张训常、蓝晓燕:《国有企业混合所有制改革对全要素生产率的影响——基于 PSM-DID 方法的实证研究》,《财政研究》2016 年第 10 期。

龙勇、刘誉豪:《风险投资的非资本增值服务与高新技术企业技术能力关系的实证研究》,《科技进步与对策》2013 年第 3 期。

龙勇、庞思迪、张合:《风险资本投资后管理对高新技术企业治理结构影响研究》,《科学学与科学技术管理》2010 年第 9 期。

罗琦、罗洪鑫:《风险资本的"价值增值"功能分析——基于网络信息披露的视角》,《南开管理评论》2018 年第 1 期。

[英] 马歇尔:《经济学原理》,章洞易缩译,北京联合出版公司 2015 年版。

马宁:《风险投资、企业会计信息透明度和代理成本》,《管理评论》2019 年第 10 期。

马宁:《风险资本协同智力资本的企业价值增值研究》,博士学位论文,重庆大学,2015 年。

孟为、陆海天:《风险投资与新三板挂牌企业股票流动性——基于高科技企业专利信号作用的考察》,《经济管理》2018 年第 3 期。

莫桂海:《风险投资介入高新技术产业集群发育的作用机理研究》,《科技管理研究》2007 年第 1 期。

欧阳瑾娟:《场外交易市场发展促进产业成长研究》,博士学位论文,武汉大学,2014 年。

庞明川、张翀、焦伟伟:《风险投资,制度情境与产业结构转型升级——基于中国省级面板数据的实证研究》,《科技进步与对策》2021 年第 8 期。

平新乔等:《外国直接投资对中国企业的溢出效应分析:来自中国第一次全国经济普查数据的报告》,《世界经济》2007 年第 8 期。

亓朋、许和连、艾洪山:《外商直接投资企业对内资企业的溢出效应:对中国制造业企业的实证研究》,《管理世界》2008 年第 4 期。

钱燕:《风险投资对新兴产业发展的影响研究——新三板生物医药企

业的证据》,《经济问题》2020 年第 10 期。

乔桂明、屠立峰:《风险资本对公司价值增值的作用机理及认可度》,《财经问题研究》2016 年第 8 期。

清科研究中心:《2019 年中国创业投资年度统计报告》,2019 年。

清科研究中心:《2020 年中国股权投资市场回顾与展望报告——暨二十周年市场回顾特别版》,2020 年。

清科研究中心:《清科观察:2020 年中国股权投资市场十大趋势展望》,2019 年。

清科研究中心:《2019 年中国股权投资市场回顾与展望》,2020 年。

屈国俊、宋林、冯照桢:《风险投资会降低 IPO 抑价吗?——基于创业板的实证分析》,《经济体制改革》2017 年第 4 期。

上官绪明:《技术溢出、吸收能力与全要素生产率》,博士学位论文,中央财经大学,2016 年。

沈维涛、陈洪天:《风险投资会影响企业做市转让行为吗?——我国新三板市场的实证研究》,《经济管理》2016 年第 10 期。

盛洪:《外部性问题和制度创新》,《管理世界》1995 年第 2 期。

宋贺、李曜、龙玉:《风险投资影响了企业定向增发折价率吗?》,《财经研究》2019 年第 10 期。

谈毅、陆海天、高大胜:《风险投资参与对中小企业板上市公司的影响》,《证券市场导报》2009 年第 5 期。

谈毅等:《风险投资学》,上海交通大学出版社 2013 年版。

汪炜、于博、宁宜希:《监督认证,还是市场力量?——风险投资对创业板公司 IPO 折价影响的实证研究》,《管理工程学报》2013 年第 4 期。

[美] W. W. 罗斯托编:《从起飞进入持续增长的经济学》(修订本),贺力平等译,四川人民出版社 1988 年版。

王国刚:《创业投资:建立多层次资本市场体系》,《改革》1998 年第 6 期。

王京刚:《一看就懂的迈克尔·波特竞争策略全图解:升级版》,北京理工大学出版社 2015 年版。

王雷、陈梦扬:《风险投资能够有效缓解企业融资约束吗?——基于企业社会资本中介效应的分析》,《财经论丛》2017 年第 5 期。

王雷、党兴华：《R&D 经费支出、风险投资与高新技术产业发展——基于典型相关分析的中国数据实证研究》，《研究与发展管理》2008 年第 4 期。

王力军、李斌：《风险投资提供了增值服务吗？——基于 1996~2012 年 IPO 公司的实证研究》，《证券市场导报》2016 年第 5 期。

王敏、李亚非、马树才：《智慧城市建设是否促进了产业结构升级》，《财经科学》2020 年第 12 期。

王鹏飞、黄页编著：《激荡新三板：高回报新三板投资全流程实战解析》，中国人民大学出版社 2016 年版。

[美] 王其华：《有机反应机制导论》，孙祥玉、赵瑶兴编译，高等教育出版社 1991 年版。

王伟龙、纪建悦：《研发投入、风险投资对产业结构升级的影响研究——基于中国 2008—2017 年省级面板数据的中介效应分析》，《宏观经济研究》2019 年第 8 期。

王小鲁、樊纲、胡李鹏：《中国分省份市场化指数报告（2018）》，社会科学文献出版社 2019 年版。

王秀军、李曜：《VC 投资：投前筛选还是投后增值》，《上海财经大学学报》2016 年第 4 期。

王秀军、李曜、龙玉：《风险投资的公司治理作用：高管薪酬视角》，《商业经济与管理》2016 年第 10 期。

王育晓、杨贵霞、王曦：《风险投资机构网络能力影响因素研究》，《商业研究》2015 年第 7 期。

王泽宇、耿天成、赵艳华：《风险投资人声誉与新三板企业生产力实证研究》，《北京工商大学学报》（社会科学版）2018 年第 5 期。

温忠麟等：《中介效应检验程序及其应用》，《心理学报》2004 年第 5 期。

吴超鹏等：《风险投资对上市公司投融资行为影响的实证研究》，《经济研究》2012 年第 1 期。

吴敬琏：《制度重于技术——论发展我国高新技术产业》，《经济社会体制比较》1999 年第 5 期。

吴育辉、吴翠凤、吴世农：《风险资本介入会提高企业的经营绩效吗？基于中国创业板上市公司的证据》，《管理科学学报》2016 年第

7 期。

伍文中、高琪：《逐名效应、认证监督与中国创业板 IPO 抑价》，《金融经济学研究》，2018 年第 6 期。

武龙：《风险投资、认证效应与中小企业银行贷款》，《经济管理》2019 年第 2 期。

夏立军、方轶强：《政府控制、治理环境与公司价值——来自中国证券市场的经验证据》，《经济研究》2005 年第 5 期。

肖宇、李诗林、杨健：《风险投资与高质量发展：基于省级面板数据的实证检验》，《西南金融》2019 年第 6 期。

谢海东、许宝元：《风险投资提升企业价值了吗？——来自中国 A 股上市公司的经验证据》，《江西社会科学》2017 年第 1 期。

徐松：《风险投资中的博弈论模型》，博士学位论文，天津大学，2007 年。

许昊、万迪昉、徐晋：《风险投资改善了新创企业 IPO 绩效吗?》，《科研管理》2016 年第 1 期。

许军：《私募股权投资基金对中小企业成长性的影响——基于新三板企业 2011—2016 年的数据》，《北京工商大学学报》（社会科学版）2019 年第 3 期。

薛菁、林莉：《不同背景风险投资机构的中小企业融资服务效率——基于受资企业视角》，《金融论坛》2017 年第 7 期。

薛静、陈敏灵：《风险投资机构社会资本始终促进创业企业的绩效吗?》，《经济经纬》2019 年第 3 期。

薛薇、李峰、宁冰珂：《英国"风险投资计划"税收优惠制度及启示》，《国际税收》2015 年第 12 期。

［英］亚当·斯密：《国民财富的性质和原因的研究》（上卷），商务印书馆 2011 年版。

严子淳、刘刚、梁晗：《风险投资人社会网络中心性对新三板企业创新绩效的影响研究》，《管理学报》2018 年第 4 期。

杨刚、高飞、张梦达：《新三板市场流动性与股权价值的关系研究》，《学习与探索》2016 年第 12 期。

杨萍、王闽、朱礼龙：《基于 Lotka-Volterra 模型的企业专利竞争分析》，《情报杂志》2015 年第 12 期。

杨其静、程商政、朱玉：《VC 真在努力甄选和培育优质创业型企业吗？——基于深圳创业板上市公司的研究》，《金融研究》2015 年第 4 期。

杨青、彭金鑫：《创业风险投资产业和高技术产业共生模式研究》，《软科学》2011 年第 2 期。

杨希、王苏生、彭珂：《风险投资对中小企业经营绩效的影响——基于区分风险投资机构事前效应与事后效应的视角》，《运筹与管理》2016 年第 6 期。

杨艳萍、尚明利：《风险投资对高新技术企业融资约束的影响研究——基于中国上市公司的面板数据》，《科技管理研究》2019 年第 22 期。

姚战琪、夏杰长：《资本深化、技术进步对中国就业效应的经验分析》，《世界经济》2005 年第 1 期。

叶小杰、贾昊阳：《风险投资支持、金融中介声誉是否影响新三板企业入选创新层》，《山西财经大学学报》2020 年第 2 期。

叶瑶、田利辉：《风险投资、公司治理与我国上市企业长期回报》，《投资研究》2018 年第 1 期。

尹福生：《风险投资与创业企业融资研究》，暨南大学出版社 2016 年版。

于佳：《新三板助力私募股权投资规范发展》，《中国金融》2011 年第 5 期。

余婕、董静：《风险投资引入与产业高质量发展——知识溢出的调节与门限效应》，《科技进步与对策》2021 年第 14 期。

［美］约瑟夫·熊彼特：《经济发展理论》，何畏、易家详等译，商务印书馆 2020 年版。

［美］张伯仑：《垄断竞争理论》，郭家麟译，生活·读书·新知三联书店 1958 年版。

张广婷、王悦、李佳娇：《风险资本的声誉机制、增值服务和 IPO 退出回报》，《复旦学报》（社会科学版）2019 年第 6 期。

张家伦：《企业价值管理》，中国统计出版社 2009 年版。

张陆洋：《风险投资发展国际经验研究》，复旦大学出版社 2011 年版。

张学勇、廖理:《风险投资背景与公司 IPO:市场表现与内在机理》,《经济研究》2011 年第 6 期。

赵静梅、傅立立、申宇:《风险投资与企业生产效率:助力还是阻力?》,《金融研究》2015 年第 11 期。

赵黎明、张涵:《基于 Lotka-Volterra 模型的科技企业孵化器与创投种群关系研究》,《软科学》2015 年第 2 期。

赵玮、温军:《风险投资介入是否可以提高战略性新兴产业的绩效?》,《产业经济研究》2015 年第 2 期。

赵勇、白永秀:《知识溢出:一个文献综述》,《经济研究》2009 年第 1 期。

郑维敏:《正反馈》,清华大学出版社 1998 年版。

周振华:《产业结构优化论》,上海人民出版社 2014 年版。

朱奇峰:《中国私募股权基金发展论》,博士学位论文,厦门大学,2009 年。

朱忠明、赵岗:《中国股权投资基金发展新论》,中国发展出版社 2012 年版。

祝波:《基于创新的 FDI 溢出机制研究》,博士学位论文,华东师范大学,2006 年。

祝继高、叶康涛、陆正飞:《谁是更积极的监督者:非控股股东董事还是独立董事?》,《经济研究》2015 年第 9 期。

二 外文文献

Admati, A. R., Pfleiderer, P., "Robust Financial Contracting and the Role of Venture Capitalists", *The Journal of Finance*, Vol. 49, No. 2, 1994.

Agarwal, P., "Institutional Ownership and Stock Liquidity", available at SSRN 1029395, 2007.

Akerlof, G. A., "The Market for 'Lemons': Quality, Uncertainty, and the Market Mechanism", *Quarterly Journal of Economics*, Vol. 84, 1970.

Aldatmaz, S., *Private Equity in the Global Economy: Evidence on Industry Spillovers*, Ph. D. dissertation, University of North Carolina, 2013.

Alemany, L., Marti, J., "Unbiased Estimation of Economic Impact of Venture Capital Backed Firms", EFA 2005 Moscow Meetings Paper, 2005.

Amit, R., Glosten, L., Muller, E., "Entrepreneurial Ability, Venture Investments, and Risk Sharing", *Management Science*, Vol. 36, No. 10, 1990.

Anselin, L., Florax, R., Rey, S. J., *Advances in Spatial Econometrics: Methodology, Tools and Applications*, Springer Verlag Press, 2004.

Arrow, K. J., "Classificatory Notes on the Production and Transmission of Technological Knowledge", *The American Economic Review*, Vol. 59, No. 2, 1969.

Atanasov, V., Ivanov, V., Litvak, K., "Does Reputation Limit Opportunistic Behavior in the VC Industry? Evidence from Litigation against VCs", *The Journal of Finance*, Vol. 67, No. 6, 2012.

Ayodeji, O. O., "A Conceptual Model for Developing Venture Capital in Emerging Economies", *Journal of Management Policy and Practice*, Vol. 13, No. 2, 2012.

Baker, M., Gompers, P. A., "The Determinants of Board Structure at the Initial Public Offering", *The Journal of Law and Economics*, Vol. 46, No. 2, 2003.

Baltagi, B. H., "Pooling Time – Series of Cross – Section Data", https://link.springer.com/chapter/10.1007/978-3-662-04693-7_12.

Baron, R. M., Kenny, D. A., "The Moderator-mediator Variable Distinction in Social Psychological Research: Conceptual, Strategic, and Statistical Considerations", *Journal of Personality and Social Psychology*, Vol. 51, No. 6, 1986.

Barry, C. B., Muscarella, C. J., Peavy Ⅲ, J. W., et al., "The Role of Venture Capital in the Creation of Public Companies: Evidence from the Going-public Process", *Journal of Financial economics*, Vol. 27, No. 2, 1990.

Beaudry, C., Schiffauerova, A., "Who's Right, Marshall or Jacobs? The Localization Versus Urbanization Debate", *Research Policy*, Vol. 38, No. 2, 2009.

Beck, T., Demirgüç – Kunt, A., Maksimovic, V., "Financing Patterns around the World: Are Small Firms Different?", *Journal of Financial Economics*, Vol. 89, No. 3, 2008.

Berger, A. N., Udell, F. G., "The Economics of Small Business Finance: The Roles of Private Equity and Debt markets in the Financial Growth Cycle", *Journal of Banking and Finance*, No. 22, 1998.

Bertrand, M., Mullainathan, S., "Is There Discretion in Wage Setting? A Test Using Takeover Legislation", *The Rand Journal of Economics*, Vol. 30, No. 3, 1999.

Blomström, M., Kokko, A., "Multinational Corporations and Spillovers", *Journal of Economic Surveys*, Vol. 12, No. 3, 1998.

Bloom, N., Schankerman, M., Van Reenen, J., "Identifying Technology Spillovers and Product Market Rivalry", *Econometrica*, Vol. 81, No. 4, 2013.

Bolton, P., Von Thadden, E. L., "Blocks, Liquidity, and Corporate Control", *The Journal of Finance*, Vol. 53, No. 1, 1998.

Booth, J. R., Smith II, R. L., "Capital Raising, Underwriting and the Certification Hypothesis", *Journal of Financial Economics*, Vol. 15, No. 1-2, 1986.

Brander, J. A., Amit, R., Antweiler, W., "Venture-capital Syndication: Improved Venture Selection vs the Value-added Hypothesis", *Journal of Economics & Management Strategy*, Vol. 11, No. 3, 2002.

Brav, A., Gompers, P. A., "Myth or Reality? The Long-run Underperformance of Initial Public Offerings: Evidence from Venture and Nonventure Capital-backed Companies", *The Journal of Finance*, Vol. 52, No. 5, 1997.

Brennan, M. J., Tamarowski, C., "Investor Relations, Liquidity, and Stock Prices", *Journal of Applied Corporate Finance*, Vol. 12, No. 4, 2000.

Breznitz, D., "Industrial R&D as a National Policy: Horizontal Technology Policies and Industry-state Co-evolution in the Growth of the Israeli Software Industry", *Research Policy*, Vol. 36, No. 9, 2007.

Bunge, M., "Mechanism and Explanation", *Philosophy of The Social Sciences*, Vol. 27, No. 4, 1997.

Campbell, T. L., M. B. Frye., "Venture Capitalist Monitoring: Evidence from Governance Structures", *The Quarterly Review of Economics and Finance*, Vol. 49, No. 2, 2009.

Campbell, T. S., Kracaw, W. A., "Information Production, Market Signalling, and the Theory of Financial Intermediation", *The Journal of Finance*, Vol. 35, No. 4, 1980.

Chemmanur, T. J., Loutskina, E., "The Role of Venture Capital Backing in Initial Public Offerings: Certification, Screening, or Market Power?", EFA 2005 Moscow Meetings Paper, 2006.

Coase, R. H., *The Nature of the Firm* (1937) *Origins, Evolution, and Development*, New York, Oxford, 1991.

Davila, A., Foster, G., Gupta, M., "Venture Capital Financing and the Growth of Startup Firms", *Journal of Business Venturing*, Vol. 18, No. 6, 2003.

Dessi, R., Yin, N., "Venture Capital and Knowledge Transfer", available at SSRN 2642596, 2015.

Diamond, D. W., Verrecchia, R. E., "Disclosure, Liquidity, and the Cost of Capital", *The Journal of Finance*, Vol. 46, No. 4, 1991.

Dimov, D., Shepherd, D. A., Sutcliffe, K. M., "Requisite Expertise, Firm Reputation, and Status in Venture Capital Investment Allocation Decisions", *Journal of Business Venturing*, Vol. 22, No. 4, 2007.

Durrani, M., Boocock, G., *Venture Capital, Islamic Finance and SMEs: Valuation, Structuring and Monitoring Practices in India*, Springer, 2006.

Ehrlich, S. B., De Noble, A. F., Moore, T., Weaver, R. R., "After the Cash Arrives: A Comparative Study of Venture Capital And Private Investor Involvement in Entrepreneurial Firms", *Journal of Business Venturing*, No. 9, 1994.

Elhorst, J. P., "Dynamic Spatial Panels: Models, Methods, and Inferences", *Journal of Geographical Systems*, Vol. 14, No. 1, 2012.

Engel, D., Keilbach, M., "Firm Level Implications of Early Stage Venture Capital Investments: An Empirical Investigation", *Journal of Empirical Finance*, Vol. 14, No. 2, 2007.

Franzke, S. A., *Underpricing of Venture-backed and Non Venture-backed IPOs: Germany's Neuer Markt, The Rise and Fall of Europe's New Stock Mar-*

kets, Emerald Group Publishing Limited, 2004.

Frimpong F. A. , Akwaa-Sekyi E. K. , Saladrigues R. , "Venture Capital Healthcare Investments and Health Care Sector Growth: A Panel Data Analysis of Europe", *Borsa Istanbul Review*, 2021.

Gershenberg, I. , "The Training and Spread of Managerial Know-how, a Comparative Analysis of Multinational and Other Firms in Kenya", *World Development*, Vol. 15, No. 7, 1987.

Gilson, R. J. , "Engineering a Venture Capital Market: Lessons from the American Experience", *Stanford Law Review*, No. 55, 2003.

Glaeser, E. L. , Kallal, H. D. , Scheinkman, J. A. , et al. , "Growth in Cities", *Journal of Political Economy*, Vol. 100, No. 6, 1992.

Gompers, P. , Lerner, J. , "The Venture Capital Revolution", *Journal of Economic Perspectives*, Vol. 15, No. 2, 2001.

Gompers, P. A. , "Grandstanding in the Venture Capital Industry", *Journal of Financial Economics*, Vol. 42, No. 1, 1996.

Gorman, M. , Sahlman, W. A. , "What Do Venture Capitalists Do?", *Journal of Business Venturing*, Vol. 4, No. 4, 1989.

Griliches, Z. , "The Search for R&D Spillovers", *The Scandinavian Journal of Economics*, No. 94, 1992.

Guo, D. , Jiang, K. , "Venture Capital Investment and the Performance of Entrepreneurial Firms: Evidence from China", *Journal of Corporate Finance*, No. 22, 2013.

Hall, B. H. , Lerner, J. , "The Financing of R&D and Innovation", *Handbook of the Economics of Innovation*, North-Holland, No. 1, 2010.

Hamao, Y. , Packer, F. , Ritter, J. R. , "Institutional Affiliation and the Role of Venture Capital: Evidence from Initial Public Offerings in Japan", *Pacific-Basin Finance Journal*, Vol. 8, No. 5, 2000.

Healy, J. J. , "European Integration: Venture Capital in Europe", *The International Executive*, Vol. 33, No. 3, 1991.

Heckman, J. J. , "A Life-cycle Model of Earnings, Learning, and Consumption", *Journal of Political Economy*, Vol. 84, No. 4, 1976.

Hellmann, T. , Puri, M. , "Venture Capital and the Professionalization of Start – up Firms: Empirical Evidence", *Journal of Finance*, Vol. 57, No. 1, 2002.

Helpman, E., "Increasing Returns, Imperfect Markets, and Trade Theory", *Handbook of International Economics*, Vol. 1, 1984.

Herbig, P., Golden, J. E., Dunphy, S., "The Relationship of Structure to Entrepreneurial and Innovative Success", *Marketing Intelligence & Planning*, Vol. 12, No. 9, 1994.

Hochberg, Y. V., Ljungqvist, A., Lu, Y., "Whom You Know Matters: Venture Capital Networks and Investment Performance", *The Journal of Finance*, Vol. 62, No. 1, 2007.

Jackson, M. O., "Mechanism Theory", *Available at SSRN* 2542983, 2014.

Jain, B. A., Kini, O., "Venture Capitalist Participation and the Post-issue Operating Performance of IPO Firms", *Managerial and Decision Economics*, Vol. 16, No. 6, 1995.

Jenkins, R., "Comparing Foreign Subsidiaries and Local Firms in LDCs: Theoretical Issues and Empirical Evidence", *The Journal of Development Studies*, Vol. 26, No. 2, 1990.

Jeppsson, H., "Initial Public Offerings, Subscription Precommitments and Venture Capital Participation", *Journal of Corporate Finance*, No. 50, 2018.

Johnson, W. C., "Private Firm Investors and Product Market Relationships: Certification and Networking", *Journal of Economics and Business*, No. 65, 2013.

Kaplan, S. N., Strömberg, P., "Financial Contracting Theory Meets the Real World: An Empirical Analysis of Venture Capital Contracts", *The Review of Economic Studies*, Vol. 70, No. 2, 2003.

Kaplan, S. N., Strömberg, P., "Leveraged Buyouts and Private Equity", *Journal of Economic Perspectives*, Vol. 23, No. 1, 2009.

Kaplan, S. N., Strömberg, P. E. R., "Characteristics, Contracts, and Actions: Evidence from Venture Capitalist Analyses", *The Journal of Finance*, Vol. 59, No. 5, 2004.

Kato, A. I., Tsoka, G. E., "Impact of Venture Capital Financing on Small-and Medium-sized Enterprises' Performance in Uganda", *The Southern African Journal of Entrepreneurship and Small Business Management*, Vol. 12, No. 1, 2020.

Kedrosky, P., "Right-sizing the US Venture Capital Industry", *Venture Capital*, Vol. 11, No. 4, 2009.

Klein, B., Leffler, K. B., "The Role of Market Forces in Assuring Contractual Performance", *Journal of Political Economy*, Vol. 89, No. 4, 1981.

Kokko, A., "Technology, Market Characteristics, and Spillovers", *Journal of Development Economics*, Vol. 43, No. 2, 1994.

Kortum, S., Lerner, J., "Assessing the Contribution of Venture Capital to Innovation", *The RAND Journal of Economics*, Vol. 31, No. 4, 2000.

Lall, S., "Multinationals and Market Structure in an Open Developing Economy: The Case of Malaysia", *Weltwirtschaftliches Archiv*, Vol. 115, No. 2, 1979.

Lall, S., "Vertical Inter-firm Linkages in LDCs: An Empirical Study", *Oxford Bulletin of Economics And Statistics*, Vol. 42, No. 3, 1980.

Lee, H. K., "Supporting the Cultural Industries Using Venture Capital: A Policy Experiment from South Korea", *Cultural Trends*, 2021.

Leeds, R., *Private Equity Investing in Emerging Markets: Opportunities for Value Creation*, Springer, 2015.

Lerner, J., "The Syndication of Venture Capital Investments", *Financial Management*, Vol. 23, No. 3, 1994.

Lerner, J., "Venture Capitalists and the Oversight of Private Firms", *The Journal of Finance*, Vol. 50, No. 1, 1995.

Lesage, J. P., Pace, R. K., "Spatial Econometric Modeling of Origin-Destination Flows", *Journal of Reginal Science*, Vol. 48, No. 5, 2008.

Li, J. Y., *Investing in China: The Emerging Venture Capital Industry*, GMB Publishing Ltd, 2005.

Liao, W. M., Lu, C., Wang, H., "Venture Capital, Corporate Governance, and Financial Stability of IPO Firms", *Emerging Markets Review*,

Vol. 18, 2014.

Lindsey, L., "Blurring Firm Boundaries: The Role of Venture Capital in Strategic Alliances", *The Journal of Finance*, Vol. 63, No. 3, 2008.

Mahto, R. V., Ahluwalia, S., Walsh, S. T., "The Diminishing Effect of VC Reputation: Is It Hypercompetition?", *Technological Forecasting and Social Change*, Vol. 133, 2018.

Martí, J., Menéndez-Requejo, S., Rottke, O. M., "The Impact of Venture Capital on Family Businesses: Evidence from Spain", *Journal of World Business*, Vol. 48, No. 3, 2013.

Megginson, W., Weiss, K., "Venture Capital Certification in Initial Public Offerings", *Journal of Finance*, Vol. 46, No. 3, 1991.

Megginson, W. L., et al., "Financial Distress Risk in Initial Public Offerings: How much Do Venture Capitalists Matter?", *Journal of Corporate Finance*, Vol. 59, 2019.

Mendelson, H., Tunca, T. I., "Strategic Trading, Liquidity, and Information Acquisition", *The Review of Financial Studies*, Vol. 17, No. 2, 2004.

Mike, W., Robbie, K., "Venture Capital and Private Equity: A Review and Synthesis", *Journal of Business Finance & Accounting*, Vol. 25, No. 5-6, 1998.

Miranda, L. C. M., Lima, C. A. S., "Trends and Cycles of the Internet Evolution and Worldwide Impacts", *Technological Forecasting and Social Change*, Vol. 79, No. 4, 2012.

Modigliani, F., Miller, M. H., "The Cost of Capital, Corporation Finance and the Theory of Investment", *American Economic Review*, Vol. 48, No. 3, 1958.

Ooghe, H., Bekaert, A., van den Bossche, P., "Venture Capital in the USA, Europe and Japan", *Management International Review*, Vol. 29, No. 1, 1989.

O'Donnell, M. G., "Pigou: An Extension of Sidgwickian Thought", *History of Political Economy*, Vol. 11, No. 4, 1979.

Pigou A. C., *Wealth and Welfare*, Macmillan and Company Limited,

1912.

Plagge, A., *Public Policy for Venture Capital: A Comparison of the United States and Germany*, Springer Science & Business Media, 2007.

Popkova E. G., Inshakova A. O., Sergi B. S., "Venture Capital and Industry 4.0: The G7's versus BRICS' Experience", *Thunderbird International Business Review*, Vol. 63, No. 6, 2021.

Porter M. E., "Competitive Strategy", *Measuring Business Excellence*, Vol. 1, No. 2, 1997.

Porter, M. E., "The Competitive Advantage of Nations", *Harvard Business Review*, Vol. 68, No. 2, 1990.

Puri, M., Zarutskie, R., "On the Life Cycle Dynamics of Venture-capital and Non-venture-capital-financed Firms", *The Journal of Finance*, Vol. 67, No. 6, 2012.

Reid, G. C., *Venture Capital Investment: An Agency Analysis of Practice*, London: Routledge, 1998.

Robinson J., *The Economics of Imperfect Competition*, Springer, 1969.

Rock, K., "Why New Issues are Underpriced", *Journal of Financial Economics*, Vol. 15, No. 1-2, 1986.

Romer, P. M., "Increasing Returns and Long-run Growth", *Journal of Political Economy*, Vol. 94, No. 5, 1986.

Ross, S. A., "The Determination of Financial Structure: The Incentive-signalling Approach", *The Bell Journal of Economics*, Vol. 8, No. 1, 1997.

Rubin, D. B., "Assignment to Treatment Group on the Basis of a Covariate", *Journal of Educational and Behavioral Statistics*, Vol. 2, No. 1, 1977.

Rubin, J. S., "Developmental Venture Capital: Conceptualizing the Field", *Venture Capital*, Vol. 11, No. 4, 2009.

Sahlman, W. A., "The Structure and Governance of Venture-capital Organizations", *Journal of Financial Economics*, Vol. 27, No. 2, 1990.

Samila, S., Sorenson, O., "Venture Capital, Entrepreneurship, and Economic Growth", *The Review of Economics and Statistics*, Vol. 93, No. 1, 2011.

Schnitzer, M., Watzinger, M., "Measuring Spillovers of Venture Capital", No. 3, 2014.

Schumpeter, J. A. , "The Creative Response in Economic History", *The Journal of Economic History*, Vol. 7, No. 2, 1947.

Sidgwick, H. , *The Principles of Political Economy*, Kraus reprint, 1901.

Tan, Y. , Huang, H. , Lu, H. , "The Effect of Venture Capital Investment: Evidence from China's Small and Medium Sized Enterprises Board", *Journal of Small Business Management*, Vol. 51, No. 1, 2013.

Tobin, J. , "A General Equilibrium Approach to Monetary Theory", *Journal of Money, Credit and Banking*, Vol. 1, No. 1, 1969.

Van Auken, H. , "A Model of Community-Based Venture Capital Formation to Fund Early-Stage Technology-Based Firms", *Journal of Small Business Management*, Vol. 40, No. 4, 2002.

Von Burg, U. , Kenney, M. , "Venture Capital and the Birth of the Local Area Networking Industry", *Research Policy*, Vol. 29, No. 9, 2000.

Wiggins, R. R. , Ruefli, T. W. , "Schumpeter's Ghost: Is Hypercompetition Making the Best of Times Shorter?", *Strategic Management Journal*, Vol. 26, No. 10, 2005.

后　　记

　　这本专著是在我博士学位论文的基础上修改完善而成的。2017年我如愿成为四川大学经济学院金融经济学专业的一名博士研究生,师从马德功教授。2021年顺利毕业,被授予经济学博士学位。四年的博士求学生涯充满了艰辛和挑战,却让我收获颇丰,受益匪浅,终身难忘。

　　读博期间我的研究方向是公司金融。公司金融主要关注微观金融领域的研究问题。时至改革开放四十年之际,中小企业作为国民经济的力量载体,其发展可谓"路修远以多艰兮"。2017年正值党的第十九次全国代表大会召开。习近平总书记作出了"中国特色社会主义进入了新时代"这一重大判断,并首次明确"新时代我国社会主要矛盾是人民日益增长的美好生活需要和不平衡不充分的发展之间的矛盾"。在新的历史方位上,我们要解决社会主要矛盾、时代课题、历史使命、阶段性特征等一系列重大问题。中小企业是国民经济和社会发展的主力军,在促进增长、保障就业、改善民生等方面意义重大。当前,全球化发展预期受阻,全球流行病暴发的风险增加,技术锁定效应和路径依赖增强,中小企业发展面临新的风险和挑战。习近平总书记指出:"要千方百计把市场主体保护好,为经济发展积蓄基本力量。"[1] 因此,我考虑将"中小企业发展问题"作为博士学位论文选题。

　　如何推动中小企业发展,是新时代背景下亟须研究的课题。中小企业的发展不仅需要资本,还需要一个健康的资本市场平台作为纽带将资本与中小企业的发展连接起来。在推动中小企业成长方面,风险投资无疑是一种有效的融资制度选择,而新三板正是这个重要的连接纽带。考虑到新三板建立的初衷是专门服务于创新型、创业型、成长型中小微企业。问题最终被浓缩为"风险投资如何影响中小企业发展"及"它们产

---

[1] 习近平:《在企业家座谈会上的讲话》,人民出版社2020年版,第3页。

生了何种溢出效应"。怀着强烈的学术问题意识和浓厚的学术探索热情，我选择了"风险投资对新三板企业价值的影响及溢出效应"这一研究课题。

在这一领域，前期成果更多聚焦风险投资对微观企业的影响。本研究不仅关注微观影响，还关注风险投资作用于中小企业所释放的产业结构优化溢出效应。在研究风险投资问题时，前期成果多采用上市公司数据进行分析。本研究以场外市场新三板挂牌企业为研究标的，探讨风险投资在企业尚未上市的早期阶段对中小微企业价值的影响。本研究还尝试性地从理论方面厘清风险投资影响中小企业发展的作用机制及溢出机制，进一步丰富和完善了风险投资理论、企业发展理论及外部性理论。从微观层面本研究的发现或许有助于促进风险投资与中小企业发展的融合，培育和发展"专精特新"中小企业；在宏观层面本研究可为相关政策的制定和实施提供些许借鉴，以更好地促进风险投资释放产业结构优化溢出效应。

当今世界正经历百年未有之大变局，新一轮科技革命和产业变革深入发展融合，将改变以往的资源配置方式、生产组织方式和价值创造方式，引导传统产业优化升级，加速未来新兴产业形成，提升中小企业创新能力、核心竞争力和综合实力，是未来市场主体发展之大势所趋。与诸多致力于企业成长发展规律探索的学者一样，我将持续关注和研究中小企业发展问题及其衍生问题。以期为丰富企业成长理论、为提升中小企业发展能力，为夯实现代化产业体系的微观基础做出应有的努力。

本书能顺利成稿和出版，首先要感谢母校四川大学的培养和工作单位云南师范大学的支持，其次要感谢马德功教授及师母仝老师在读博期间给我的指导和帮助。还有，四川大学诸位教授精彩的课堂、深邃的思想、科学的研究方法，使我受益匪浅。感谢答辩专家及盲审专家对我论文的认可和修改建议。同时还要感谢参考文献中的所有作者，是你们优秀的成果将我的视野拓展，让我能够站在巨人的肩膀上再前行一小步。此外，我要感谢我的家人。这么多年来感谢家人的默默支持和付出，感谢家人对我的包容和理解。尤其是我的两个女儿锦鲤和海棠，你们的爱是妈妈前行的动力，妈妈也永远爱你们！最后，我要感谢我的朋友。是他们陪伴我走过孤独的求学历程，给予我帮助鼓励和心灵慰藉。

特别需要感谢的是中国社会科学出版社的谢欣露老师为本书的编辑

和出版付出了辛勤劳动,给我提出了很多宝贵的修订意见,使书稿得以不断完善,并顺利出版。在此谨表衷心感谢!

学无止境,本书是在我现有学识和能力条件下得出的阶段性研究成果,存在不妥或不完善之处,恳请各位读者、学者、专家批评指正,使我今后的研究能进一步提高和深入。